A vida depois da perda

MARTHA W. HICKMAN

A vida depois da perda

SEXTANTE

Título original: *Healing after loss*

Copyright © 1994 por Martha Whitmore Hickman
Copyright da tradução © 2022 por GMT Editores Ltda.

Originalmente publicado pela Avon. Direitos de tradução negociados com Harvey Klinger Inc. e Sandra Bruna Agência Literária, SL.

Todos os direitos reservados. Nenhuma parte deste livro pode ser utilizada ou reproduzida sob quaisquer meios existentes sem autorização por escrito dos editores.

tradução: Simone Reisner
preparo de originais: Ana Tereza Clemente
revisão: Midori Hatai e Pedro Siqueira
diagramação: Valéria Teixeira
capa: Miriam Lerner | Equatorium Design
impressão e acabamento: Bartira Gráfica

CIP-BRASIL. CATALOGAÇÃO NA PUBLICAÇÃO
SINDICATO NACIONAL DOS EDITORES DE LIVROS, RJ

H536v
    Hickman, Martha Whitmore
      A vida depois da perda / Martha Whitmore Hickman ; tradução Simone Reisner. - ed. - Rio de Janeiro : Sextante, 2022.
      384 p. ; 21 cm.

    Tradução de: Healing after loss
    ISBN 978-65-5564-261-2

    1. Luto - Aspectos psicológicos. 2. Meditação. 3. Perda (Psicologia). I. Reisner, Simone. II. Título.

21-74501	CDD: 155.937
	CDU: 159.942:393.7

Meri Gleice Rodrigues de Souza - Bibliotecária - CRB-7/6439

Todos os direitos reservados, no Brasil, por
GMT Editores Ltda.
Rua Voluntários da Pátria, 45 – Gr. 1.404 – Botafogo
22270-000 – Rio de Janeiro – RJ
Tel.: (21) 2538-4100 – Fax: (21) 2286-9244
E-mail: atendimento@sextante.com.br
www.sextante.com.br

PARA BILL E SUDIE

INTRODUÇÃO

Depois da perda de um ente querido há uma grande agitação mental enquanto tomamos todas as providências e reunimos a família e os amigos para a despedida final. Sentimos conforto por ter pessoas próximas com quem compartilhar lágrimas, abraços e boas lembranças. Os serviços religiosos dão significado e esperança enquanto pessoas queridas estão presentes para nos oferecer amor e apoio.

Entretanto, quando os rituais terminam, todos vão para casa e somos deixados sozinhos em uma terra nova e estranha, onde uma das pessoas que davam sentido à nossa vida se foi.

Agora existem espaços vazios na mente, que incomodam tanto durante o dia quanto durante a noite. Muitas vezes, quando menos esperamos, a dor e a preocupação estão de volta – às vezes como uma onda no mar, às vezes como uma goteira pingando lenta e constantemente.

Esse processo continua por muito tempo – por anos, não por dias ou meses, se a pessoa que se foi era bem próxima a nós. Algumas perdas – como a de um filho, um cônjuge – nunca são superadas. Contudo, se formos sábios e afortunados e tivermos coragem e apoio para seguir com a nossa vida, o luto começará a perder seu poder de controle. Podemos escolher. Somos capazes de nos afastar conscientemente de uma zona de perigo ou de esperar até o momento em que nos sintamos mais fortes para fazer isso. Podemos sentir a água batendo no rosto sem medo de nos afogar e até apreciar o gosto do sal nos lábios. Podemos seguir em frente porque, além da pungência da perda, sentimos uma onda de amor por aquele que perdemos e a certeza de que ainda habitamos o mesmo universo e estamos unidos por um amor que não pode ser suprimido.

"O que é essencial não morre, clarifica", escreveu o americano Thornton Wilder. E prossegue: "O maior tributo aos mortos não é a tristeza, mas a gratidão." Um dia encontraremos nosso caminho através desse "vale das sombras" particular e, embora possa sempre haver um toque de tristeza, seremos capazes de nos alegrar com a vida que compartilhamos com quem se foi. E enfim conseguiremos olhar para um futuro em que o ente querido não está fisicamente presente, mas mesmo assim continua a nos abençoar.

Cada um de nós fala e escreve sobre a própria história de tristeza e alegria. Minha vida como escritora e como ser humano foi fortemente afetada por minha experiência de luto – em particular, a morte da minha filha de 16 anos, que, em uma radiante tarde de verão, enquanto nossa família estava de férias nas montanhas do Colorado, caiu do cavalo e morreu. Foi há muito tempo. O luto avança com lentidão e, durante um período, ocupa cada segundo de nossa vida.

Portanto, tive aquela sensação tão conhecida de estar no lugar certo, de saber do que estou falando, quando escrevi este livro de meditações para aqueles que sofrem a dor da perda. As meditações seguem dia a dia, mês a mês, até completar um ano, mas você pode escolher um mês qualquer e o dia que mais simpatizar para começar a ler. As meditações são breves porque, especialmente nos estágios iniciais do luto, nosso tempo de concentração é curto e um pequeno pensamento edificante nos servirá melhor do que uma longa conversa.

Sou grata a muitas pessoas por tornar este livro possível – à família e aos amigos que me apoiaram quando eu estava mais vulnerável; às comunidades espirituais e religiosas que me amam e me lembram de quem eu sou, de quem escolhi ser.

E, em particular, meus agradecimentos à minha editora, Lisa Considine, que me procurou para falar sobre este projeto. Obrigada também às centenas de pessoas cujas palavras – em conversas casuais, cartas ou mensagens – constituem os pontos luminosos dessas meditações. Familiarizar-me e voltar a interagir com esses sábios foi uma rica aventura para mim. E espero que, juntos, possamos ajudar aqueles que sofrem a seguir em frente com determinação, coragem e confiança no longo caminho para a recuperação e a restauração da vida.

NASHVILLE, TENNESSEE
Agosto de 1994

1º DE JANEIRO

Escrevo estas linhas com todo o meu afeto
Em homenagem à ternura,
em homenagem a todos aqueles que foram
convocados para a irmandade
da perda...

– EDWARD HIRSCH

Quando somos atraídos para a irmandade da perda, a sensibilidade parece ser nosso estado natural. Ficamos vulneráveis. Tudo esbarra na ferida aberta da nossa dor, nos lembrando do que perdemos, ativando memórias – uma inclinação de cabeça, uma risada, um jeito de andar, um toque, uma conversa particular. Essas imagens são como contas amarradas no colar da perda. Com ternura, voltamos a elas repetidas vezes. Não podemos suportá-las. Não podemos deixá-las ir.

Então, gradual e lentamente, o fio de amarração da dor se transmuta, reconstituindo-se como um fio de memórias preciosas – uma inclinação de cabeça, uma risada, um jeito de andar, um toque, uma conversa particular transformam-se em presentes da vida que compartilhamos com aquele que perdemos, dádivas que nunca poderão ser tiradas de nós.

Que eu saiba honrar os processos de luto e de cura e confiar neles, tendo a esperança de que, com o tempo, um novo dia chegará.

2 DE JANEIRO

A mente tem uma sensação estúpida da imensa perda – e isso é tudo. A mente e a memória levarão meses, possivelmente anos, para reunir os detalhes e, assim, apreender e conhecer toda a extensão da perda.

– MARK TWAIN

Caso estejamos nos sentindo impelidos a "acabar de uma vez por todas" com nosso luto (se fizer isso mais rápido, talvez eu me sinta melhor mais cedo), devemos lembrar que, como em muitas das experiências mais profundas da vida – fazer amor, comer, beber –, mais rápido não quer dizer necessariamente melhor. Talvez o aspecto mais tranquilizador do luto seja o fato de que esse processo não se deixa manipular; vai levar o tempo que for necessário. Nossa tarefa é estarmos atentos quando as mensagens da mente e da memória chegarem. Se as deixarmos passar sem supervisão na primeira vez, provavelmente terão um custo mais alto a longo prazo.

Se eu conseguir abrandar a resistência e ficar calmo em minha alma, minha dor dirá do que preciso a cada passo que eu der ao longo do caminho.

3 DE JANEIRO

Ame o momento, e a energia desse momento se espalhará para além de todas as fronteiras.

– CORITA KENT

Uma das atitudes mais curativas que se pode tomar quando se está passando por um luto profundo é tentar isolar momentos maravilhosos do fluxo do tempo.

Embora possamos nos questionar *Como poderei suportar todos esses anos à frente sem ele/ela?*, vivemos a vida em cada momento, em horas, em dias. O futuro *tem* um aspecto vazio. Mas se *este* momento for maravilhoso – esta reunião de pessoas queridas, esta caminhada no parque, esta conversa com uma criança, este pedaço de bolo, esta xícara de chá –, vamos saber como saboreá-lo.

Certa vez, participei de um workshop de relações humanas sobre o estabelecimento de limites – uma tarefa na qual eu, como muitas mulheres, nem sempre sou perspicaz ou hábil. O exercício consistia em andar por uma sala cheia de gente, imaginando que eu estava dentro de um globo transparente, cujas dimensões eram de minha própria escolha. Foi uma aventura maravilhosamente libertadora – aquele momento imaginário de ser e não ter conexão com nada. Talvez possamos tentar valorizar os bons momentos dessa maneira, isolando-os do todo. Em vez de pensar *Antes disso, eu estava triste, depois disso, ficarei triste*, poderíamos tentar *Por enquanto, estarei apenas neste momento e desfrutarei da sensação boa que ele me traz.*

> Às vezes, a visão de longo prazo não é o que eu preciso. Eu preciso deste momento, sem estar refém do passado ou do futuro.

4 DE JANEIRO

É da natureza da graça sempre preencher os espaços que estiverem vazios.

– GOETHE

Não que estejamos sendo desleais. Mas se a vida nos oferece um novo uso para todos aqueles impulsos de fazer algo por quem já não está mais entre nós, como deixaremos de ser gratos? É como se recebêssemos uma herança extra ou até mesmo uma bênção, que vem justamente daquele que perdemos e que podemos doar para outra pessoa – ela precisa muito daquilo que temos a oferecer. Assim, somos revigorados pela memória do ente querido e, ao mesmo tempo, oferecemos um presente ao construirmos uma nova relação.

Mantenho-me atento a alguém que precisa de mim agora.

5 DE JANEIRO

Quando precisamos desse tempo de cura, não há nada melhor que uma boa e longa caminhada. É incrível como os movimentos rítmicos dos pés e das pernas estão tão intimamente ligados aos limpadores de teias de aranha do cérebro.

– ANNE WILSON SCHAEF

Às vezes, a última coisa no mundo que temos vontade de fazer é sair e ser fisicamente ativos. Além de ter que fazer um esforço para nos levantarmos e nos movermos, a verdade é que não nos importamos se mantemos ou não o corpo em boas condições de funcionamento.

Esse é um dos momentos em que o raciocínio deve superar o sentimento. Sabemos que o exercício é "bom para nós". É difícil nos sentirmos deprimidos quando os músculos estão trabalhando vigorosamente, quando estamos prestando atenção em caminhar por um parque ou em nadar. À medida que liberamos energia física nesses movimentos rítmicos, um pouco da energia da tristeza também desaparece. Acredito que boa parte do valor psíquico de tal atividade se deve ao fato de testemunharmos nossa competência, nossa habilidade de nos movermos ritmicamente, de estarmos "no comando" do nosso corpo. O senso de autoconfiança irá se espalhar. Afinal, talvez não fiquemos para sempre cativos da tristeza. O fortalecimento físico do exercício revigora o espírito.

Às vezes, quando estou deprimido, eu sou meu pior inimigo. Que eu saiba ser sempre meu amigo.

6 DE JANEIRO

*A melhor maneira de conhecer Deus é
amar muitas coisas.*

– VINCENT VAN GOGH

Depois de uma grave perda, é difícil se aventurar em qualquer novo amor, ainda mais nutrir com sabedoria os amores que já temos. Somos consumidos por nossa perda. O que temos para oferecer? E se arriscarmos um novo amor, o que nos protegerá de que uma perda semelhante volte a acontecer?

Nada. No entanto, a sabedoria dos tempos diz que a maneira de encontrar a vida é derramar nosso amor sobre o resto da Criação.

Lembro-me, ainda criança, após minha primeira experiência com a morte, de pensar que a melhor maneira de me proteger da devastação de outras perdas que estavam fadadas a ocorrer era amar o máximo de pessoas possível. Então, quando uma delas morresse, eu ainda teria todas as outras. Não sei se a matemática do amor funciona exatamente assim, mas não fez nenhum mal quando comecei a pensar desse jeito.

Ser vulnerável é ser humano no nível mais profundo e enriquecedor.

7 DE JANEIRO

O arrependimento é um terrível desperdício de energia. Você não pode construir nada com ele. O arrependimento serve apenas para afundarmos ainda mais.

– KATHERINE MANSFIELD

É claro que há coisas das quais nos arrependemos. Coisas que gostaríamos de ter feito de forma diferente. Mesmo em situações em que houve tempo para dizer as coisas apropriadas, vêm à nossa mente lembranças que faríamos de tudo para mudar. Certamente nosso ente querido nos perdoou. Seria possível perdoar a nós mesmos?

Perdoe-me. Por favor, saiba que eu te amei. Eu sei que você me amou.

8 DE JANEIRO

Esperança é a coisa com penas
que se empoleira na alma
e canta a melodia sem palavras
e nunca, nunca, para.

— EMILY DICKINSON

Às vezes, conhecemos a esperança tanto por sua ausência quanto por sua presença. Quando estamos deprimidos, a esperança parece quase desconhecida, uma total ilusão. Sentimo-nos interiormente desanimados, incapazes de nos mover, como se estivéssemos apenas seguindo o fluxo da correnteza. A canção da esperança de que fala a poeta é silenciada. No entanto, a vontade do espírito, assim como a do corpo, é de vida, até mesmo de uma vida feliz. Então algo acontece – um amigo liga e nós nos mobilizamos, fazemos um esforço para sermos úteis, seja para nós mesmos ou para o outro. A energia se acelera. Pelo menos o momento volta a ter algum significado, e aquela persistente nota de esperança, sem a qual não podemos viver, começa a vibrar mais uma vez.

Às vezes, tudo que posso esperar é me sentir mais esperançoso amanhã.

9 DE JANEIRO

Algo bastante inesperado aconteceu. Aconteceu esta manhã cedo. Por várias razões, e não de todo misteriosas, meu coração ficou mais leve do que há muitas semanas... De repente, no exato momento em que eu menos pranteava H., lembrei-me dela. Melhor. Era algo (quase) melhor do que a memória; uma impressão instantânea e irrespondível. Dizer que foi como um encontro seria ir longe demais. No entanto, havia algo que me instigava a usar essas palavras. Foi como se a suspensão da tristeza tivesse removido uma barreira.

– C. S. LEWIS

Às vezes, temos um medo inconsciente de que, se começarmos a nos afastar da dor, perderemos o contato com aquele de quem temos tanta saudade. Mas talvez seja como deixar os filhos saírem de casa quando estão prontos para viver a própria vida. Se afrouxarmos o controle, as chances de eles retornarem serão muito maiores – e eles voltarão do jeito que são agora. Talvez a renúncia à nossa dor mais intensa abra caminho para que um novo relacionamento possa avançar. Afinal, nós desejamos a *pessoa*, não a dor de perdê-la.

Que eu possa segurar minha tristeza levemente para que ela se afaste de mim. Minha conexão com aquele que perdi é inviolável; não pode ser quebrada.

10 DE JANEIRO

A terra é minha irmã. Amo sua graça diária, sua ousadia silenciosa, e quanto sou amada. Admiramos a força uma da outra, tudo o que perdemos, tudo o que sofremos, tudo o que sabemos. Ficamos atônitas com essa beleza, e eu nunca vou me esquecer do que ela é para mim e do que eu sou para ela.

– SUSAN GRIFFITH

A terra nos ajudará. Existe muita força no solo, nas árvores, na água. O ar que respiramos nos purifica com uma nova vida. A água evapora de rios e riachos e depois volta para a atmosfera para cair sob a forma de chuva. As montanhas se erguem, se desgastam e se erguem novamente. No alto da tundra, pequenas flores crescem sem serem vistas. O ciclo das estações está vivo com a promessa de renascimento. A Criação é um mistério, assim como a morte. Mas existem sinais e promessas. Somos filhos de Deus.

Na vida e na morte extraímos nosso poder da mesma fonte.

11 DE JANEIRO

Poderíamos encarar o significado do pecado original da seguinte forma: dada uma escolha, preferimos ficar amuados a voltar para a festa.

– ROBERT FARRAR CAPON

Se a perda tiver sido repentina e prematura, ficamos obcecados com os momentos imediatamente anteriores à morte. Resistimos. Não aceitamos.

É uma maneira de tentar nos agarrar à pessoa amada, aquela que conhecíamos antes da tragédia. É também uma forma de negação. Voltar à vida é aceitar o que aconteceu. Mas é inaceitável. Preferimos prender a respiração, viver em um estado suspenso de recusa, até que o universo ceda, mude de ideia – ou pelo menos se desculpe, reconhecendo seu crime.

Isso não vai acontecer. Seremos nós os vencidos. É melhor que sejamos capazes de perceber, o mais rápido possível, que as condições são diferentes agora e comecemos a viver nessa nova realidade.

Sentir raiva é normal. A negação machucará apenas a mim e aqueles que amo.

12 DE JANEIRO

Nos meses após a morte da minha filha, enchi quatro cadernos com anotações – escrevendo uma vez ao dia, várias vezes ao dia ou apenas uma vez em dias. Descrevi sentimentos, eventos do dia, momentos de recordação, tristeza e esperança. Era um meio de afastar a dor, colocá-la em outro lugar, extirpá-la de mim.

– MARTHA WHITMORE HICKMAN

Pode ser que escrever não seja útil para você. Talvez conversar com amigos tenha um efeito semelhante. Ou se dedicar à pintura, à escultura. A artista alemã Käthe Kollwitz fez toda uma série de desenhos após a morte do filho na Primeira Guerra Mundial.

O importante não é fazer algo de valor artístico, mas afastar aquela dor que é como um caroço apertando nosso coração.

O bom de ter algumas páginas nas quais registramos nossos sentimentos – ao contrário de conversar com amigos – é que podemos voltar a elas quando quisermos. Podemos nunca querer, mas isso nos alivia da pressão de ter tantas turbulências não resolvidas em nossa mente. Experimente colocá-las no papel. Isso pode ajudá-lo a organizar as ideias, e você estará livre para seguir em direção às próximas etapas da sua vida.

Estarei aberto a novas maneiras de minimizar a dor.

13 DE JANEIRO

Acho que esses tempos difíceis me ajudaram a entender melhor como a vida é infinitamente rica e bela em todos os sentidos e que tantas coisas com as quais nos preocupamos não têm a menor importância.

– KAREN BLIXEN

É uma sabedoria valiosa, e Deus sabe que não a teríamos desejado. Mas também é verdade que passar por uma grande dor pode fortalecer, ensinar o que é realmente importante.

Entretanto, sobreviver à morte de um ente querido não é garantia de uma sabedoria maior. Também podemos ficar amargurados, reclusos, apegados ao passado. É nesse momento que precisamos de amigos, comunidades de fé e até ajuda profissional. Se pudermos enfrentar a tempestade, teremos uma noção melhor de quem somos e do que mais desejamos na vida. E aprenderemos a apreciar a água fresca, o sol e o vento, o perfume das rosas – e o amor e a amizade que temos agora.

Vou tirar um tempo para perceber os presentes que a vida me dá e para ser grato por eles.

14 DE JANEIRO

Entre todas as medidas de alívio, chorar é talvez a mais humana e universal.

— DR. KARL MENNINGER

Há algo que as mulheres já sabem, mas que talvez os homens estejam apenas começando a descobrir: chorar realmente faz você se sentir melhor. E por um bom motivo. O choro tem efeitos fisiológicos e psicológicos muito úteis.

Pesquisadores da Universidade de Minnesota descobriram que as lágrimas emocionais (em oposição, digamos, às derramadas pela exposição ao vento ou a uma cebola cortada) contêm dois produtos químicos importantes: leucina-encefalina e prolactina. A primeira está relacionada a uma substância analgésica natural do corpo. As lágrimas são, segundo eles, uma substância exócrina – como o suor e o ar exalado –, e uma das suas funções é ajudar a limpar o organismo de substâncias que se acumulam quando estamos sob estresse.

Então, por que sentimos vergonha de nossas lágrimas? Por que tememos que elas deixem os outros desconfortáveis? Com frequência, o trabalho de cura começa quando as pessoas conseguem chorar.

Chega de desculpas. Chega de mal-estar. Minhas lágrimas são para a minha cura. Talvez minhas lágrimas também deem aos outros permissão para chorar quando sentem necessidade.

15 DE JANEIRO

Mantenha a porta para a vida dela aberta.
– EDITH FOGG HICKMAN

Quantos de nós conhecemos pessoas que, por causa do luto, dificilmente voltam a mencionar o nome do ente querido que morreu? Como se o simples ato de pronunciá-lo trouxesse de volta a onda de tristeza com uma força insuportável. É como se, ao evitar o nome, fosse possível evitar a dor.

Isso não funciona.

Quando minha filha morreu, a bisavó dela, que também suportara a perda de um filho adolescente, nos escreveu: "Mantenha a porta para a vida dela aberta." Acho que teríamos feito isso de qualquer maneira, falado dela com um peso cada vez menor com o passar do tempo. Essa atitude nos ajudou a entender a sabedoria daquela mulher tão querida naquele momento.

Embora o ente querido tenha morrido, sua memória e a sensação da sua presença não se foram – nem a possibilidade, depois de um tempo, de sentirmos alegria contínua pelas reminiscências do passado, pela extensão do espírito da pessoa em nossas vidas.

No nebuloso e contínuo mistério da vida, acolho, como se por uma porta aberta, a continuidade do espírito daquele que amei.

16 DE JANEIRO

*Quem sobrevive a uma prova, seja ela qual for,
deve contar a história. Esse é o seu dever.*

– ELIE WIESEL

Sobreviver à perda de um ente querido é um tipo especial de prova. Mas o que significa dizer que é nosso dever contar nossa história?

Contar nossa história é uma forma de ratificar a vida de quem perdemos – as experiências que compartilhamos, os acontecimentos favoritos da família. Contar a história é uma maneira de seguir em frente com a nossa dor e, assim, contribuir para a nossa própria cura.

É também um presente para os outros: contar não apenas a história da vida que existiu, mas a experiência de como encaramos e superamos a dor da morte. Quais foram nossos medos, nossos pânicos? Quais foram as atitudes que ajudaram a diminuir a nossa amargura? O que aconteceu de bom que salvou nosso dia? Se houve um momento em que sentimos surgir uma luz, como foi isso?

Nossos amigos sofrerão perdas em algum momento. Talvez possamos facilitar seu caminho. Não há problema em chorar. Não há problema em confiar nos outros. É normal ficar confuso e não saber o que fazer. E se houver momentos de luz e esperança, de apoio e fé, por que não contar essas histórias também?

Ao contar minha história, compartilho o que é mais precioso para mim.

17 DE JANEIRO

Somos amigos de verdade agora porque pudemos compartilhar algumas experiências dolorosas da nossa vida privada.

– MAY SARTON

As amizades são construídas com enorme rapidez quando o luto é compartilhado. Ao visitar minha mãe no hospital logo após a morte da minha filha, comecei a conversar com uma das enfermeiras do andar. Não sei qual de nós começou a conversa, se ela ou eu. Mas éramos duas mães de luto por um filho adolescente que morrera há pouco tempo. Aquele lento e cauteloso ritual de quando começamos a conhecer uma pessoa não existiu para nós. Nós já nos conhecíamos. Conhecíamos a dor, as perguntas no coração uma da outra.

Deixei a cidade e minha nova amiga. Trocamos mensagens de Natal por vários anos. E embora vivamos a muitos quilômetros de distância uma da outra, se nos víssemos hoje a amizade seria tão grande quanto se tivéssemos nos encontrado ontem.

Às vezes, é difícil para as pessoas que conhecemos, que não tiveram uma experiência como a nossa, saber como se relacionar conosco. Podemos ajudá-las falando sobre quem nós somos agora, nessa nova circunstância da vida. Mas somos de fato muito abençoados quando encontramos amigos que sabem, de imediato, o que estamos sentindo.

Com você, querido companheiro de sofrimento, posso encontrar consolo e descanso.

18 DE JANEIRO

Morrer é uma noite selvagem e uma nova estrada.

– EMILY DICKINSON

Uma das coisas mais surpreendentes e árduas sobre perder um ente querido é que, enquanto o sol continua a nascer e a se pôr, enquanto os jornais continuam a ser entregues e os semáforos ainda mudam de vermelho para verde e vice-versa, nossa vida está diferente, virada de cabeça para baixo.

É de admirar que nos sintamos desorientados, confusos? As pessoas com as quais cruzamos na rua estão cuidando dos seus interesses, como se ninguém tivesse tido seu mundo abalado até o âmago, como se a terra não tivesse se aberto e nos engolido, nos lançando em um mundo de insegurança e mudanças.

É como diz a poeta americana Emily Dickinson: "uma nova estrada" – tanto para nós quanto para aquele que perdemos. Levaremos tempo para aprender a trilhar esse caminho. Tempo e muita ajuda, para não tropeçarmos e cairmos de maneira irreparável. Aqueles que tiveram experiências de perda provavelmente serão nossos guias mais úteis – eles saberão quando dizer a palavra certa, quando ficar em silêncio e andar ao nosso lado, quando estender a mão para segurar a nossa. Com o passar do tempo, nós seremos aqueles que ajudarão os outros.

Entrei em um novo território. Serei paciente comigo mesmo. Procurarei companheiros de jornada.

19 DE JANEIRO

Negocie com os dons que Deus lhe deu.

– HILDA DE WHITBY

É quando estamos sofrendo por uma perda que precisamos prestar mais atenção na pessoa que somos. Algo extremamente importante nos foi retirado. O que nos resta? Que outras coisas importantes ainda estão reservadas para nós?

Um homem enlutado pergunta a um guia espiritual: "O que posso fazer para recuperar o equilíbrio?"

O guia diz: "Você está cansado. Sente-se em uma espreguiçadeira ao sol e entre em contato com as sensações do seu corpo. Ouça o que sua respiração lhe diz. Sinta os músculos das pernas. Em seguida, deixe a mente divagar. Ouça seus pensamentos. Qual deles ocupa mais sua mente? Qual deles o instiga mais?"

Uma conversa interior pode ajudar os que estão sofrendo a trazer a vida de "volta aos trilhos" outra vez. Existe algum passatempo que valorizamos e no qual não temos prestado muita atenção? Projetos que deixamos para realizar "mais tarde"? Alguma atividade que apreciamos, mas da qual nos afastamos? Retomar alguns fios importantes que tenhamos deixado de lado nos leva a recriar um padrão coerente para o tecido da vida.

Hoje vou ficar atento às maneiras de usar os dons exclusivos que Deus me deu.

20 DE JANEIRO

A dor é algo que nos individualiza. É verdade que é também o grande elo comum da humanidade, mas esse entendimento só surge quando ela chega ao fim. Sofrer é ficar sozinho. Assistir ao sofrimento do outro é conhecer a barreira que isola cada um de nós. Somente indivíduos podem sofrer.

– EDITH HAMILTON

É muito bom falar sobre a universalidade do luto. Mas, no momento da perda, sentimos que somos a única pessoa no mundo que experimenta esses sentimentos – e estamos certos. Se amigos bem-intencionados dizem *Eu sei exatamente como você se sente*, interiormente nós nos indignamos e negamos. *Não, não, você não tem noção do que estou sofrendo.*

Até mesmo nossos familiares mais próximos têm uma experiência diferente da nossa e, às vezes, tropeçamos uns nos outros, ferimos uns aos outros e nos magoamos porque presumimos que, por estarmos sofrendo pela mesma pessoa, a dor é a mesma.

Entretanto... em nenhum momento precisamos mais de outras pessoas. É necessário um equilíbrio tênue entre a necessidade de honrar a inviolabilidade do nosso espaço interior e a necessidade de os outros estarem presentes – para nos oferecer amor, companhia, compreensão e apoio.

Direi aos meus amigos: quando eu não puder sair da morada do meu luto, ofereça a sua mão pela janela aberta e eu a pegarei para me agarrar à vida.

21 DE JANEIRO

Bem-aventurados os que choram, porque serão consolados.

– MATEUS 5:4

Na relação de apenas nove ensinamentos que Jesus deu a seus discípulos sobre a melhor forma de viver, a citação acima vem em segundo lugar. O luto é parte da vida, da vida de todos nós. Prantear é ser confortado.

Mas com que rapidez nos afastaríamos disso se pudéssemos, não é? O luto em si é tudo, menos confortável.

Não é isso que Jesus promete em seus ensinamentos.

O que ele promete é que aqueles com coragem de chorar encontrarão, na esteira do luto, uma estranha bênção: depois que a tristeza passar e que a dor for liberada numa atmosfera de aceitação, será como se algum amor no cerne da vida envolvesse o enlutado em seus braços, dizendo: *Pronto, pronto, estou ao seu lado, ouço você, compreendo você. Tudo vai ficar bem.*

Nesta escuridão, estenderei minhas mãos, confiando que a vida me alcançará, trazendo-me conforto e força para triunfar.

22 DE JANEIRO

Parte do processo de renascimento é o crescimento de uma nova relação com os mortos... aquele veritable ami mort *ao qual se referiu Saint-Exupéry. Como toda gestação, é um processo lento, misterioso e sem palavras. Enquanto isso ocorre, a pessoa fica dolorosamente vulnerável. É preciso guardar e proteger a nova vida que cresce dentro de nós, como uma criança.*

– ANNE MORROW LINDBERGH

É um terreno instável essa jornada entre o relacionamento que tínhamos quando a pessoa estava viva e o relacionamento que passamos a ter com o morto. Não sabemos o que esperar, nem mesmo o que estamos procurando. Será que estamos nos enganando ao imaginar a possibilidade de ter um relacionamento com alguém que morreu?

Talvez seja um pouco como os pais de primeira viagem, que, ansiosos, temendo que algo dê errado, voltam inúmeras vezes ao berço para verificar se está tudo certo. O bebê está bem? Continua respirando? Continua dormindo?

Depois de algum tempo, os pais se tornam mais confiantes. O bebê *está* lá, em segurança, mas, como acontece com outros milagres, o milagre do nascimento demanda tempo para se acostumar. Talvez de maneira semelhante surja lentamente a confiança de que no mistério da vida é possível ter uma relação contínua com os mortos.

Embora não consiga entender agora, abrirei meu coração com a confiança de que meu ente querido continuará presente na minha vida.

23 DE JANEIRO

A vida só exige de você a força que você tem.
Apenas uma façanha é possível: não fugir.

– DAG HAMMARSKJÖLD

Às vezes, repreendemos a nós mesmos: por que não agi de modo diferente? De modo melhor? Particularmente, se somos pessoas com qualquer pretensão à fé, por que não conseguimos reunir recursos para nos tornarmos um modelo de aceitação tranquila da morte e alcançarmos a serenidade interior?

Porque somos humanos e estamos sofrendo.

Nenhum indivíduo que mereça respeito vai nos julgar fracos se reconhecermos a dor devastadora que uma perda nos trouxe. É possível que as pessoas demonstrem algum tipo de espanto se exibimos uma calma pouco natural, mas elas se sentirão mais próximas de nós (e mais capazes de lidar com a própria dor quando chegar a hora) se perceberem que estamos sendo honestos. Precisamos deixar a dor fluir através de nós, até mesmo durante as tentativas de tomar consciência da vida que continua ao nosso redor.

Às vezes, é precisamente essa a questão: deixar a dor fluir através de nós. Não é apenas, como diz Hammarskjöld, a única coisa possível a fazer, mas um ato de extrema coragem.

Não vou me sobrecarregar tentando me encaixar em alguma imagem de "modelo enlutado". A maior força que tenho é a força de ser eu mesmo.

24 DE JANEIRO

Um dia sem rir é um dia desperdiçado.

– PROVÉRBIO FRANCÊS

Agora, especialmente agora, precisamos de bom humor na vida. Um pouco de alívio cômico pode acalmar a tensão, salvar o dia. Enquanto meu pai dormia e se aproximava cada vez mais da morte, lembro-me de estar sentada com minhas irmãs e meu irmão em uma pequena sala de espera, quando meu irmão contou uma conversa cômica que ouvira por acaso. Ele não apenas iluminou o momento, como reconheceu a força do vínculo que nos permitia confiar uns nos outros o suficiente para rirmos de algo, mesmo naquela situação tão extrema.

Lembro-me de trazerem um bolo para nossa família após uma morte – um bolo tão denso que foi classificado por nosso filho cientista como um "bolo estrela de nêutrons". Ele foi ingerido com carinho e gratidão – pelo bolo e pelo momento de alívio e leveza que nos proporcionou.

Lembro-me do meu pequeno sobrinho fazendo uma imitação hilária de um tio enlutado que gemia enquanto se colocava, cambaleante, de pé.

Desrespeitoso? Indelicado? Não. Foram momentos abençoados com uma risada salvadora em um dia carregado de tristeza.

Viva o riso! Que eu seja conduzido a ele!

25 DE JANEIRO

*O tempo é uma costureira especializada
em reformas.*
— FAITH BALDWIN

A mudança é o desígnio da vida, mas resistimos a ela.

Às vezes, olhando para trás, vemos que somente quando nos esquecemos de algo é que adquirimos a capacidade de seguir adiante para tentar usufruir novas aventuras, novas descobertas e novos prazeres.

Uma viúva que vivia à sombra do marido, cumprindo o papel de zelosa esposa e mãe, emergiu após a morte dele como uma oradora de destaque em muitas igrejas e reuniões cívicas. Ela me disse uma vez: "Não é uma vergonha ter tido que esperar até que ele morresse para começar a me descobrir?"

Vivemos a vida em capítulos. As certezas que essa recém-viúva tinha nos primeiros anos do casamento não eram, obviamente, as mesmas dos últimos anos. Tampouco ela desejaria ter entregado a casa e os filhos aos cuidados de outra pessoa quando suas crianças ainda eram pequenas.

Há algum consolo em saber que as mudanças, mesmo as mais difíceis, trazem dádivas surpreendentes. Embora essa ideia possa não ser atraente para nós agora, não vamos fechar a porta tão cedo para algo bom que espera na sala ao lado.

Vou manter os olhos abertos. Algo surpreendente e bom pode acontecer amanhã ou depois de amanhã.

26 DE JANEIRO

Ajude o barco do seu irmão a atravessar e veja que o seu também chegou à costa.

– PROVÉRBIO HINDU

Um dos motivos pelos quais os grupos de autoajuda são tão eficazes é que eles nos recrutam para ajudar uns aos outros – de modo que, em cada processo, duas pessoas são ajudadas, e nossas competências de enfrentamento são fortalecidas quando ajudamos o outro a percorrer caminhos que já atravessamos.

Ajudar o outro é esquecer, pelo menos por alguns momentos, das próprias necessidades. Ganhamos uma nova perspectiva sabendo que não somos os únicos.

E, com necessidades semelhantes, entendemos um ao outro, nos tornamos unidos de um modo que somente aqueles que percorreram o mesmo caminho podem ser. Não precisamos nos explicar. O outro sabe. Ele já esteve lá.

No início, ao formarmos esse par, seremos nós os mais necessitados. Alguém que esteve lá pode ser nosso guia, nosso modelo indutor de esperança.

Depois de um tempo, assumiremos o papel de guias. E, mesmo assim, a tristeza que perdurar irá diminuir à medida que levarmos uma esperança reanimadora para outra pessoa: *Veja, eu consegui ultrapassar, então você também é capaz.*

Sou grato por aqueles que me estendem a mão e pelas oportunidades que terei de estender minha mão para os outros.

27 DE JANEIRO

*E pode ser que, em um mundo tão cheio e agitado,
a perda de uma frágil criatura crie no coração um vazio
tão amplo e profundo que nada além da largura e da
profundidade da eternidade seja capaz de preenchê-lo!*

– CHARLES DICKENS

Temos muitos amigos, muitas conexões, não passávamos nosso tempo exclusivamente com a pessoa amada que agora se foi.

Mas parece que neste instante o mundo grita pela sua ausência. Até os lugares onde costumávamos ter prazer de relaxar, de ficar sozinhos – uma ida solitária às compras, por exemplo, ou um passeio no parque –, agora falam de ausência e solidão. Vemos pessoas caminhando alegremente juntas e pensamos: por que não eu?

Não há como deixar a dor em casa quando embarcamos nessas aventuras. Mas podemos pelo menos evitar que a dor se agrave sentindo falta de algo que nunca existiu!

Eu costumava ficar contente em estar sozinho, às vezes até preferia a solidão. Não me deixe, então, ser seduzido pelo feitiço do luto a ponto de não conseguir estar sozinho e me sentir bem.

28 DE JANEIRO

*Sinto-me melhor... Também tenho a sensação
de trair meu marido, embora eu racionalmente
saiba que o luto contínuo pode ser mórbido.
O luto pode se tornar o substituto daquele que partiu,
e renunciar a ele talvez seja o maior desafio.*

– MARY JANE MOFFAT

No início, pode ser um tanto confuso para nós. Certamente sabemos a diferença entre o luto e o sofrimento causados pela pessoa que partiu.

É mais fácil do que imaginamos confundir esses dois sentimentos. Aquele que amamos se foi, não há como recuperá-lo pensando nele o tempo todo.

Mas o luto ocupa toda a nossa agenda por um tempo. Podemos lhe dar atenção infinita. Procuramos aquele que perdemos reprisando continuamente o filme da nossa dor. Nós nos acostumamos a isso, e é difícil mudar essa rotina. Mas é preciso; caso contrário, ficaremos presos à morte do ente querido, incapazes de apreciar a vida que essa pessoa viveu.

Muitos anos depois da morte do pai, uma jovem disse: "Finalmente consigo me lembrar da vida do meu pai, não apenas da sua morte."

Estou ansioso pelo dia em que as imagens da vida do meu ente querido não serão mais associadas ao evento da sua morte.

29 DE JANEIRO

Até a desolação é um mundo a ser explorado.
– SYLVIA TOWNSEND WARNER

É um mundo em que não queremos entrar, um mundo que não nos desperta vontade. Nem entraríamos nele se pudéssemos. No entanto, nos encontramos ali, bem dentro dele. E há uma multidão conosco.

Há a história de uma mulher que foi até Buda em busca de ajuda após a morte do filho, e foi informada que, para curar-se, só precisava encontrar um grão de mostarda na casa de uma família que nunca tivesse conhecido o sofrimento. De acordo com a história, ela viajou o mundo todo em vão, pois jamais encontrou uma casa com essa característica. Em vez disso, encontrou compreensão, compaixão, amizade e verdade.

O mundo da desolação é um mundo que acolhe muitos de nós. Não há como contornar esse fato. A única possibilidade é enfrentá-lo, se quisermos nos curar e encontrar uma nova vida. É um mundo que vale a pena explorar e que nos oferece as mesmas qualidades que a mãe enlutada encontrou: compreensão, compaixão, amizade e verdade.

Não ganho nada me afastando da verdade. Quando as circunstâncias da minha vida forem sombrias, vou enfrentá-las, aprender o que elas têm a me ensinar e seguir em frente.

30 DE JANEIRO

A cura é impossível na solidão; ela é o oposto da solidão. O convívio é curativo. Para sermos curados, devemos participar com todas as outras criaturas da festa da Criação.

– WENDELL BERRY

Essas são palavras difíceis de ouvir, porque muitas vezes, quando estamos de luto, nosso primeiro impulso é nos afastarmos das outras pessoas. *Lá estão elas, levando a vida normalmente, enquanto o meu mundo desmoronou. Como elas podem entender o que sinto? Além disso, minha tristeza vai incomodá-las, não vai?*

Precisamos de momentos de solidão, é claro, para ficarmos a sós com nossos pensamentos, avaliar nossa dor, descansar. Mas há pouco consolo em estar sozinho, e precisamos retomar nosso lugar na família, perceber que não somos o centro do mundo, deixar-nos envolver pelos cuidados amorosos dos nossos amigos, de quem nos quer bem.

Se houver pessoas que não se sintam à vontade com a nossa tristeza, vamos seguir em frente. Ou, se formos corajosos, podemos até reconhecer a situação: "Percebo que não sou um poço de alegria agora, mas eu precisava sair e estar com as pessoas."

Com frequência, isso deixará os outros à vontade. A situação era estranha principalmente porque o pensamento pairava no ar e não era comunicado com todas as letras – como um estranho que vai a uma festa e nunca é apresentado a ninguém.

Às vezes tenho dificuldade de participar de grupos. Mas as conexões com outras pessoas são o fluxo da vida.

31 DE JANEIRO

Deus leva a sério a tarefa de saber como estamos.

– WILLIE S. TEAGUE

Em seu best-seller *Quando coisas ruins acontecem às pessoas boas*, o rabino Harold Kushner escreve sobre a percepção de que Deus estava presente em seu sofrimento e no de sua família quando seu filho adoeceu gravemente e morreu. Deus não causou aquele sofrimento, mas de alguma forma estava presente para confortar e apoiar aquele grupo de pessoas em sofrimento.

Um amigo contou que estava dirigindo certo dia e teve um súbito lampejo de convicção de que Deus se importava com *ele*. "Deus realmente me amava. Baixei a janela do carro e cantei", disse ele, sorrindo, perplexo e grato.

Ao ouvir isso também fiquei grata. Sim, eu já tive esse mesmo sentimento.

Seja qual for a extensão da nossa crença de que a Criação é mais do que uma casualidade, deve ser seguro dizer que Deus cuida de nós. Se eu tivesse criado algo dessa magnitude, prestaria muita atenção nela. Eu ia gostar de saber como estava indo a minha obra.

Às vezes, na minha escuridão, posso acreditar que sou sustentado por um amor que apoia toda a Criação.

1º DE FEVEREIRO

*O homem que removeu montanhas
começou carregando pequenas pedras.*

– PROVÉRBIO CHINÊS

Como começamos a juntar os cacos, a reconstruir a vida, depois de termos sofrido uma perda dolorosa?

Provavelmente, não seremos capazes de pensar em nos lançarmos em alguma empreitada mais ousada por enquanto. Mas um único passo ajudará, significará para o nosso eu interior que o investimento está na vida, não no sofrimento sem fim.

Uma amiga me contou que, depois que passou a costurar roupas para si mesma, sentiu-se melhor. Era um investimento na vida.

Foi apenas o começo, mas eu me lembro de um momento no supermercado em que decidi "parecer alegre" em vez de exibir a expressão taciturna que carregava havia semanas. Foi algo bem pequeno, mas claramente importante. Do contrário, não me recordaria desse momento depois de quase 20 anos.

Vou dar um pequeno passo, apenas um. Com os olhos da minha mente, talvez eu possa enxergar meu ente querido assentindo para me encorajar: "Sim, vá em frente. Você consegue. Estou com você."

2 DE FEVEREIRO

*Ela se deu conta de que nunca tivera a chance de perceber
a força que o ser humano tem para resistir; ela
amou e reverenciou todos aqueles que já haviam
sofrido, mesmo os que não suportaram a dor.*

— JAMES AGEE

É verdade que a dor amplia a sensibilidade. Descobrimos que temos uma afinidade repentina com aqueles que sofreram perdas semelhantes às nossas. Podemos, como a mulher na história de Agee, que ficara viúva havia pouco, nos surpreender com a força que temos para simplesmente continuar vivendo apesar de tamanho sofrimento. Percebemos quanto fomos poupados por não termos enfrentado esse tipo de tristeza antes, e nosso coração se compadece daqueles que são jovens e sofrem uma intensa dor cedo demais, antes que tenham idade suficiente para recordar e valorizar os momentos já vividos.

Tudo isso nos traz uma espécie de espanto no primeiro período de luto. É como acontece quando mergulhamos na água gelada e perdemos o fôlego. O choque altera todas as nossas percepções. Então nos acostumamos. Nosso corpo se aquece e começamos a nadar.

Na minha capacidade de suportar, vejo uma força que não sabia que tinha.

3 DE FEVEREIRO

O silêncio é a força da nossa vida interior...
Se preenchermos a vida com silêncio,
viveremos na esperança.

– THOMAS MERTON

Existe um equilíbrio delicado entre socializar e ficar sozinho, em silêncio. Muita socialização pode ser uma tentativa de fugir da difícil verdade. Muita solidão pode nos deixar taciturnos e retraídos.

Mas espere... Nem todo silêncio vive na solidão. As reuniões de adoração dos quacres são, em grande parte, experiências de silêncio coletivo. Às vezes, nos sentimos mais próximos dos outros quando ficamos em silêncio juntos.

Ainda assim, a maior parte do silêncio ocorre quando estamos sozinhos, e faríamos bem em reconhecer seu valor. Nos últimos anos, temos ouvido falar dos benefícios do silêncio meditativo: reduz a pressão arterial, desacelera o coração e até mesmo facilita alguns tipos de cura. Sabemos que, em muitas circunstâncias, momentos de silêncio podem alimentar o espírito.

Portanto, na cura das feridas do luto, uma quantidade generosa de silêncio nos ajudará a descansar nas profundezas da nossa alma e a encontrar a paz.

Não terei medo da quietude. Vou saborear o silêncio. Talvez o espírito do meu ente querido se junte a mim lá.

4 DE FEVEREIRO

*Eu não estou louca. Ficaria, se o céu me permitisse,
porque então de mim me esqueceria.
Ah, se eu ficasse louca, de que imensa
tristeza me livraria!*

– WILLIAM SHAKESPEARE

O luto empurra homens e mulheres para a borda da insanidade. Às vezes, podemos já ter experimentado este desejo: se ao menos eu pudesse enlouquecer... faríamos qualquer coisa para fugir da terrível consciência da perda.

Felizmente, esses momentos passam. Quem conhece a vida dos doentes mentais, sabe que a loucura não é nenhum alívio para o sofrimento.

E se em ocasiões de estresse extremo sentimos que nosso senso de razão e de realidade estão se perdendo, o que dizer então sobre o anseio de fugir da realidade? Sabemos que esse não é o caminho para a paz de espírito – assim como o excesso de drogas ou álcool não é uma maneira válida de lidar com a tristeza.

Mas entendemos o impulso e acenamos com a cabeça em agradecimento quando nos conscientizamos de que outras pessoas tiveram sentimentos semelhantes.

Saber que tenho companhia na luta pode me ajudar a enxergar o caminho.

5 DE FEVEREIRO

Como não infligir nossa tristeza a outras pessoas? Afinal, ninguém quer sair por aí tagarelando e chorando o tempo todo. Talvez o nosso presente para os outros seja confiar neles o suficiente para compartilhar nossos sentimentos. Isso pode ajudá-los a lidar com alguns dos seus problemas.

– MARTHA WHITMORE HICKMAN

Tentar "ser corajoso", "não demonstrar emoções", ser controlado e equilibrado em face da dor é um mito. Como *deveríamos* nos sentir quando nosso coração está partido?

No entanto, continuamos a exaltar aqueles que não demonstram dor em público, que recebem condolências como se a ocasião fosse um agradável encontro em uma tarde de domingo. "Ela foi tão valente. Fiquei orgulhoso dela. Não desabou nenhuma vez", ouvimos as pessoas dizerem.

Quem se beneficia desse controle ferrenho das emoções? O enlutado? Os que querem consolá-lo, os que temem ser arrastados para a tristeza, sem saber como lidar com ela quando chegar a sua vez?

Um amigo disse: "Quando alguém chora na minha frente, considero essa atitude um presente."

Não vou mais me sobrecarregar com falsas proibições às minhas lágrimas.

6 DE FEVEREIRO

*Mas uma onda que, ao se mover, parece adormecida,
cheia demais, sem som, espuma, nada...
Quando o que extraiu da profundeza desmedida
volta novamente à sua morada.*

– ALFRED TENNYSON

As palavras de Tennyson falam poderosamente sobre os ritmos que sustentam a Criação. Estamos familiarizados com as marés do oceano, a atração da Lua, o movimento de estrelas e planetas. E nós, que definimos alguns de nossos festivais mais sagrados – Ramadã, Páscoa, Pessach – pelas fases da Lua e pela órbita da Terra ao redor do Sol, fazemos parte também do fluxo rítmico da vida.

Não podemos imaginar e acreditar que os ritmos que regem o mundo natural continuam a sustentar nosso ente querido, que está, por um tempo, fora do alcance dos nossos sentidos e do nosso conhecimento racional?

Não podemos imaginar a "morada" de que fala Tennyson como sendo imbuída de mais nutrição, segurança e possibilidades de crescimento do que qualquer coisa que nem mesmo os mais afortunados puderam experimentar?

Nos ritmos que fluem por todos nós, encontro esperança e promessa.

7 DE FEVEREIRO

*Quando está escuro o suficiente,
podemos ver as estrelas.*

– CHARLES BEARD

Com frequência, é mais fácil ver as estrelas em longas e frias noites de inverno.

Pessoas que passaram por qualquer tipo de evento de risco de morte – um acidente, um tornado, uma doença grave – falam sobre como a experiência mudou sua perspectiva de vida. Da mesma forma, quando sofremos pela perda de um ente querido, é mais fácil enxergar o que de fato é importante.

Anos depois da morte da nossa filha, meu marido e eu tivemos a casa arrombada. Toda a prata do nosso casamento foi levada, assim como algumas peças antigas que haviam sido passadas de geração a geração.

É claro que ficamos chateados, mas imediatamente estas palavras vieram à minha mente: "São apenas coisas." Não tenho como saber se teria ficado tão calma caso o roubo tivesse ocorrido antes da morte da minha filha, mas suspeito que não.

À noite, as estrelas não ficam apenas mais claras, mas mais bonitas. Navegadores experientes encontraram seu caminho através dos mares olhando para elas. Talvez a experiência da perda ajude a esclarecer o que é importante para nós e a saber onde estamos e qual direção desejamos tomar.

Na escuridão extrema, vou olhar para cima e ver as estrelas.

8 DE FEVEREIRO

A recuperação não é um processo que podemos desejar, mas que consiste em viver pequenas mortes, como a passagem de aniversários significativos, até que nossa identidade se torne sólida e natural no pronome "eu".

– MARY JANE MOFFAT

Você se lembra de como foram as primeiras semanas e meses depois que seu ente querido morreu? A primeira vez que você foi ao supermercado? A primeira vez que foi ao encontro de um amigo? A primeira vez que foi ao cinema? Tudo tinha um significado especial. E, claro, datas marcantes como aniversários e o Natal anunciavam sua chegada com semanas de antecedência.

Talvez depois de meses ou até anos, você se sinta uma pessoa completa outra vez. A dor ainda está lá, mas se integrou ao seu eu interior. Você não sente mais como se parte do seu próprio ser tivesse sido arrancada e tudo se chocasse contra aquela ferida aberta.

Percebi que uma mudança significativa havia ocorrido em mim quando, ao ser questionada "Quantos filhos você tem?", respondi "Tenho três", sem precisar acrescentar: "Tive uma filha que morreu." Ela ainda era parte de mim, mas eu não precisava esclarecer isso todas as vezes que alguém me fazia essa pergunta.

Vou acreditar que esse processo irá se desenrolar no seu próprio tempo.

9 DE FEVEREIRO

*As dores ligeiras exprimem-se; as
grandes dores são mudas.*

— SÊNECA

Somos estimulados, pelo bem da nossa saúde mental, a "falar sobre o assunto". Às vezes falamos, às vezes não.

De fato, seria bem ruim se essa incapacidade de falar durasse muito tempo. Mas, como em muitos outros aspectos do processo de luto, nossa psique sabe exatamente do que precisamos.

Se durante o período de luto ficarmos "sem palavras", não precisamos falar sem parar. Não precisamos conversar o tempo todo para ajudar outras pessoas a se sentirem mais confortáveis. É normal esperar que elas se adaptem às nossas necessidades em vez do contrário.

Lembro-me de ter ido a uma festa e, em contraste com a minha ânsia habitual, me sentir incapaz de conversar. Como uma mãe que libera o filho de alguma tarefa desagradável, eu me permiti ser somente uma espectadora da conversa, sem nenhuma "obrigação" de lubrificar as engrenagens sociais. O grupo se deu muito bem sem mim, e ainda posso me lembrar do alívio que senti quando me acomodei no meu pequeno casulo psíquico por um tempo.

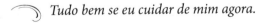 *Tudo bem se eu cuidar de mim agora.*

10 DE FEVEREIRO

*No meio do inverno descobri que havia
em mim um verão invencível.*

— ALBERT CAMUS

Ficamos surpresos. Sabemos que é um golpe de sorte. Sabemos que não vai durar. Felicidade? Alegria?

Não é apenas um lampejo de contentamento, como o prazer que sentimos ao ouvir uma música, ao fazer uma prece, ao olhar para um céu espetacular ou ao ver uma margarida florescendo no jardim. Mas uma sensação de que vamos conseguir, depois de tudo, ser felizes! Quem poderia imaginar?

Essa certeza pode nos escapar, embora depois ela volte. Talvez ela se pareça cada vez menos com um estranho, alguém que vem nos visitar disfarçadamente. Não, ela é real – essa fecundidade, essa luz do dia prolongada, esse calor, essa beleza de uma noite de verão. Mesmo na angústia invernal da nossa dor, precisamos acreditar no verão.

O verão, ele também, tem suas tempestades. Mas elas passam. Talvez limpem o ar e tragam um mundo novo e bom mais uma vez. É a vida nos chamando: *Veja, você me pertence. Tenho maravilhas reservadas para você, acredite ou não. Vou esperar por você, sob o frio, se necessário, e além da tempestade.*

No meio do inverno pensarei na chegada do verão.

11 DE FEVEREIRO

O problema da morte é a ausência.
— ROGER ROSENBLATT

Depois de todas as tentativas de confortar a nós mesmos e de dar sentido à morte, ficamos com um enorme buraco no tecido da vida.

E agora?

A ausência começa a parecer familiar, as bordas do buraco psíquico se tornam menos afiadas, talvez o buraco comece a se fechar para que possamos caminhar sem correr o risco perpétuo de cair no espantoso abismo da morte do nosso ente querido.

Com o tempo, sua ausência se transforma em outro tipo de presença. Alguém disse que uma criança que morre está conosco de um modo que uma criança viva não é capaz de estar. De certa forma, isso é verdade. E, sim, é um conforto. Esse é o caso não apenas de crianças, mas de pais e outros entes queridos que morreram e se tornaram parte da comunidade que carregamos conosco aonde formos.

Talvez eles se tornem nossos anjos da guarda, nosso elo com o outro lado. Mas, de início, deixá-los ir é um dos compromissos que somos forçados a assumir com a vida, e a saudade às vezes torna a perspectiva de nossa própria morte quase tolerável.

Eu sou, e sempre serei, uma parte de tudo que conheci.

12 DE FEVEREIRO

> *É preciso mais do que força de vontade para parar de pensar em alguém que você amou e perdeu. Eu pude ver isso em seus ombros caídos e na maneira como seus pés estavam juntos. Ele havia tentado, em uma explosão de enérgica determinação. Mas era preciso mais do que isso. Quaisquer novas belezas que ele descobrisse no mundo ainda não seriam o bastante, por muito tempo e talvez por toda sua vida, para afastar as lembranças.*
>
> – JOSEPHINE HUMPHRIES

No começo, não temos opção: pensamos quase constantemente naquele que perdemos. Não passa uma hora sem que estejamos cientes da nossa perda – relembrando a pessoa, episódios e estados de ânimo da nossa vida juntos, pensando naquilo que já não pode mais existir.

Então, talvez um dia fiquemos surpresos ao perceber que, por várias horas, talvez até um dia inteiro, nossos pensamentos estiveram em outro lugar. Estamos começando a nos curar.

Mas não precisamos nos preocupar com a possibilidade de nos esquecermos daqueles que amamos. O que for preciso lembrar será lembrado. E às vezes, quando novos tempos chegarem, a memória da pessoa amada brilhará ainda mais intensamente – quando imaginarmos que estamos compartilhando essa nova alegria com aquele que perdemos. Há dor nisso, é verdade, mas talvez a sensação da presença do ente querido volte com mais força.

A memória do meu ente querido é uma parte eterna da minha vida.

13 DE FEVEREIRO

O luto nos desafia a amar mais uma vez.
– TERRY TEMPEST WILLIAMS

Seria fácil parar as engrenagens do amor para que não pudéssemos ser magoados outra vez, não seria?

Não, não seria. É provável que, por algum tempo, sintamos uma espécie de entorpecimento, um medo diante do golpe que sofremos. Mas, sem o amor de amigos e familiares, nunca superaremos nosso luto.

E amor gera mais amor. Encontramos coragem para vencer a dor através do amor e seremos curados por ele.

Mas não seremos curados se não correspondermos ao amor dos outros com o nosso amor por eles.

Sim, é preciso coragem para arriscar a amar novamente. Coragem de ser total e completamente humano. Coragem que reafirma o amor que compartilhamos com aquele que perdemos.

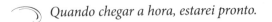 *Quando chegar a hora, estarei pronto.*

14 DE FEVEREIRO

*Para tudo há um tempo... Um tempo para
desabar e um tempo para reconstruir; um tempo
para chorar e um tempo para sorrir; um
tempo para sofrer e um tempo para dançar...*
– ECLESIASTES 3:1-4

Se há uma coisa que os enlutados sabem é como o humor pode ser mutável. Em um momento, estamos relativamente calmos, no comando de nós mesmos, mantendo a dor sob controle. No momento seguinte, estamos deprimidos, com o equilíbrio destruído.

Qualquer coisa pode nos fazer mudar – uma fragrância, a letra de uma música, um artigo do jornal que nos lembra da nossa perda, o primeiro sinal da primavera –, e nosso ente querido não está aqui para compartilhar nada disso. Mesmo feriados menores, como o Dia dos Namorados, podem nos deixar abalados.

Outras vezes, estamos despreocupados, aproveitando o momento – a beleza do mar, o calor de uma fogueira, o conforto de um chocolate quente, a presença de amigos. E nos perguntamos por que somos tão suscetíveis a essas mudanças de humor. Podemos até nos questionar sobre nossa sanidade – quando meu humor estará mais equilibrado, de modo que eu nem sempre corra o risco de ser arrastado pelo desespero, de cair na sua armadilha?

Nossa vida foi destruída pela perda. É claro que levará algum tempo para que as peças se juntem e formem algum padrão coerente.

Serei paciente comigo mesmo e honrarei as estações do meu luto, acreditando que estou a caminho da cura.

15 DE FEVEREIRO

*A espiritualidade é o lugar onde o totalmente íntimo
e o imensamente infinito se encontram.*

— RICK FIELDS

Entre as ocasiões em que tal encontro pode acontecer, a experiência da morte deve estar no topo da lista. Num momento a pessoa está ali, respirando, viva; no momento seguinte o corpo para, a casca esvazia, a pessoa que ria e chorava, que falava, que amava, se foi.

Para onde?

Muitas pessoas já contaram que sentiram — até mesmo viram — o espírito dos mortos. Pessoas que relatam experiências de quase morte falam que pairaram acima de seu corpo, observando todas as tentativas frenéticas de ressuscitá-las. Pessoas a centenas de quilômetros de distância na hora da morte de outro alguém relatam que experimentaram um sintoma repentino — um lampejo de dor que mais tarde se correlacionaria com a hora e a causa da morte de um ente querido.

Pode ser que nossa experiência com tais mistérios seja uma indicação de que conhecemos apenas uma pequena fração das boas intenções do Criador para conosco. Isso não evita a dor da separação. Mas pensar nessa perda como uma separação temporária faz toda a diferença.

Tentarei estar aberto a todos os caminhos de sabedoria e esperança.

16 DE FEVEREIRO

*Se o seu coração se partisse e a dor se
derramasse, ao que parece, ela fluiria por
toda a terra, e ainda assim ninguém a veria.*

– ANTON TCHÉKHOV

É uma sensação estranha estar caminhando por uma rua movimentada ou entrando e saindo de lojas, com uma dor tão intensa e preocupante, que parece definir nossa existência, e ainda assim as pessoas passarem por nós sem perceber nada.

Será que ficamos intrigados, talvez um pouco zangados, que o mundo continue seu caminho com alegria? De alguma forma, sentimos que a Terra deveria parar de girar e reconhecer a nossa dor.

Mas, quando paramos para pensar sobre isso, não queremos que o restante do mundo dê errado somente para nos fazer companhia. Precisamos de qualquer segurança que um mundo bem organizado possa nos oferecer. Ainda bem, então, que esses desconhecidos não têm ideia da turbulência e da tristeza que carregamos. E quem sabe o que eles podem estar carregando em seus corações?

Não preciso que todos os outros se ocupem da minha dor, contanto que eu possa reivindicar meu espaço para o luto.

17 DE FEVEREIRO

Todas as coisas maravilhosas da vida são tão simples que ninguém percebe sua beleza até que estejam distantes demais. Eu nunca senti a maravilha, a beleza e a alegria da vida tão intensamente quanto agora, na minha tristeza por Johnny não estar aqui para desfrutar delas.

— FRANCES GUNTHER

Talvez qualquer coisa que nos lembre como a vida é frágil evoque esse sentimento. Como pudemos nos esquecer de valorizar as dádivas da vida?

É um sentimento doloroso perceber que nosso ente querido está privado das graças das quais tomamos consciência tão recentemente. Quase sentimos que precisamos vivenciar o mundo por duas pessoas.

Talvez possamos pensar em nossa capacidade de ver a beleza do mundo como um presente do amor perdido. Podemos nos consolar lembrando que as pessoas que tiveram experiências de quase morte ficaram espantadas com a beleza e a luz do além-mundo. Talvez a beleza desse mundo seja apenas uma amostra do que está por vir.

Ao saborear as maravilhas deste mundo, posso sentir a presença do meu amor.

18 DE FEVEREIRO

*Esta é a hora do chumbo –
lembrada, se sobrevivida,
como pessoas enregeladas evocam a neve
Primeiro o frio, depois a dormência,
então a anuência.*

– EMILY DICKINSON

Dificilmente podemos imaginar imagens mais pesadas do que as desse poema de Emily Dickinson. No entanto, esse sentimento nos é familiar – um peso em todo o nosso corpo, um peso na mente e no coração.

O frio também é rigoroso – uma espécie de letargia generalizada. Achamos difícil pensar em qualquer coisa. Esquecemos onde colocamos algo, aquilo que planejamos fazer. (É um bom momento para fazer listas.)

Mas *sobrevivemos* à hora do chumbo. A vontade do corpo e do espírito é de recuperação – até mesmo de crescimento, pois não há recuperação sem crescimento.

Mesmo quando me curvar sob o peso da hora do chumbo, tentarei me lembrar de que haverá um novo tempo e um novo dia.

19 DE FEVEREIRO

Com a ajuda desses e de outros objetos comuns – com a ajuda de dois grandes olmos que protegiam a casa do calor do sol, das videiras-trompete na porta dos fundos, do arbusto de lilases perto da janela da sala de jantar, dos móveis confortáveis de vime da varanda e do balanço que rangia na noite de verão –, consegui atravessar mais um dia.

– WILLIAM MAXWELL

Quando nosso mundo é despedaçado pelo luto, às vezes as únicas coisas que nos ajudam a atravessá-lo são os objetos e as rotinas familiares, que parecem dizer: *Veja, você não perdeu tudo; algumas coisas continuam iguais.* Esses objetos familiares não exigem nada de nós, apenas estão lá. Eles representam a estabilidade em um mundo que repentinamente mergulhou no caos. Somos gratos a eles de modo irracional, até acolhedor, como se fossem amigos queridos – o que, nessa crise, de fato são.

Neste momento de perturbação e mudança, sou grato pelo consolo do que me é familiar.

20 DE FEVEREIRO

Redigir uma história da nossa dor nos leva ao seu âmago, que é onde o renascimento inevitavelmente ocorre.

– SUE MONK KIDD

Como fazer isso? E por quê?

Algumas pessoas mantêm um diário, uma ferramenta sempre útil, talvez ainda mais agora, quando nossa vida está sujeita a enfrentar um turbilhão emocional. Escrever tudo o que está nos preocupando – fragmentos de memórias, relatos do luto diário e da nossa confusão – ajuda a identificar e classificar o que está acontecendo e registra tudo isso em um lugar seguro, ao qual podemos voltar se quisermos. Escrever sobre o que sentimos nos livra da necessidade de carregar um monte de ideias na cabeça o tempo todo.

Alguns escrevem histórias da vida da pessoa amada. Um querido amigo passou meses após a morte da sua esposa escrevendo sobre o namoro deles, mais de 65 anos antes. Não era apenas uma bela história – e um tesouro para parentes próximos –, mas, como ele disse, o ajudou a "manter contato com ela".

Elaborar a história pode ajudar a ordenar o caos no qual a dor muitas vezes nos faz mergulhar e até mesmo nos recompensar com tesouros!

21 DE FEVEREIRO

Eu sou a favor de tudo o que ajuda a atravessar a noite.

– FRANK SINATRA

Todos nós temos uma maneira de lidar com a dor, e a gama de respostas aceitáveis é ampla. A razão às vezes não tem muito a ver com isso. Uma mulher cujo amado marido, um marceneiro, morreu repentinamente no auge da vida, contou que começara a aceitar a morte dele quando dissera a si mesma que Deus precisava do melhor marceneiro do mundo. Ela jamais defenderia essa tese usando a razão. E qual é o problema? Funcionou para ela e não fez mal a ninguém.

Quando nossa filha morreu, uma amiga cujo pai havia partido não muito antes, escreveu: "Meu pai vai cuidar da Mary." Foi maravilhosamente reconfortante ler isso.

Todas as imagens que chegam até nós durante o luto e nos trazem estabilidade e paz são dádivas – tão úteis para a sobrevivência quanto travessas de comidas, cartões e flores. Elas podem não resistir ao escrutínio da razão, mas experiências de morte e luto exigem saltos de intuição e imaginação, pois estamos em um mundo diferente.

Diante desse mistério, abro o coração e a mente a todas as diretrizes do espírito.

22 DE FEVEREIRO

*Somos convidados a viver com integridade,
expressar a verdade como a percebemos, confiar na
capacidade de Deus de aceitar o que oferecemos.*
— ELIZABETH J. CANHAM

E se o que tivermos a oferecer no momento for apenas dor? Será ela, então, que vamos oferecer. Se a dor e o pesar são a realidade mais profunda, devemos reconhecer que é assim que deve ser. Se tentarmos encobrir isso olhando *eternamente* para o outro lado, não enganaremos ninguém, muito menos a nós mesmos. Como uma lesão que não é exposta ao ar e à luz, essa ferida demorará mais para cicatrizar e nos custará mais no longo prazo.

Isso não significa que precisamos passar cada momento do dia chafurdando na tristeza – embora às vezes essa expressão descreva muito bem como nos sentimos. Queremos, tanto para o nosso bem quanto para o bem daqueles que nos rodeiam, colocar por um tempo um limite na dor e nos relacionarmos com o mundo de modo mais casual.

Quando o luto é recente e opressor, *essa* é a verdade que percebemos, e agir a partir dela não é apenas uma necessidade, mas um testemunho para quem convive conosco de que a tristeza é honrosa e merece atenção. A jornada através do luto tem muitas paisagens, sem desvios permanentes.

Minha dor já é um fardo pesado o suficiente agora. Não vou acrescentar a ela o fardo de tentar camuflar quem sou.

23 DE FEVEREIRO

> *Pode ser que alguma pequena raiz da árvore sagrada ainda esteja viva. Então, vamos nutri-la para que possa cobrir-se de verde, florescer e se encher do canto de pássaros.*
>
> — ALCE NEGRO

Qual é o lampejo de esperança que insiste em estar presente na nossa escuridão? É o espírito persistente do nosso ente querido dizendo *Estou bem, não se preocupe*? É nossa intuição de que há mais vida – e morte – do que podemos compreender, de que a morte não é o ponto de chegada, mas uma porta que devemos atravessar?

Ou é a natureza infindável da vida, borbulhando, florescendo, cantando, mesmo nas horas mais obscuras?

Uma amiga cujo filho havia morrido me contou como, na clareira de um bosque, um pássaro até então desconhecido naquela região pousou em um galho alto, em que havia um facho de luz, e cantou. Ela disse que, embora continuasse a ter momentos de grande solidão, nunca mais questionou o amor e a presença contínua do filho ou o fato de que um dia finalmente se juntaria a ele.

Que eu possa agora ver a árvore sagrada e ouvir o canto dos pássaros.

24 DE FEVEREIRO

As pessoas nos trazem consolos bem-intencionados, porém inúteis, quando nos dizem o que o tempo fará para ajudar no luto. Não queremos perder a dor, porque ela está ligada ao nosso amor, e não poderíamos deixar de chorar sem sermos roubados dele.

— PHILLIPS BROOKS

É claro que o tempo ameniza a dor, desde que o deixemos seguir seu curso e não esqueçamos de lhe dar a devida importância. Ninguém quer que a intensidade e a desolação da dor inicial permaneçam intactas para sempre. Não é disso que temos medo.

Mas podemos ter medo de perder a intensidade do amor que sentimos por aquele que partiu.

A princípio, esses dois sentimentos – dor e amor – estão tão entrelaçados que é impossível separá-los. Às vezes nos agarramos à dor por puro desespero, para termos certeza de que não perderemos o amor.

Talvez a dor e o amor fiquem sempre interligados em algum grau, como as duas faces de uma moeda. Mas talvez, depois de algum tempo, quando jogarmos a moeda para o alto e ela cair na nossa mão, o amor esteja voltado para cima.

Meu ente querido faz parte da minha vida tanto quanto o ar, a comida e a água que nutrem meu corpo. Portanto, não terei medo de perder alguém que foi, e é, parte de mim.

25 DE FEVEREIRO

Ela era levada a rir com facilidade, uma risada jovem e estridente que trazia lágrimas aos seus olhos, a mesma que depois diria ser incompatível com a dignidade de uma mãe sobrecarregada com os cuidados de quatro filhos e as preocupações financeiras. Estava decidida a dominar seus paroxismos de alegria, repreendendo-se severamente: "Ora, por favor, tenha juízo!", e então caía na gargalhada de novo até que o pincenê tremesse em seu nariz.

– COLETTE

Um dos maiores presentes que podemos dar a nós mesmos (momento em que saberemos que ultrapassamos um marco) é lembrar, com alegria e riso, os momentos engraçados que compartilhamos com nosso ente querido.

No início, temos pouca disposição para rir. Mais tarde, quando for possível, parecerá até um pouco desrespeitoso. Podemos até mesmo nos sentir culpados.

Mas pense: seu ente querido se alegraria mais vendo você triste ou vendo você feliz relembrando instantes maravilhosos e hilários que passaram juntos?

Um coração alegre faz tão bem quanto um remédio. (Provérbios 17:22)

26 DE FEVEREIRO

Mais uma vez nasce do coração sofrido o antigo grito:
Meu Deus, por quê? Meu Deus, quanto tempo?
E o grito é respondido com silêncio.

— JIM COTTER

Há dias em que, aparentemente, estamos nos saindo bem, confiantes de que podemos enfrentar o futuro. Há outros dias – e noites – em que nos sentimos totalmente abandonados, sozinhos em um quarto escuro, e o universo parece um lugar vasto e hostil. É difícil lembrar que não nos sentíamos assim ou acreditar que um dia ficaremos bem novamente. Nesses momentos, entramos na "noite escura da alma". Ajuda saber que, ao longo dos séculos, muitos sentiram esse desespero e que, mesmo nessa desolação, temos a companhia de santos e peregrinos, de uma miríade de companheiros sofredores? Pois, ainda que nossa dor seja particular, apenas nossa, ainda que nosso ente querido tenha sido único em todo o mundo, talvez possamos nos consolar – apenas um pouco – no reconhecimento de que muita gente já passou por isso.

Embora existam coisas que podemos fazer para nos preparar para um momento alegre – descansar o suficiente, comer corretamente, ler, rezar, conversar com as pessoas –, a sabedoria predominante parece ser a de que essas noites escuras devem ser simplesmente suportadas, enfrentadas. Não vão durar para sempre. E um dia – talvez como se tivéssemos uma bela surpresa – perceberemos que a nuvem se dissipou.

Se estou deprimido hoje, não significa que estarei assim para sempre.

27 DE FEVEREIRO

Um tema pode parecer ter sido posto de lado, mas ele continua voltando – a mesma coisa modulada, com a forma um pouco alterada.

– MURIEL RUKEYSER

Encontramos lembranças em todos os lugares. Não apenas nas datas comemorativas – uma semana, um mês, um ano, o dia do aniversário –, mas em um dar de ombros, na maçã do rosto de alguém ou na inclinação da cabeça de um estranho. Eventos a que fomos juntos, músicas que compartilhamos, alimentos de que ambos gostávamos – ou não –, tudo isso desencadeia emoções. A vida é repleta desses botões de memória que, quando apertados, nos fazem mergulhar na tristeza.

Precisamos dar a essas lembranças o devido valor – sim, você é importante para mim. Sim, você me lembra da minha perda. Mas, à medida que ficamos mais fortes, podemos ter algum controle sobre elas e, após um terno reconhecimento inicial, deixar de lado a associação com o nosso amor perdido.

Poucos meses depois da morte da minha filha, vi uma jovem vestindo uma jaqueta xadrez semelhante à que minha filha usava. Eu não conseguia tirar os olhos dela. A moça tinha a mesma pele, os mesmos cabelos longos. Por um momento, pensei em falar com ela.

Em vez disso, fechei os olhos e rezei por aquela jovem desconhecida – por sua vida, qualquer que fosse. Não sei se isso lhe fez algum bem, mas fez a mim, e voltei à minha leitura.

Verei as sombras da minha dor em todos os lugares. E seguirei em frente.

28 DE FEVEREIRO

*Eles pareciam encontrar repentinamente
a felicidade, como se tivessem surpreendido
uma borboleta nas matas de inverno.*

– EDITH WHARTON

A princípio, a sensação vem como uma revelação – um espanto, quase um sentimento de culpa. Podemos ser felizes!

Talvez tenhamos pensado que não aconteceria de novo, que nossa vida seria para sempre tingida pela dor, que nenhum instante estaríamos livre dela.

De algum modo, estamos certos: nenhum momento está livre da vida que o precedeu. E não queremos isso. Às vezes tememos – sem necessidade – que, tendo perdido a pessoa amada, perderemos também sua lembrança. Isso não vai acontecer.

Mas seremos libertados da constante nuvem de escuridão que por um tempo foi nossa dose diária de sofrimento. Parte disso depende de nós. Podemos decidir não ser felizes novamente. Talvez dê muito trabalho, mas podemos ser infelizes se quisermos.

Não seria melhor – e um modo de homenagear aquele que perdemos – sair de baixo dessa nuvem, para que, quando encontrarmos uma borboleta nos bosques, sejamos capazes de enxergá-la?

A escuridão não tem valor por si só. É bom ser feliz.

1º DE MARÇO

Para onde? Para onde foi aquela luz, aquela faísca, aquele amor que me olhou? O que isso tem a ver com aquela argila fria? Está aqui, aqui, no meu coração. Ela está em mim, ao redor de mim. Não há nada naquela argila.

– ANZIA YEZIERSKA

É surpreendente que quando a respiração e a vida partem, o corpo permaneça. Nós olhamos para ele – amado, reverenciado –, para aquilo que agora é somente uma casca. Os processos que lhe davam vida cessaram. O sangue deixou de circular. O peito não sobe nem desce.

Para onde a pessoa foi? As respostas diferem de acordo com a crença e a experiência de cada um. Mas uma das maneiras de uma pessoa viver está naqueles que se reúnem para lamentar sua passagem e celebrar sua vida. Vamos nos lembrar do ente querido por meio das coisas que ele nos ensinou e do modo como afetou a nossa vida.

Nas semanas, meses e anos seguintes podemos encontrar qualidades e ações que nos farão sorrir e pensar: "Sim, talvez seja uma parte de _____ vivendo em mim."

Vou cuidar do modo como meu ente querido continua a viver em mim.

2 DE MARÇO

Muitas reconciliações promissoras fracassaram porque, enquanto ambas as partes vieram preparadas para perdoar, nenhuma delas veio preparada para ser perdoada.

– CHARLES WILLIAMS

Às vezes, a última pedra a ser retirada do coração em luto é a incapacidade de aceitar o perdão. E cada um de nós tem um catálogo de coisas pelas quais ansiamos ser perdoados. A palavra áspera dita sem pensar, o serviço executado a contragosto ou não feito.

Quem está esperando represálias? Aquele que morreu está bravo e nos aponta o dedo acusador de algum mundo inferior? Muito provavelmente somos nós que continuamos a nos repreender: como você pôde?

"Quando você perdoa a si mesmo, está perdoado", diz a psiquiatra suíça Elisabeth Kübler-Ross, que por muitos anos escreveu sobre e consolou pessoas em luto.

Imagine uma conversa entre você e aquele por quem você sofre. Você gostaria que essa pessoa não tivesse falhas? Provavelmente, ela teria poucas semelhanças com aquela que você ama.

Ela também não deseja que você seja perfeito. Até porque não seria você!

Vou tentar deixar o peso da culpa e do arrependimento desaparecer. Eu não sou perfeito. Eu sou amado. E o amor faz todos os tipos de concessão.

3 DE MARÇO

*O sino marca uma hora. Não prestamos
atenção no tempo, mas na sua passagem.*

– EDWARD YOUNG

O tempo está sempre nos escapando. Mas a perda de um ente querido coloca fortes marcadores em nosso senso de tempo. Por um período, separamos todas as experiências em "antes" e "depois". Antes da morte, depois da morte. Talvez antes do início da doença e depois do início da doença. As cores do passado mudam – tudo o que existia antes recebeu um selo, o sinal de uma era que teve fim. O tempo que se estende em direção ao futuro é, por um período, um espaço vazio, uma lembrança perpétua da perda.

Então, à medida que começamos a tecer de novo a vida com os fios agora disponíveis, as linhas de demarcação se suavizam um pouco. Começamos a parar de olhar para trás com a dor do que perdemos e passamos a olhar com alegria e apreço por aquela vida que compartilhamos. E, de um modo que jamais poderíamos ter imaginado antes dessa jornada de perda e dor, desfrutamos da maneira como nosso ente querido ainda é, e continuará sendo, uma presença na nossa vida.

Assim que começo a enxergar além da dor, sinto que tanto a tristeza quanto a alegria fazem parte da trama da vida.

4 DE MARÇO

*Um indivíduo não sofre de câncer;
uma família, sim.*

– TERRY TEMPEST WILLIAMS

Ao enfrentar a perda, compartilhar o luto com outras pessoas da família pode ser maravilhosamente útil. Quando choramos juntos, contamos histórias e examinamos velhos pertences e antigas recordações, somos capazes de estar presentes uns para os outros de uma forma que ninguém fora do círculo familiar pode estar.

Mas, em outras ocasiões, podemos ser a última pessoa de que outro membro da família precisa para superar seu luto.

Por quê? Porque todos nós temos histórias diferentes com aquele que morreu e diferentes formas de luto. Um membro da família pode estar ressentido – ou orgulhoso – de ter carregado um fardo maior da longa doença dos pais. Outro, menos próximo, pode se sentir relegado. Membros mais reservados da família podem achar dissonantes e exagerados aqueles que são mais expressivos. A intensidade da morte e da perda pode fazer com que pequenas diferenças, antes aceitáveis, pareçam quase intoleráveis. O fato de aceitarmos tanto os benefícios quanto os riscos de compartilhar nossa perda uns com os outros tende a nos ajudar a superar alguns momentos difíceis.

Nessa perda, ao obter forças da minha família, reconheço e respeito o fato de que cada um de nós sofre à sua maneira.

5 DE MARÇO

A fé
é o pássaro
que pressente a luz
e canta
quando a madrugada
ainda é escura.

— RABINDRANATH TAGORE

No início da primavera, entre os solstícios de inverno e verão, ao acordar pela manhã, quase podemos sentir os primeiros sinais da chegada do verão. Com frequência, ainda faz frio e é escuro. Mas algo no ar confirma o que o calendário está nos informando – os dias, pelo menos no hemisfério norte, estão se alongando. O sol nasce mais cedo e se põe mais tarde.

Certa vez, durante meu luto, fiquei acordada a noite inteira. Eu e meu marido recebemos visitas à noite e ficamos conversando até tarde. Já passava da meia-noite quando fomos para a cama, e eu não conseguia dormir. Estava me sentindo inquieta, ansiosa. E então, na escuridão do início da manhã, os pássaros começaram a cantar.

Já?, pensei eu.

Que nós, em nossa escuridão e tristeza, ouçamos, às vezes de forma inesperada, uma música anunciando tempos mais iluminados.

6 DE MARÇO

Onde o humor parecia triste com manchas ocasionais de luz agora encontramos uma variedade inquietante de sentimentos, pois os tempos felizes parecem cativantes e satisfatórios. Mas, então, mergulhamos na tristeza outra vez. Talvez possamos aprender a aceitar essas mudanças de humor, reconhecendo a realidade de cada uma, sabendo que a luz dá lugar às trevas, e as trevas, à luz.

– MARTHA WHITMORE HICKMAN

Quando começamos a nos sentir melhor, entramos em uma nova gama de sentimentos, talvez até um pouco de culpa: *Como posso me sentir bem quando aquele que eu amava se foi?* Entretanto, mesmo quando conseguimos colocar esse falso monstro de lado, a flutuação de humor pode ser perturbadora. Estamos vivendo um momento maravilhoso, livres daquela contínua e triste música de fundo. Então, voltamos a lembrar, e é como se estivéssemos caindo de um alçapão – uma mudança muito mais repentina e perturbadora do que quando a tristeza era nosso humor predominante.

Tudo isso faz parte do processo de cura. Assim como uma ferida física tem momentos dolorosos e sem dor, a ferida da perda passa por períodos de impermanência. Pelo menos sabemos que estamos caminhando na direção certa.

Vou me divertir nos momentos em que posso ser feliz, é o que meu ente querido desejaria que eu fizesse.

7 DE MARÇO

Não acredito que o sofrimento puro ensine. Se apenas o sofrimento ensinasse, todo mundo seria sábio, uma vez que todos sofrem. Ao sofrimento devem ser adicionados o luto, o entendimento, a paciência, o amor, a franqueza e a disposição para permanecer vulnerável.

– ANNE MORROW LINDBERGH

Conhecemos bem essa jornada – a luta para aprender com as experiências de vida. Somos compreensivelmente cautelosos. A sugestão de que existe alguma característica redentora oculta nessa dor – como a ideia de que podemos "aprender alguma coisa" com ela – é uma ofensa. É como se não devêssemos nos importar tanto com o fato de nossos corações estarem partidos.

Depois de um tempo, se tivermos sorte e trabalharmos bem, começaremos a ver que estamos, de fato, mais fortes, mais maduros. Esse é um trabalho árduo e muitas vezes todos os impulsos da nossa psique lutam contra ele, porque aprender com a dor parece ratificar o que aconteceu.

Mas estamos, quase apesar de nós mesmos, nos sentindo melhor. Fizemos a jornada de um mundo que existia para um mundo que existe nesse momento, e como em todas as jornadas isso exigiu empenho, iniciativa, adaptabilidade, vontade de oferecer e receber ajuda.

Enquanto faço a caminhada da recuperação, não terei pressa. Estarei atento às placas de sinalização. Estarei atento a outros viajantes que possam precisar da minha ajuda, assim como eu preciso do apoio deles.

8 DE MARÇO

*É melhor ter amado e perdido
do que nunca ter amado.*
– ALFRED TENNYSON

Esta frase costuma se referir a pessoas apaixonadas, mas fala a todos nós que perdemos alguém que amamos.

Um pai cuja filha havia morrido contou ao pastor: "Preferimos ter convivido com ela durante todos esses anos a nunca tê-la tido ao nosso lado. Houve, porém, um tempo em que a tristeza assumiu o controle."

Quem passou pela experiência de uma morte súbita e prematura pode se identificar com as duas partes da declaração desse pai. É claro que não poderíamos desejar que um filho nunca tivesse existido. Mas há um momento em que a dor é tudo o que conhecemos.

Mesmo quando a dor é mais forte, sabemos que nunca trocaríamos a nossa vida pela de outra pessoa. Uma querida amiga e mentora, que teve uma carreira eminente e nunca foi mãe, escreveu-me depois da morte da minha filha. Junto com as condolências e a tristeza compartilhada, ela disse: "Algumas pessoas não têm tanto a perder." Não pude deixar de pensar que ela estava falando de si mesma, e a dor que senti por ela naquele momento me fez tomar consciência de quantas bênçãos eu havia recebido.

Mesmo em minha dor, guardo perto do coração a vida do meu ente querido.

9 DE MARÇO

Depois que os mortos são enterrados, os mutilados saem dos hospitais e começam uma nova vida; depois que a dor física do luto se torna, com o tempo, uma ferida permanente na alma, uma dor que durará tanto quanto o corpo; depois que os horrores se tornam pesadelos e memórias repentinas à luz do dia, vem o vínculo transcendente e comum do sofrimento humano, e com ele, o perdão, e com o perdão, o amor.

– ANDRE DUBUS

Um pai enlutado afirmou, após a morte repentina da filha em um acidente: "Sinto como se tivesse me unido à família humana."

Esse senso de solidariedade com a comunidade, de empatia e amor mútuo, é um vínculo conquistado a duras penas. Mas, em face da tragédia – qualquer que seja sua natureza –, não se poderia desejar solução melhor entre os seres humanos do que a transformação da dor em amor e a compreensão mútua.

Não quero ser simplista sobre o custo disso. Mas não vamos nos afastar das grandes dádivas do perdão e do amor que, depois de uma longa luta, emergem das sombras para nos abraçar, nos igualar.

Meu coração se eleva, em solidariedade e saudade, a todos os que sofreram como eu. Que possamos nos encontrar e apoiar uns aos outros.

10 DE MARÇO

*Pois certa é a morte para o nascido
e certo é o nascimento para o morto;
portanto, pelo inevitável,
tu não deves sofrer.*

— BHAGAVAD GITA

Há certa tranquilidade nessa passagem da escritura sagrada hindu, mas, para a maioria de nós, ela sugere um tipo de aceitação para a qual ainda não estamos preparados.

O conceito de reencarnação, um princípio do hinduísmo, é ao mesmo tempo reconfortante e inquietante – o que não é nenhuma novidade para os conceitos religiosos. É reconfortante porque garante a sobrevivência da alma e sua jornada para a perfeição final. É inquietante porque não faz promessas de devolver o ente querido ao nosso círculo de amigos e familiares, seja nesta vida, seja numa vida futura. O que queremos não é uma vida nova com pessoas novas, mas uma vida com o amado ente que partiu.

Ainda que não tenhamos dúvida de que voltaremos a nos reunir com ele, deixaremos de lamentar a separação? É claro que não.

Conforme exploramos o mundo e suas religiões em busca de conforto e luz, a paz dessas palavras pode acalmar nossa alma.

Sou grato por todas as palavras que atendem à minha necessidade.

11 DE MARÇO

*Somos convidados a ser o alimento
e a água uns dos outros.*

– WENDY M. WRIGHT

Somos importantes uns para os outros – tão essenciais quanto comida e água. Especialmente agora, quando estamos sofrendo por uma perda.

Precisamos de amigos e familiares para nos confortar, nos proteger contra a solidão, compartilhar nossas lembranças e nossa dor.

E eles precisam de nós – para continuarem sendo amados, para que saibam que não os esquecemos enquanto procuramos nosso caminho através da dor, para estarem atentos, tanto quanto possível, às necessidades contínuas da vida.

É preciso dizer que não é automático que esses laços de amor e amizade sejam honrados. Especialmente quando estamos tristes, pode parecer mais fácil nos isolarmos.

Só que isso não é bom para ninguém. O alimento de que precisamos para viver plenamente não vem apenas da comida e da bebida, mas das pessoas que amamos e que nos amam.

Não permitirei que minha tristeza seja uma barreira entre mim e as pessoas que amo. Às vezes, poderá até ser uma ponte.

12 DE MARÇO

A crise atual é sempre a pior crise.
– ELAINE M. PREVALLET

Passamos por um dia terrível. E depois por outro. Com o tempo, a primeira angústia de tristeza começa a desaparecer. Talvez pensemos que já passamos pelo pior. Então algo acontece – os acordes de uma música familiar, o cheiro de flores ou de um perfume, a figura de um estranho do outro lado da rua que tem uma postura familiar –, e somos dominados por uma dor nova.

As coisas vão melhorar. Mas estamos sempre abertos a novas recordações, novas ocasiões que nos lembrarão da nossa perda. A dor parece recente outra vez, mas um dia passará.

Que eu aceite os ritmos do luto. Já tenho o suficiente com que me preocupar, não preciso me repreender por ainda estar tão vulnerável.

13 DE MARÇO

Alguma vez existiu uma dor como a minha?
– GEORGE HERBERT

Talvez seja isso que todos pensamos inicialmente – que estamos sozinhos experimentando um luto tão intenso e doloroso. Podemos até ter ciúmes dessa tristeza – ofendidos com a noção de que qualquer outra pessoa sofre tanto quanto nós.

De algum modo estamos certos: nossa experiência não é igual à de ninguém. Talvez ver o nosso pesar como se fosse único seja uma maneira de transformá-lo continuamente até que possamos nos acostumar com o impensável.

Depois de um tempo, podemos dar boas-vindas à companhia de outras pessoas. A maioria das comunidades tem grupos de apoio ao luto – pessoas com quem podemos falar abertamente sobre como a perda é terrível, sem medo de sermos considerados excessivos ou indulgentes. Quando você começa a descrever uma dor particularmente aguda e inesperada, esses amigos concordam: *Sim, sei o que você quer dizer.* Eles conhecem os obstáculos e as armadilhas da jornada que estamos percorrendo e nos ajudam, garantindo que as coisas vão melhorar.

Com o tempo, nós mesmos nos tornamos esses "socorristas da dor".

Minha dor me pertence e faço parte da família humana.

14 DE MARÇO

O trabalho definitivo nem sempre é aquele que é cortado e ajustado para nós, mas aquele que vem como uma reivindicação da consciência, seja cuidar de um paciente em um hospital ou fazer a bainha de um lenço.

— ELIZABETH M. SEWELL

Quando estamos nos recuperando do luto, às vezes tudo parece muito problemático, e todas as tarefas, pesadas demais para serem realizadas. Portanto, nos sentimos presos e acabamos não fazendo nada, à espera de que algum grande projeto ou evento nos tire da letargia.

Talvez tal convocação não ocorra logo. Ou, se ocorrer, pode ser mais do que temos coragem de assumir.

O importante é prestar atenção nos pequenos sinais que recebemos – alguma coisa simples que eu possa gostar de fazer hoje, algum projeto pequeno que pode valer a pena. Qualquer coisa para fazer a bola da atividade rolar novamente. Não é hora de descobrir o "trabalho da vida". É o momento de acompanhar as pequenas urgências, como ligar para um amigo, limpar um pouco do jardim, enviar um pacote pelo correio ou até mesmo devolver um livro à biblioteca. Qualquer coisa para nos estabelecermos como pessoas capazes de ter iniciativa.

Hoje vou prestar atenção nos sinais de algo novo que eu possa fazer. E vou fazê-lo.

15 DE MARÇO

Os fragmentos estão todos lá: para a memória, nada se perde.

– EUDORA WELTY

Quando perdemos um ente querido, experimentamos uma espécie de medo generalizado. A vida foi extremamente abalada. Será que existe algo seguro? O que mais poderia ser tirado de nós, afinal?

Um dos medos recorrentes é: será que vamos esquecer nosso ente querido? Será que a memória daquele tempo compartilhado vai se dissipar sem a presença do ente querido e das nossas conversas?

O choque da perda pode levar embora algumas das lembranças mais agradáveis e alegres – ou torná-las dolorosas demais para serem lembradas. Mas, à medida que começamos a nos sentir melhor – não tão cheios de dor –, os espaços vazios na colcha de retalhos da memória começarão a ser preenchidos novamente. Será como encontrar um tesouro perdido – o mais valioso deles, por ter ficado escondido por tanto tempo.

Lembranças da vida que compartilhei com meu ente querido estão armazenadas na minha mente. O que eu precisar vou encontrar lá.

16 DE MARÇO

A ideia de que a morte de um homem possa santificá-lo é uma triste fraqueza para nós, como se a vida já não fosse sagrada.

– GEORGE ELIOT

Há uma tendência natural em santificar os mortos. A vida, agora que chegou ao ponto final, está em evidência. A morte é um momento de lembrança solene, de manter nossos entes queridos no centro das atenções, de reconhecer nossa perda e quanto sentiremos falta de quem partiu.

Ocorre que ficamos tão angustiados com os mortos que negligenciamos os vivos. Esse é um perigo ainda maior quando há crianças envolvidas. Estudos sobre a reação de crianças a mortes na família apontam que muitas delas se sentiam esquecidas e negligenciadas. Elas percebiam que seu período de luto não era reconhecido ou respeitado. A atitude dos adultos pode até ser compreensível, mas é também lamentável. Esse tipo de situação pode ser evitado se houver um pouco mais de sensibilidade em relação a como as crianças estão se sentindo – elas devem ser incluídas no luto familiar. Não é um favor tentar "poupá-las", mantendo-as a distância. Elas, como todos nós, precisam mais de abraços e consolo do que de proteção.

Há um equilíbrio tênue entre atender às minhas necessidades e estar atento às necessidades dos que estão vivos, que dependem de mim para ter conforto e segurança.

17 DE MARÇO

Cada aspecto da vida havia se tornado perigoso para Dinah, e tudo que ela sabia fazer era se agarrar à sua vida exatamente como era, deixando a rotina e a necessidade dirigirem seus dias.

— ROBB FORMAN DEW

Um dos efeitos da perda de um ente querido, principalmente se a morte tiver sido repentina e inesperada, é que nos tornamos conscientes da fragilidade da vida. Se essa tragédia pode se abater sobre nós, o que virá a seguir? Podemos sentir muito medo, podemos nos tornar quase paranoicos. Uma mãe cujo filho morreu em um acidente de carro me disse que não suportava que seu outro filho voltasse para casa mais tarde do que o combinado. "Me ligue se você for se atrasar. Mesmo que sejam apenas dez minutos. Por favor", pedia ela.

Nossa segurança está ameaçada. Nossa vida interior está em turbulência. Seguir metodicamente os padrões do dia pode nos dar algum senso de ordem, para que não entremos em desespero.

Além disso, podemos sentir que, ao nos apegarmos a métodos já estabelecidos, talvez possamos passar despercebidos pelo destino e, assim, ser poupados de mais algum horror inesperado. Esses são medos primordiais e irracionais, mas a perda que sofremos não é racional.

Mais tarde – não agora – teremos energia e coragem para lidar com a mudança.

Viverei esses dias o melhor que puder, acreditando que, com o tempo, minha espontaneidade e minha energia retornarão.

18 DE MARÇO

Tudo sofre, tudo crê, tudo espera, tudo suporta. O amor nunca perece.

– 1 CORÍNTIOS 13:7-8

Quando amamos alguém qual é a carga de responsabilidade e de potencial para a dor que assumimos? Pode haver mal-entendidos, traições, indiferença e, por fim, perda.

Para além de equilibrar esses riscos, sentimos a possibilidade de enriquecer a vida partilhando nossas experiências com o outro – haverá calor e comunhão físicos e espirituais, compreensão e conquistas em comum, esteio contra a solidão e o isolamento.

A maioria de nós não tem problemas em optar pelo amor.

Mas, então, há o fato de termos investido tanta energia na vida de um ente querido e depois descobrirmos que ele se foi! Não é normal que fiquemos, por um tempo, prostrados?

O amor que compartilhamos, porém, nos ajuda a ter força para lidar com a perda. A esperança e a alegria já conhecidas nos ajudam a acreditar na possibilidade de que haverá esperança e alegria novamente.

A intensidade da tristeza (que *vai* ficar mais moderada, embora pareça impossível no momento) reflete a intensidade do amor compartilhado, que continuará a irradiar por toda a nossa vida, para iluminar e nutrir tudo o que fazemos e tudo o que somos.

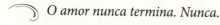 *O amor nunca termina. Nunca.*

19 DE MARÇO

O que era aquilo na extensão do céu, o gigantesco afloramento da rocha, a folha de sassafrás na minha mão? Eu não sabia, mas fiquei muda de espanto e de uma alegria silenciosa.

— LUCY AVERY BROOKE

Talvez todos nós tenhamos nossos locais especiais de cura. Em uma aula de "arte como meditação", o professor sugeriu: "Feche os olhos. Pense no seu lugar favorito do mundo."

Qual é o seu? Qual é o meu? Podem ser lugares diferentes em momentos diferentes. Como sofredores, faríamos bem em ir, sempre que possível, a lugares capazes de nos curar.

Talvez não seja um lugar específico, mas um tipo de lugar. Uma amiga respondeu: "O mar. Em qualquer lugar, desde que seja o mar."

Uma vez lá, temos que estar dispostos a deixar o lugar falar conosco e abrir nossos corações para "a extensão do céu, o afloramento da rocha" – para a paz que parece emanar de tais lugares, nos dizendo, de alguma forma misteriosa, que tudo ficará bem.

Em comunhão com a beleza da natureza, encontro sinais de tudo o que existe, incluindo de mim mesmo.

20 DE MARÇO

*A planta cresce na névoa e sob as nuvens
tão bem quanto sob a luz do sol.*
— WILLIAM ELLERY CHANNING

Após um evento traumático como a perda de um ente querido, podemos sentir como se a vida tivesse parado. Nada pode avançar depois dessa tragédia. Que sentido podemos dar ao que ainda nos resta viver?

Felizmente, a vida vai nos levar adiante, não importa se lhe damos ou não a nossa bênção. E um dia, como uma tempestade que passa, enxergaremos a luz novamente e perceberemos que, durante todo o tempo em que nos sentimos perdidos na escuridão e na confusão, processos de cura e crescimento estavam trabalhando lenta e muitas vezes silenciosamente. Não perdemos tempo algum, mas, como a semente que ficou aparentemente inerte no solo durante todo o inverno e agora está pronta para começar sua dança primaveril, fomos movidos de maneira constante e discreta para uma nova vida. Como a borboleta emergindo do casulo após uma longa escuridão, sacudiremos o resto de lagarta de nossas asas e perceberemos que podemos voar.

Às vezes me sinto congelado no mesmo lugar, como se nunca mais fosse me mover ou crescer novamente. Mas o tempo todo, Aquele que é superior a mim está me guiando por esta terra escura.

21 DE MARÇO

Ai de mim! O inverno veio e se foi,
mas a dor retorna com o ano que se renova.

– PERCY BYSSHE SHELLEY

Comemorações! Elas continuam a nos atormentar. A cada feriado retornam as lembranças do que "costumávamos fazer": os piqueniques na primavera, a viagem de Páscoa, os fogos de artifício no Réveillon, a reunião da família no Natal. E então, é claro, os aniversários – de nascimento, de casamento, de morte.

Às vezes, esquecemos. E então nos perguntamos, no meio da tarde, por que estamos nos sentindo tão desanimados… até olharmos o calendário e nos lembrarmos. A consciência pode esquecer, mas o inconsciente tem boa memória.

Com o tempo, ficará mais fácil. Mas é bom estar atento aos aniversários e perceber que vamos nos lembrar de datas importantes e provavelmente ficaremos tristes.

Portanto, reconheça: hoje é o dia em que meu ente querido morreu. Talvez você possa contar a um amigo mais chegado e compreensivo. E então seja gentil consigo mesmo. Planeje alguma atividade divertida. Não há necessidade de se lamentar o dia todo. Seu ente querido não iria querer isso. Você não vai esquecê-lo. O próximo ano vai chegar…

Serei livre para me afastar da dor quando puder. A vida não é um teste de resistência.

22 DE MARÇO

*Acho que estou começando a entender por que o luto
se parece tanto com o suspense. Ele advém da frustração
de muitos impulsos que se tornaram habituais...
Como sempre, continuo encaixando a flecha no arco;
só depois me lembro que tenho que vergá-lo.*

– C. S. LEWIS

Nos primeiros dias, semanas e meses, a perda parece uma amputação. Os nervos latejam como se o membro ainda estivesse lá. Esses impulsos involuntários ocorrem especialmente quando a morte chegou de repente. Começamos a redefinir o número de lugares à mesa. Compramos ingressos a mais no cinema. Cada vez que nos pegamos fazendo isso, sentimos uma pontada no coração.

Depois de um tempo – muito tempo –, podemos saudar a associação como uma lembrança comovente dos momentos felizes e que não devem ser esquecidos. Lembro-me de voltar para casa após a morte da minha filha e dizer a meu filho: "Como posso morar nesta casa? Vou vê-la em todos os lugares."

Ele respondeu: "Vai chegar o momento em que você ficará contente por isso."

Agora, depois de anos, ao andar pelos cômodos onde ela esteve conosco, recebo de braços abertos todas as lembranças do tempo que compartilhamos.

A cura se move no seu próprio ritmo. O que é um fardo um dia pode ser um presente no outro.

23 DE MARÇO

Não te inquietes com as coisas futuras; com efeito, se houver necessidade, tu as encararás de posse da mesma razão que agora empregas com teus problemas atuais.

– MARCO AURÉLIO

Uma das dificuldades que nós, os enlutados, temos que enfrentar é o hábito de antecipar todas as ocasiões em que ficaremos sem nosso ente querido.

O que ganhamos ao sofrer por antecipação? Nada. Não podemos prever quais problemas nos assombrarão e, mesmo se pudéssemos, não sofreríamos de tanta ansiedade que iríamos querer resolvê-los com bastante antecedência?

Talvez tenhamos medo de não sermos, no futuro, capazes de lidar com uma crise como somos agora. É bastante provável que seremos pelo menos tão capazes de resolvê-la quanto neste momento.

Por que não lidar com os eventos e as incertezas do presente?

Ficarei com as ansiedades e as preocupações de hoje, confiando ao futuro as preocupações desconhecidas.

24 DE MARÇO

Quem nunca sobe jamais cai.
– WILLIAM SHAKESPEARE

Devastados como estamos pela dor da perda de um ente querido, às vezes podemos nos perguntar: vale a pena tanto sofrimento? Não seria mais sensato não investir nas pessoas para que, quando morressem, não sentíssemos que nosso mundo está destruído?

Nós sabemos a resposta. Essa escolha negaria o que é mais profundamente humano na nossa experiência: a capacidade de tecer conexões íntimas e intensas.

Os pais não poderiam mais impedir seu filho de se envolver em qualquer atividade arriscada. É claro que tanto para crianças quanto para adultos existem ações que são tão perigosas que apenas os imprudentes são atraídos por elas, do mesmo modo que entramos em relacionamentos tóxicos por nossa conta e risco.

As escolhas de vida oscilam como um pêndulo: há uma linha tênue entre o envolvimento insensato, de um lado, e o rico intercâmbio humano, de outro. É uma questão que exige um julgamento sábio: a quem devemos confiar nosso coração? Mas evitar amar e ser amado porque existe o perigo de perder é como tentar impedir uma criança de aprender a andar porque ela pode cair. A criança vai cair – e vai se levantar e andar novamente.

Vale a pena correr o risco de amar, mesmo que haja o risco de perder.

25 DE MARÇO

Nenhum homem jamais afundou sob o peso do dia.
Quando o fardo de amanhã é adicionado ao fardo de hoje,
fica tão pesado que o homem mal consegue suportar.
Nunca se sobrecarreguem assim, meus amigos.

– GEORGE MACDONALD

Como *não* pensar nos dias, meses e anos em que ficaremos sem a pessoa que amamos?

É claro que haverá momentos em que não poderemos evitar esse sentimento. Mas não precisamos pensar nisso o tempo todo. Talvez possamos adotar o padrão recomendado na abordagem "racional-emotiva".

Meia hora por dia, vamos sentir todo o peso do nosso luto – e até antecipar a dor do longo futuro sem o nosso ente querido. Outras vezes, quando os pensamentos melancólicos surgirem, vamos afastá-los: *Agora não, não é hora para vocês. Voltem às 17h30, daí terão toda a minha atenção.*

Às 17h30, devemos cumprir nossa palavra: se aqueles pensamentos tristes vierem à tona, é o momento certo de se entregar a eles. Depois de meia hora, porém, mude interiormente de assunto e ocupe-se com outra coisa.

Não estou tentando ignorar os sentimentos de pesar a longo prazo, estou apenas evitando que minha vida seja inundada por eles.

26 DE MARÇO

Se você é um artista, é o trabalho que você realiza no dia a dia que o faz chegar à plenitude, e pode ser preservado por toda a vida. Quaisquer que sejam as feridas que precisam ser curadas, o momento da Criação garante que tudo vai bem, que o universo está em sintonia, que o caos interno pode ser destilado em ordem e beleza.

— MAY SARTON

May Sarton estava falando como escritora. Mas existem muitas maneiras de fazer arte – uma fotografia esplêndida, um travesseiro bordado, um jantar dos deuses, um jardim incrível, um quarto bem decorado. O importante é fazer algo: pegar palavras, cores, pedaços de madeira, sementes ou comida e organizar tudo isso de forma bonita e significativa. Ao agir desse modo, estamos mostrando a nós mesmos que não fomos destruídos pela desordem em que a dor nos lançou. Podemos criar isso e aquilo e trançá-los no tecido da nossa vida.

Dê um passo. Faça algo. Talvez um poema ou uma pintura possam expressar sua tristeza. Talvez preparar um prato bem elaborado ou tricotar um suéter seja mais o seu estilo. Uma amiga cujo filho se suicidou me revelou que, quando começou a costurar algumas roupas para si mesma, voltou a acreditar na vida.

Talvez se fizer algum novo trabalho manual eu encontre consolo e sentido para a vida.

27 DE MARÇO

Quando o seu fardo estiver muito pesado, você pode tentar aliviar algum outro fardo. Nos momentos em que não puder ver Deus, haverá ainda a sagrada possibilidade de você se exibir a Deus, pois é através do amor e da bondade do coração humano que a realidade divina chega aos homens, quer eles a nomeiem ou não. Então, fique com o seguinte pensamento: pode haver momentos em que você não consiga encontrar ajuda, mas não há momentos em que você não possa ajudar.

— GEORGE S. MERRIAM

Especialmente quando passamos pelo primeiro luto, não temos vontade ou energia para fazer muita coisa, seja por nós mesmos ou por qualquer outra pessoa. Mas, à medida que começamos a melhorar, podemos dar uma bem-vinda pausa na nossa preocupante tristeza nos dedicando a ajudar o próximo. Isso expressa a esperança de que nem sempre ficaremos presos em um vale de dor. Sem falar que esse nosso movimento pode ser reconfortante e útil para outra pessoa.

É incrível como a depressão desaparece quando somos capazes de nos afastar das nossas preocupações e fazer algo por outra pessoa.

28 DE MARÇO

A tristeza chega em surtos inesperados...
Sinais misteriosos que desencadeiam uma lembrança
da dor. Ela vem quebrando como uma onda, varrendo-me
em sua crista, torcendo-me de dentro para fora. Em
seguida, recua, deixando-me quebrado. Ah, mamãe, não
quero comer nem andar nem sair da cama. Ler, trabalhar,
cozinhar, ouvir, cuidar. Nada importa. Não quero me distrair
da minha dor. Eu não me importaria de morrer.
Não me importaria nem um pouco.

– TOBY TALBOT

Qualquer coisa pode ser um gatilho – um fragmento de música, uma peça de roupa velha que encontramos ao limpar o armário, um pedaço de papel que cai de um livro, escrito com aquela caligrafia familiar. Justamente quando pensávamos que estávamos nos sentindo melhor, ganhando alguma estabilidade, algo vem para nos fazer mergulhar de volta naquela sensação crua e opressora de perda.

Somos incapazes de pensar em outra coisa, e não queremos fazer isso. Não há nada no horizonte além disso. Nossa dor ocupa a vida até o limite. Se tentarmos olhar para o futuro, nossos olhos ficarão presos em um atoleiro de tristeza. A própria ideia de morrer não é tão ruim assim.

Esse clima vem sem aviso e é devastador. Mas passa. Então... viva a sua dor, sim. Mas espere.

Aceitar os surtos de tristeza é saber que eles passarão.

29 DE MARÇO

Seja paciente com todos, mas, acima de tudo, com você mesmo. Não se perturbe por causa das suas imperfeições e sempre se levante corajosamente após uma queda. Fico feliz que você tenha todos os dias um novo começo. Não há melhor meio de progredir na vida espiritual do que começar sempre do zero.

– FRANCISCO DE SALES

Um dos aspectos do luto mais difíceis de aceitar é que ele leva muito tempo. Então, é comum ficarmos desanimados com a presença contínua da dor e com a nossa incapacidade de lidar melhor com a tristeza. Justamente quando pensamos que estamos fazendo algum progresso, pimba!, a melancolia se apodera novamente de nós.

Agora, como em nenhum outro momento, é importante sermos pacientes, não nos deixarmos ser oprimidos pelo desânimo de ontem. Cada dia é um novo dia, um novo começo.

Hoje deixo para trás as preocupações e as ansiedades de ontem.

30 DE MARÇO

Apodere-se o máximo que puder da paz. Não faça qualquer esforço, mas deixe todas as coisas que o perturbam ou o excitam caírem por terra. Isso não é trabalho, mas é, por assim dizer, a sedimentação de um fluido que se tornou turvo com a agitação.

– MADAME GUYON

Essa é outra forma de tentarmos viver o momento e não permitir que a preocupação com a dor assuma o controle do restante da nossa vida. É mais fácil falar do que fazer – colocar a tristeza de lado e prestar atenção apenas no que está acontecendo ao redor. É um conselho que nem sempre seremos capazes de seguir, e provavelmente não deveríamos tentar. Mas imaginar que podemos deixar todas as coisas caírem no chão é bom, um exercício mental que vale a pena fazer.

Imagine que você está parado e ereto e que, ao apertar um botão no controle interno, todo o estresse e a dor escorregam lentamente pelos braços e pelas pernas, para serem absorvidos pelo chão. Você se sentirá muito mais leve! Poderá erguer seus braços, tão livres do peso de tudo o que lembrava aquela dor.

Acha que se livrou de tudo? Dê um tempo e faça exercício novamente.

Até certo ponto, está sob meu poder decidir quando vou deixar a dor assumir o controle.

31 DE MARÇO

> *Aqueles que amam além do mundo não podem ser separados. O morto está apenas cruzando o mundo, como amigos cruzam os mares; eles ainda vivem um no outro.*
>
> – WILLIAM PENN

A analogia de amigos separados pelo mar e que ainda assim vivem uns nos outros parece adequada e esperançosa se considerarmos o mistério da morte.

Afinal, o amor dependia do mundo físico ao nosso redor? Nós não estávamos "em contato" com o outro embora pudéssemos estar a quilômetros de distância?

A morte do corpo físico é totalmente diferente de estar em algum lugar do outro lado do mundo, é claro. Não podemos minimizar a terrível privação que experimentamos quando nosso ente querido morre. Mas, assim como nosso amor podia ser considerado "além-mundo" – independentemente do lugar, tempo ou conjunto de circunstâncias –, esse sentimento tão vivo persistirá onde quer que estejamos ou quais forem as particularidades da nossa vida.

Da mesma forma que amo e valorizo meus amigos que estão longe, guardo no meu coração a memória do meu ente querido.

1º DE ABRIL

O humor nos traz de volta à Terra, e nos ajuda a usar bem o que nos resta, ainda que estejamos perfeitamente cientes do que perdemos ou do que nos foi negado. Só os que sabem chorar podem rir com vontade.

– KATHLEEN R. FISCHER

Você conhece o desenho das duas máscaras que representam o teatro? Uma tem o rosto cômico; a outra, o rosto trágico. Tanto a comédia quanto a tragédia fazem parte da vida.

Ao ouvirmos a expressão "alívio cômico", sabemos que se trata de um humor inesperado quando a situação parece sombria.

Como podemos achar algo engraçado quando estamos no auge da dor?

À primeira vista, pode parecer que nada voltará a ser engraçado. Então descobrimos, surpreendentemente, que gostamos mais das pessoas bem-humoradas do que das marcadas pela dor.

Ficamos assustados com essa descoberta? Achamos "impróprio" esse riso que irrompe em meio à tristeza?

Quando estamos deprimidos, o alívio cômico é bastante necessário – do mesmo modo que uma pessoa faminta precisa mais de comida do que uma que está bem alimentada. A risada é uma válvula de escape para o sofrimento sem fim, um voto de confiança de que não seremos vencidos pela dor, por mais tristes que possamos nos sentir.

 Às vezes, rir é o melhor remédio.

2 DE ABRIL

*A mais mortal de todas as coisas é a perda
da fé na natureza. Sem primavera, sem verão.
Nevoeiro sempre, e a neve desbotada dos Alpes.*

– JOHN RUSKIN

Esse tipo de depressão generalizada é como a vida se mostra muitas vezes para nós que sofremos uma perda dolorosa. É como se estivéssemos parados. Se a vida não se move da maneira que desejamos, não queremos que qualquer outra coisa se mova como antes. Ficamos até ressentidos com o fato de que noite e dia se sucedem sem perceber toda a nossa angústia. Como as outras pessoas podem respirar, trabalhar e amar normalmente quando nosso mundo privado está mergulhado em tamanho caos?

É inevitável que, após a primeira onda de luto, de tempos em tempos mantenhamos o mundo, as estações, os dias e as noites a distância – é uma espécie de anestesia geral contra a vida, justamente porque é muito doloroso sentir.

Então, pouco a pouco, as terminações nervosas começam a formigar novamente. Somos, talvez contra a nossa vontade, levados a olhar a vida ao redor. Temos de novo a consciência de que podemos obter prazer e energia do mundo, mesmo que nosso ente querido tenha partido.

Minha vida é o que me é dado agora. Vou confiar que a névoa vai se dissipar e as montanhas ficarão lindas mais uma vez.

3 DE ABRIL

Um amigo fiel é o remédio da vida.
— LIVROS APÓCRIFOS

Na semana seguinte à cerimônia religiosa em homenagem à minha filha, uma amiga passou a me ligar todas as manhãs. Como ela levava o filho adolescente ao treino de basquete, a meia hora de carro de onde morava, um dia ela perguntou se eu gostaria de ir junto.

Fiquei hesitante. Não via essa amiga havia muito tempo. Sabia que ela iria me encorajar a falar. Eu realmente queria que isso acontecesse? Será que eu ficaria tão transtornada a ponto de envergonhar a mim mesma?

Era um risco para mim, assim como para ela, me convidar a sair. Mas eu fui – no primeiro dia e, em seguida, todos os dias da semana.

As idas eram quase sempre silenciosas. No caminho de volta, parávamos no parque, bebíamos alguma coisa e nos sentávamos debaixo de uma árvore por um tempo. Eu falava e chorava. Sobre o que eu falava? Sobre o sentimento de perda, as trivialidades do dia, a família, os assuntos pendentes com minha filha.

Foram tempos de grande emoção, é claro, cheios de dor. Mas, a cada dia que essa amiga me deixava em casa, eu me sentia melhor, capaz de continuar. A pressão que eu sentia foi liberada mais uma vez – como o vapor é liberado quando levantamos a tampa de uma panela fervente. Foi elementar, simples e incontestável.

Os amigos podem ajudar a manter o fluxo da dor em movimento.

4 DE ABRIL

A fé é a peça central de uma vida conectada.
Ela nos permite viver pela graça de fios invisíveis.
É a crença em uma sabedoria superior à nossa.
A fé se torna professora na ausência de fatos.

– TERRY TEMPEST WILLIAMS

Experiências como a perda de um ente querido enchem nossa vida de perguntas sobre a natureza da vida além da morte. Qual é a natureza de Deus? Qual será nossa experiência – e de nosso ente querido – com Deus depois que morrermos?

É claro que são perguntas sem resposta. Mas temos que fazer algo com o desejo de saber mais, com a ânsia por continuar um relacionamento com quem partiu.

Bem-aventurados aqueles para quem a fé é capaz de absorver o choque de não saber, que podem confiar em "uma sabedoria superior à nossa", na "graça de fios invisíveis".

Talvez todos nós, qualquer que seja a tradição de fé, possamos estender o senso de confiança ao mundo desconhecido. Talvez pareça um risco. Mas pode nos ajudar profundamente. E, ao contrário de alguns riscos, não nos fará mal algum.

Por não conhecer, vou confiar no desconhecido.

5 DE ABRIL

Uma das coisas mais patéticas sobre nós, seres humanos, é a comovente crença de que há momentos em que a verdade não é boa o suficiente, que pode e deve ser melhorada. Precisamos estar totalmente destruídos antes de perceber que é impossível melhorar a verdade. É a verdade que negamos que, com ternura e perdão, recolhe nossos fragmentos e os junta novamente.

– LAURENS VAN DER POST

Sempre tentamos fazer o melhor para mudar a realidade que nos parece tão crua. Sempre pensamos na expressão "E se…". "E se não tivéssemos ido para aquele resort, e se tivéssemos planejado outro passeio em que ela não andasse a cavalo?", "E se tivéssemos insistido que ele fizesse um check-up antes?", "E se ele nunca tivesse começado a fumar?", "E se o tivéssemos impedido de dirigir depois de beber?". É uma autotortura, mas parece que não conseguimos parar de reorganizar os fatos para tornar a realidade menos pesada.

Enquanto isso, o mundo que não podemos mudar aguarda pacientemente nosso retorno. Espera como um pai espera um filho dar vazão à raiva e à frustração quando o castelo feito de pequenos blocos de construção desaba ou quando um colega age com crueldade. Então, é a hora do conforto, do consolo e de um abraço, de pensar no que fazer neste momento.

Eu sei que a verdade sempre vence. Algum dia serei capaz de não me envolver na batalha.

6 DE ABRIL

> *Eu lembro que, no domingo passado, durante uma discussão sobre política, eu disse algumas coisas que não deveria. Não tenho nem como expressar quanto estou infeliz com isso agora. Parece que fui rude com alguém que não é mais capaz de se defender... São coisas em que ainda não suporto pensar. Elas me causam muito sofrimento. A vida recomeçou. Se ao menos eu tivesse um objetivo, uma ambição de qualquer tipo, isso ajudaria a me resignar. Mas esse não é o caso.*
>
> – MARCEL PROUST

A autorrepreensão já se tornou um hábito. Conversas em que sentimos que não fomos tão gentis quanto poderíamos estão gravadas em nossa lembrança, e nos torturamos por isso, desejando poder voltar atrás no que foi dito. Como estamos debilitados em um nível que não conseguimos reunir energia para "mudar de assunto" internamente e pensar em outra coisa, esses arrependimentos não param de martelar na nossa cabeça.

Há uma enorme chance, porém, de que esse incidente (e outros) de que nos lembramos com tanto pesar não tenha sido nem de longe um "acontecimento" tão grande na vida do nosso ente querido quanto foi para nós. É claro que já dissemos coisas não tão elegantes às pessoas que amamos – e provavelmente continuaremos a fazê-lo. Pense nisso como o preço que se paga para ter um relacionamento espontâneo. Nem sempre é possível prever os efeitos negativos de tudo o que é dito.

Nossos entes queridos nos perdoam, assim como nós os perdoamos.

7 DE ABRIL

*A espiritualidade em seu sentido mais amplo
é simplesmente um modo de vida que revela
uma consciência do sagrado e um relacionamento
com a Santidade em meio às nossas fragilidades,
fraquezas e limitações humanas.*

– EDWARD C. SELLNER

Enfrentar a perda de um ente querido é estar conectado – ou reconectado mais intensamente – com o mundo espiritual. Muitas questões vêm à nossa mente, às vezes até com mais urgência, assim que enfrentamos o luto. Será que quem partiu poderia sobreviver? Como será daqui para a frente nossa relação com a espiritualidade? Haverá um modo de estarmos em comunhão com os mortos agora ou só depois da nossa morte?

Se pudermos evocar a consciência da Santidade como uma realidade de amor e carinho, teremos meio caminho andado. Podemos suportar a incerteza das respostas às nossas perguntas quando sentimos que Aquele que está no comando cuida de nós, sofre conosco quando estamos tristes e deseja o nosso bem. Esse tem sido o anseio e a confiança de quem acredita ao longo dos tempos.

"Ora, a fé é a certeza daquilo que esperamos e a prova das coisas que não vemos", disse o apóstolo Paulo na Carta aos Hebreus. Essas coisas não deixam de ser reais só porque não podem ser vistas.

No meio da minha fragilidade, ó Deus, que eu possa ter uma nova consciência da Sua presença.

8 DE ABRIL

Às vezes, com a melhor das intenções, nossos amigos não sabem como ajudar. Talvez sintam que trazer à tona o assunto da nossa perda é tão arriscado que pode nos deixar ainda mais tristes, então falam sobre outras coisas, enquanto a ausência do ente querido na conversa se torna quase intolerável.

– MARTHA WHITMORE HICKMAN

Em uma pequena reunião de amigos surgem conversas sobre o dia a dia de cada um deles, mas é como se a perda e a tristeza não pudessem ser mencionadas, é como se estivessem fora dos limites da boa educação. Todo mundo sabe, todo mundo se importa, mas ninguém fala sobre a morte. E, sentindo que estaríamos violando algum tabu não declarado, nós também ficamos quietos.

Isso lhe soa familiar? Pode haver momentos em que o melhor remédio seja acompanhar uma conversa casual, sobrevivendo da melhor forma que pudermos. Mas, às vezes, se estivermos com amigos íntimos, é melhor abrir o coração e dizer: "Preciso conversar sobre o que está acontecendo comigo."

Normalmente, a tensão será dissipada, haverá uma sensação imediata de apoio e alívio, e a pergunta "Como você está?" será um convite para dizer a verdade. A tensão do luto não expresso vai se mover – pelo menos figurativamente – do nosso corpo para os braços acolhedores dos amigos que nos amam, mas não sabiam o que fazer naquele momento.

Quando me arrisco a dizer quem sou, dou um presente para mim mesmo e para os meus amigos.

9 DE ABRIL

Preciso me forçar a olhar para os objetos familiares, o casaco pendurado na cadeira, o chapéu no corredor... Para aliviar a dor, peguei algumas coisas suas para mim. Usei suas camisas, sentei-me à sua escrivaninha, usei suas canetas para agradecer as centenas de cartas de condolências. E, pelo próprio processo de identificação com os objetos que ele tinha tocado, senti-me mais perto dele.

– DAPHNE DU MAURIER

O que fazer com as coisas do nosso ente querido? Para algumas pessoas, elas são um conforto, um meio de ajudar na cura. Para outras, pensar nos objetos associados à pessoa amada é ser torturado por lembranças angustiantes e pela dor.

Cada um de nós deve encontrar seu próprio caminho. Experimentar alguma coisa e, se não funcionar, tentar outra. Quando minha filha morreu, logo doei a maior parte das suas roupas – algumas para amigos, outras para uma instituição de caridade. Guardei algumas e as coloquei em uma gaveta para que pudesse vê-las se quisesse, sem ficar cara a cara com elas o tempo todo. Guardei algumas coisas para dar quando surgissem ocasiões específicas – como uma caixa de joias com o nome dela que pretendia doar mais tarde para outra criança com o mesmo nome. Guardei alguns objetos, e o conforto e o prazer que eles trazem aumentam à medida que a dor da ausência dela vai se suavizando.

Posso levar o tempo que achar necessário e descartar as coisas quando estiver pronto.

10 DE ABRIL

Em determinado ponto da jornada humana, descobrimos que temos que adotar a expressão "deixar ir" para seguirmos em frente, e "deixar ir" significa morrer um pouco. Durante o processo, somos recriados, despertados uma vez mais para a fonte do nosso ser.

– KATHLEEN R. FISCHER

Sabemos muito bem que nosso ente querido morreu. Será que reconhecemos que nessa morte uma parte de nós também morreu?

A parte de nós que se relacionava com aquela pessoa morreu.

A parte de nós que vivia na expectativa de um futuro juntos sobre a Terra morreu.

A parte de nós que gostava da comunhão de memórias morreu.

Sim, temos muito a perder, e talvez seja mais fácil aceitar os efeitos da morte do ente querido se reconhecermos o impacto profundo que sua ausência tem em nossa vida.

Se não soubermos como "deixar ir", nossa vida ficará manchada por uma morte não resolvida, e todo o nosso sistema emocional será envenenado por isso.

Mas se mudarmos de atitude, os espaços que a morte ocupa podem revelar uma nova vida. "A natureza abomina o vácuo", ouvimos muitas vezes. Parte dessa nova vida pode ser um novo relacionamento com o amor perdido. Mas, primeiro, é preciso "deixar ir".

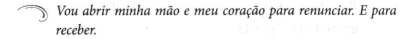 *Vou abrir minha mão e meu coração para renunciar. E para receber.*

11 DE ABRIL

O que é essencial não morre, clarifica.

– THORNTON WILDER

Uma das maneiras de enriquecer a vida depois de uma grande perda é estudar o passado daquele ente querido. Agora que ele não está mais conosco no sentido físico, começamos a entender de uma nova maneira a vida daquele que amamos e partiu. Como eram os espaços silenciosos que existiam? Talvez possamos apenas conjecturar, usando nosso conhecimento sobre a personalidade do ente querido ou, quem sabe, sobre o pouco que sabíamos de períodos específicos da sua vida. Podemos, ainda, nos sentar quietos e deixar a imaginação correr solta. Como foi a infância de quem partiu? Existem fotos dessa época? Quais recordações podem esclarecer determinados aspectos do cotidiano, como um lenço em particular que foi guardado ou um ramo de flores secas?

Enquanto as histórias que a pessoa nos contou ainda estão frescas na memória, há coisas que poderíamos escrever para preservá-las e entregá-las depois a seus descendentes? Uma querida amiga, cujo irmão morreu, escreveu para os sobrinhos um relato dos anos de infância em família. Que presente mais valioso! E que preciosa viagem para ela.

É um conforto maravilhoso e surpreendente redescobrir meu amor perdido.

12 DE ABRIL

Tenho pensado na mudança das estações.
Não quero perder a primavera deste ano.
Eu quero estar lá quando a grama ficar verde.

– ANNIE DILLARD

O luto ocupa muito do nosso pensamento. Por um tempo, parece exigir toda a nossa atenção. Esquecemos em que dia estamos ou não nos importamos. Deixamos de participar do que costumávamos nos envolver. Podemos esquecer compromissos ou quem vimos e em quais circunstâncias.

No início, logo após a morte, isso é inevitável – e pertinente. Precisamos mergulhar nesse mundo novo e assustador até que, de alguma forma, "nos acostumemos a ele", como os nadadores que mergulham na água fria e movimentam-se vigorosamente até se adaptarem à temperatura.

Mas, como tudo no período de luto, precisamos ter cuidado, porque estamos perdendo coisas. Talvez precisemos fazer um esforço para observar o que está acontecendo além da dor.

Por quê? Porque não queremos perder a grama ficando verde, o cheiro das glicínias ou o som das crianças rindo.

Outras coisas além da minha dor estão acontecendo no mundo. Deixe-me prestar atenção para não perder o que pode ajudar a me curar.

13 DE ABRIL

Estaria ele, sua essência, ainda pairando sobre a casa e, se eu estivesse lá, perceberia sua presença? Lutei contra o forte desejo de ir em busca dele, onde quer que estivesse. Certamente ele também estava procurando por mim. Ficávamos pouco à vontade, sempre, quando separados. Mas onde estão os caminhos?

– PEARL BUCK

Esse dilema se apresenta a todos os que perderam entes queridos. Minha mãe, meses após a morte do meu pai, me falou: "Ele deve estar em *algum lugar* onde eu possa encontrá-lo."

Um ano depois, olhando para uma noite estrelada logo depois da morte da minha filha, pensei: *Talvez ela esteja ali, no alto, entre as estrelas.*

De certa forma, são conjecturas de partir o coração, porque não há respostas, nenhum destino para onde possamos viajar a fim de reencontrar o amor perdido.

Às vezes, é verdade, sentimos uma presença, talvez o espírito do ente querido pairando sobre nós. Será uma projeção nossa ou será mesmo o espírito dele? Não temos como saber, não há certeza de nada. Gostaríamos que fosse nosso ente querido tentando fazer algum tipo de contato, nos dando alguma garantia de que a vida continua. Mas, estranhamente, talvez isso não importe muito. Se a sensação nos trouxer conforto, seremos gratos por isso. E se for coisa da nossa imaginação, bem, foi o Criador da vida quem nos possibilitou imaginar.

Estou sempre atento ao modo como meu amor e eu cuidamos um do outro.

14 DE ABRIL

Portanto, não se preocupem com o amanhã, pois o amanhã trará suas próprias preocupações. Para cada dia bastam suas próprias dificuldades.

– MATEUS 6:34

É mais fácil falar do que fazer, especialmente se toda a vida foi abalada por uma perda. Como não olhar para o futuro sem algum grau de preocupação? Como passar o tempo que nos resta sem aquele que perdemos?

Há quem recomende que confiemos o futuro a Deus, que reconheçamos a futilidade da preocupação e simplesmente deixemos a vida nos levar. É basicamente uma questão de fé. Esse é o senso comum.

Mas, como se sabe, o senso comum não está sempre correto. E a fé pode precisar de suporte, de referência.

Alguém já sugeriu que tentássemos viver um dia de cada vez, como se não houvesse nada antes ou depois. Não é má ideia.

Eu sei que a preocupação é uma perda de tempo. Vou tentar, por hoje, deixar de lado um amontoado de preocupações, colocá-las em um canto e me afastar.

15 DE ABRIL

Como uma árvore atingida por um raio – estilhaçada, sacudida, desnudada –, nosso mundo é destruído pelo sofrimento, e nunca mais seremos os mesmos. O que será de nós é um mistério.

– NATHAN KOLLAR

Qualquer grande evento afeta todos os aspectos da vida, assim como uma pedra atirada em um riacho cria ondulações que se estendem até a costa.

Quase nunca sabemos o que nos espera, o que há depois ou como seremos afetados por essa mudança em algum ponto da vida.

Ainda que em circunstâncias mais calmas, não há planejamento que possa prever todas as contingências. Quando nossa vida é quase destruída pela dor, é um mistério saber como vamos sobreviver nas próximas 24 horas, imagine fazer planos para os próximos cinco, 10 ou 20 anos. Algo impensável para o momento.

Não há pressa. Não se afobe. O futuro se revelará, estejamos prontos ou não. Muito ou quase tudo do que acontece está fora das nossas mãos – um mistério, assim como são os próximos minutos.

Parte da aventura da vida é não conhecer tudo o que posso me tornar.

16 DE ABRIL

*Em um momento como este, como é bonito
cada rosto humano.*

– COMENTARISTA DE NOTÍCIAS

O repórter estava observando a longa fila de enlutados movendo-se lentamente ao lado do caixão de Robert Kennedy, cujo corpo estava exposto.

Penso na citação anterior novamente quando uma câmera passa por cima de outra multidão, desta vez em uma convenção política. A palestrante está contando sobre sua experiência de contrair aids depois de uma transfusão de sangue e a morte subsequente do filho a quem ela deu à luz. A multidão está em silêncio. As pessoas assistem à fala dela com lágrimas nos olhos – sem nenhum indício da estridência e da competitividade que tinham dominado a convenção até aquele momento e voltariam a dominar depois.

Talvez essas duas cenas nos lembrem que, ao enfrentarmos a morte, existe um reservatório de amor e compaixão nos seres humanos. Não precisamos ter medo de mostrar nossa vulnerabilidade, porque chorar quando estamos de luto não é sinal de fraqueza, mas um passo para o interior de um círculo onde há pessoas que podem nos abraçar e nos acarinhar se lhes dermos uma chance.

O amor inerente à família humana está disponível para mim.

17 DE ABRIL

Fale com a terra, e ela te ensinará.

– JÓ 12:8

Na primavera, quando tudo desperta, a perda parece mais insuportável. Uma nova vida se torna mais evidente em todos os lugares, há uma grande agitação na terra após o longo e sombrio inverno. E nós? O fato entorpecedor da morte continua a pesar no nosso coração, que parece ainda mais pesado em contraste com a beleza ao nosso redor – os primeiros girassóis, os hibiscos, a profusão de cores dos ipês, roxo, rosa, amarelo, branco. O inverno é mais parecido com o nosso humor neste momento de luto do que a primavera.

Será mesmo? Podemos tentar, ainda que um pouquinho, acreditar na primavera? Acreditar no que ela diz – que nada se perde, nada é desperdiçado? E que nosso ente querido também ganha uma nova vida? Se pudermos apostar nessa parábola, a abundância que se aproxima de nós pode nos dar coragem e esperança, como um banquete para os sentidos.

Que cada vislumbre das flores que retornam na primavera seja como uma conversa com meu ente querido.

18 DE ABRIL

*Quando enfiei a chave na porta do apartamento,
tive um momento de pânico e hesitação, até que senti
nitidamente um "Bem-vinda ao lar" emanando de dentro.
O sol brilhava, e uma vizinha, que me ouvira chegar, me
chamou e ofereceu uma xícara de chá. Apesar do vazio
e da sensação de desolação, eu estava voltando
à minha casa para o início de uma nova vida.*

– LILY PINCUS

Como é difícil entrar novamente no mundo que conhecíamos quando um ente querido partiu. O espaço vazio é muito mais visível do que se estivéssemos pisando em uma terra estranha. Voltando da faculdade, meu filho descobriu que a ausência da irmã consumia muito mais sua energia em casa do que quando estava fora. Não porque ela estivesse sempre ali. Mas porque fora ali que ele a conhecera e com quem convivera dia após dia, ano após ano.

No entanto, devemos enfrentar nossos demônios e retornar a esses lugares da vida diária ou nunca conseguiremos incorporar o acontecimento à nossa vida.

Há, ao mesmo tempo, uma sensação de conquista, porque estivemos no fundo do poço e enfrentamos o pior dos sofrimentos. Nossa casa é o lugar onde nossa vida transcorreu junto com a de quem amamos. É o lugar onde a verdade deve ser encarada. Só assim poderemos dar os primeiros passos para construir um novo cotidiano.

Entrarei nos lugares sagrados da minha vida sem medo.

19 DE ABRIL

*Quem diria que meu coração enrugado
Poderia recuperar o viço?*

– GEORGE HERBERT

A primavera após o frio e a escuridão do inverno não é mais surpreendente do que o retorno da esperança e da luz ao coração do enlutado.

Quando a perda nos atingiu pela primeira vez, foi difícil olhar para a frente. Quando foi possível enxergar de fato, não vimos nada além da desolação e do espectro contínuo da ausência. Talvez nos tenham dito que o pior do luto passaria e, de certa forma, sabíamos que era verdade, porque tínhamos visto isso acontecer com outras pessoas que haviam perdido alguém. Mas ouvir ou mesmo observar a distância é uma coisa, viver é outra.

Então, como quando surge o primeiro broto de uma flor, o primeiro verde nas folhas das árvores, a imagem muda. O clima da nossa vida muda. A dor ainda está lá, pois há vestígios do inverno na primavera, mas uma nova esperança nasce, as horas de luz se alongam, e nos encantamos com a vida novamente. Ainda haverá muitos dias em que o frio apertará nosso coração, mas também vamos ter estações de alegria. Quem poderia imaginar?

Deixe-me saborear os primeiros sinais de uma nova vida, tão bem-vindos quanto as flores na primavera.

20 DE ABRIL

*A dor enche o quarto do meu filho ausente,
deita-se na cama, anda comigo de um lado para outro
veste seus trajes, repete suas palavras,
me faz lembrar de seus talentos graciosos,
enche suas vestes vazias com sua forma.*

– WILLIAM SHAKESPEARE

Não precisa ser uma criança, embora a morte de uma sempre tenha uma dose extra de tristeza. Seja quem for que saiu da nossa vida, teremos que nos desfazer das suas roupas, dos seus objetos favoritos. Porque são essas coisas que continuam a nos lembrar do que perdemos.

Para além das roupas, algo bem pessoal, existem lugares que costumávamos frequentar com nosso ente querido. Eu, por exemplo, já adulta, passei um dia nostálgico em uma pequena ilha. Ali, décadas antes, meu avô tinha uma casa onde minha família passava semanas mágicas do verão. Durante anos, evitei ir até lá porque era muito doloroso. Agora, embora ainda sinta saudade daquela adorada paisagem da minha infância, a dor havia se transmutado em reverência e amor por aquele lugar incrível.

A presença que me entristece hoje um dia poderá me alegrar.

21 DE ABRIL

Não podemos nos permitir esquecer nenhuma experiência, nem mesmo a mais dolorosa.

– DAG HAMMARSKJÖLD

Por que não?

Pense nisso. Até mesmo fazer tal pergunta ressalta quanto nossa vida seria empobrecida se esquecêssemos as experiências dolorosas.

Em um antigo conto popular, um grupo de pessoas teve a chance de lançar cada uma um problema em uma pilha bem no meio da sala. Em seguida, elas foram convidadas a escolher um problema da pilha. O que aconteceu? Cada uma acabou pegando de volta aquilo que a atormentava.

Suponho que isso nos pareça tão certo porque sabemos que somos a soma das nossas experiências, e negar qualquer uma delas, mesmo as mais dolorosas – talvez especialmente as mais dolorosas –, é negar o que aprendemos com aquilo que vivemos e rejeitar a nós mesmos.

Vou abraçar minha vida, toda ela. Se houver mudanças que eu possa fazer, tentarei colocá-las em prática. Vou aceitar também aquelas que não puder fazer. Ainda que pudesse, não esquecerei a minha dor. Vou honrá-la. Ela é parte de quem eu sou.

22 DE ABRIL

A alegria vem de coisas simples e naturais, a névoa sobre o prado, a luz do sol nas folhas, o reflexo da lua sobre a água. Até a chuva, o vento e as nuvens de uma tempestade trazem alegria, assim como conhecer os animais e as flores e onde eles vivem.

– SIGURD F. OLSON

Por alguns instantes, vamos nos permitir deixar de lado o luto e observar, como se nada mais existisse, o mundo à nossa volta. Claro, é melhor fazer isso de um lugar agradável. Mas sempre há coisas simples para apreciar, capazes de alegrar nosso coração, se assim permitirmos. As crianças se distraem com o sol e a chuva, com poças d'água, com a forma como a luz é refletida em um fragmento de vidro colorido, com a grama que cresce pelas fendas de uma calçada. O mundo imediato é o que atrai as crianças, o que lhes traz alegria.

Carregamos a tristeza conosco por muito tempo. Mas não vamos permitir que ela dê todas as cartas. Vamos tirar um tempo para observar a primavera – a maneira como árvores, flores e arbustos parecem crescer de um dia para outro, os dias mais longos, o ar mais suave, o retorno dos pássaros, os cães se refestelando sobre o gramado.

Permitir que eu me divirta com alegrias simples me trará uma nova esperança e uma nova coragem para encarar a vida.

23 DE ABRIL

O sol estava quente, mas o vento, amável.
Em abril é o que já se espera
O sol nasce ameno, o vento, imóvel,
é tempo de primavera.
Mas se um comentário é revelado,
o brilho do sol fica esparso,
um vento sopra de um pico congelado,
e estamos de volta ao meio de março...
— ROBERT FROST

Durante o luto que vivemos, nos sentimos bem em determinado momento, nos dedicamos a alguma atividade produtiva ou improdutiva (nem sempre é preciso ser produtivo, vale lembrar), e então acontece algo que traz de volta a dor, como se a morte do nosso ente querido fosse recente. Talvez seja uma música, o trecho de um livro, a cena de um filme. Às vezes, a beleza absoluta do mundo pode nos levar às lágrimas, e parte da angústia desse momento se deve a quanto sentimos falta daquele que não pode compartilhar esse momento conosco.

Esses súbitos lampejos de dor intensa vão se distanciar cada vez mais, acredite. Vamos superá-los cada vez mais rapidamente. Mas provavelmente nunca estaremos livres deles – nem devemos querer nos ver livre deles. Eles preservam a nossa conexão com aquele que amamos.

E o que dizer sobre a esperança de tempos felizes? Lembro-me da minha alegria quando soube que meu primeiro neto estava a caminho!

 Os altos e baixos fazem parte da cura.

24 DE ABRIL

As lesões não doem apenas quando acontecem, mas também na lembrança. Um pequeno ferimento acaba desaparecendo; um grande machucado pode almoçar ou jantar comigo, mas absolutamente nenhum vai se alojar em mim... Sofrer por coisas passadas que não podem ser remediadas e me preocupar com as que estão por vir e não podem ser evitadas é algo que só pode me ferir, nunca me beneficiar. Portanto, vou confiar em Deus e desfrutar do presente.

– JOSEPH HALL

Quase todos nós temos alguns "assuntos pendentes" com o ente querido que morreu – mágoas que nunca foram resolvidas, perguntas para as quais nunca obtivemos respostas, coisas que gostaríamos de ter dito e nunca saíram da nossa boca.

É fácil ruminar situações como essas, nos torturar pensando em como poderíamos ter consertado a situação.

Duas coisas podem ajudar a nos libertar desses pensamentos. A primeira é perceber a futilidade dessa autotortura e decidir não lhe dar acolhimento. A segunda é pensar na possibilidade de que qualquer vida que exista além da morte é mais compassiva, mais compreensiva, mais perdoável do que a que experimentamos no plano humano; pensar que nosso ente querido está ciente do nosso dilema, e que todas as questões não resolvidas serão absorvidas pela luz de uma verdade superior.

Vou reunir todas as minhas mágoas e culpas não resolvidas e colocá-las aos pés de Deus.

25 DE ABRIL

*Fé é acreditar em algo que a própria
razão nega. Não é necessário que uma coisa
seja possível para que nela se acredite.*

– VOLTAIRE

Em contraste com a sugestão de que ter fé é "acreditar no que sabemos que não existe", ter fé talvez seja acreditar no que não há como saber se é verdade ou não.

Não é uma questão de fé acreditar que se você misturar vermelho com azul o resultado será roxo ou que um mais um são dois.

Há uma urgência de querer saber *com certeza* que a pessoa que partiu nos compreendeu, nos perdoou, que está feliz no céu e cuida de nós. Mas não há como saber. De jeito nenhum.

O que está em questão é se podemos confiar em Deus e no Universo. Isso também é uma questão de fé, e dela advêm todos os tipos de perguntas secundárias.

Um homem com grande conhecimento de teologia disse que sua resposta a essas questões da vida após a morte é: qualquer que seja o cenário maravilhoso que imaginemos para o além-morte, os dons de Deus são infinitamente maiores e surpreendentes. Não é uma conjectura ruim, ainda mais quando não paramos de pensar nisso.

 Como não posso saber, apostarei na fé.

26 DE ABRIL

Ele não disse: não serás tentado,
não terás sofrimento, não ficarás doente.
Ele disse: não serás vencido.

— JULIANA DE NORWICH

Às vezes, sentimos que seremos vencidos, que não seremos mais capazes de suportar tanta dor. Quando estamos cansados, e o futuro parece sombrio e minado por ocasiões de luto em potencial, sentimos que a carga será pesada demais para nós. Mas as semanas vão passando, e não desmoronamos. Ficamos tristes, até mesmo desesperados, e continuamos a enxergar o futuro como algo desolador, mas não fomos vencidos.

E então, depois de um tempo, uma forte confiança se instala. Passamos por um período bem difícil de amargura, insegurança e até mesmo de revolta, mas sobrevivemos. E se fomos fortes até agora, por que não o seríamos amanhã, na próxima semana, no próximo mês e no futuro remoto quando sentirmos, outra vez, que desabaremos por causa da tristeza?

Mas, pense bem, conseguimos agora. E continuaremos conseguindo.

Eu sou forte. Sinto-me triste, às vezes cansado, desanimado. Mas estou aguentando. Não serei vencido.

27 DE ABRIL

*Posso ver a dor do outro
e deixar de sofrer um pouco?
Posso ver alguém sofrer
e não tentar socorrer?*

– WILLIAM BLAKE

Uma das coisas que a morte faz é nos sensibilizar para o luto dos outros. No início, isso não é possível: estamos muito conscientes da nossa tristeza para pensar no infortúnio dos outros. Porém, mais cedo do que imaginamos, vamos saber de pessoas que sofrem como nós e estenderemos a mão para elas.

Talvez sejam conhecidos, talvez sejam estranhos. Mas se as circunstâncias nos colocarem lado a lado e tivermos a chance de conversar, deixaremos de ser estranhos. Saberemos imediatamente o sofrimento que cada um está passando e sairemos mutuamente fortalecidos e de cabeça erguida desse novo relacionamento.

Essa história não tem fim. Conforme outras pessoas conhecerem a nossa experiência, e elas mesmas viverem suas tragédias, se voltarão para nós em busca de ajuda, e nossa empatia lhes dará conforto e esperança. Seremos lembrados sempre de quão longe chegamos e das dores de todo ser humano, que nos permitem amar e apoiar uns aos outros.

Sou um membro da família humana e todos os carentes são meus irmãos e minhas irmãs.

28 DE ABRIL

E tempo lembrado é dor esquecida,
e geadas são mortas, e flores, paridas,
e na vegetação rasteira, uma promessa:
flor por flor a primavera começa.

— ALGERNON CHARLES SWINBURNE

Quando nossa dor é fresca, recente, mal podemos acreditar que teremos que viver sem a presença do nosso ente querido. Mas chegará um momento em que não nos lembraremos mais do tão triste dia da sua morte, e sim dos momentos ricos e felizes da vida que compartilhamos.

Não vai acontecer tudo de uma só vez, assim como o inverno não acaba com um glorioso dia de sol que tira todo o frio enclausurado nas nossas casas.

Mas um dia, da mesma forma que o colorido das flores aparece como arauto solitário da primavera, nos veremos sorrindo (rindo até!) ao nos lembrarmos de quem partiu. A ascensão dessa memória fica, pelo menos por um tempo, muito distante da tristeza prevalecente que conhecemos. "Flor por flor", lembrança por lembrança, o tempo da primavera retorna.

Em algum lugar no meio da minha dor está a certeza de que a primavera virá.

29 DE ABRIL

*Quando você se sentir dominado pela
melancolia, a melhor atitude a tomar
é fazer algo amável para alguém.*

– JOHN KEBLE

Quando a dor é recente e aguda, nosso sofrimento é tudo o que podemos acolher.

A melancolia costuma ser algo duradouro, uma espécie de tristeza discreta. Chega a ser quase pior que o luto recente, pois seu início está em algum lugar do passado – mal podemos nos lembrar de quando não nos sentíamos assim. Além disso, não há um fim à vista.

Se estivermos experimentando uma depressão grave, o mais indicado é procurar ajuda profissional, é claro. Mas se for melancolia, talvez possamos nos livrar dela. E uma das melhores formas de levar essa ideia adiante é fazer algo por alguém – ligar para uma pessoa solitária, mandar algumas flores ou um pão caseiro para um amigo que está passando por um momento difícil, oferecer-se para ler para um deficiente visual. Isso nos fará esquecer um pouco de nós mesmos. E a interação com o outro pode restaurar parte da nossa energia.

Estarei atento a algo que possa fazer pelos outros quando a melancolia quiser se apoderar de mim.

30 DE ABRIL

> *Ah, se eu tivesse a língua e o canto de Orfeu*
> *com os quais encantar a filha de Deméter e seu esposo,*
> *eu a chamaria de volta, meu amor, do mundo abaixo.*
> *Iria lá por você. Nem o guia-mortos Caronte*
> *nem o cão sombrio do rei poderiam me impedir*
> *então de carregá-la para os campos de luz.*
>
> – EURÍPEDES

Qual é o nosso desejo? Recuperar quem perdeu a vida, trazer nossos entes queridos de volta? Essa é uma fantasia, um mito tão antigo quanto os contos de tradição oral. Se ao menos tivéssemos as palavras certas, se pudéssemos passar pelos guardiões dos mortos...

Talvez esses desejos, essas fantasias, sejam uma maneira de nos acostumarmos à ideia, por tentativa e erro, de que essa separação durará tanto quanto durar a nossa vida.

Não quero dizer que nossos dias vão parar de ser abençoados e alimentados pela memória e pelo espírito do ente querido, mas, em termos de presença física, está tudo acabado.

Talvez esses sonhos nos ajudem a manter viva a esperança de que nos encontraremos de novo do outro lado da morte, de que existe um lugar onde o nosso ente querido está realmente presente e à espera de nós.

Será que essa imagem recorrente da minha busca por você pode sustentar a fé de que um dia poderei encontrá-lo?

1º DE MAIO

*Acredite que vale a pena viver, e sua
convicção ajudará a criar esse fato.*

– WILLIAM JAMES

No início nos sentimos tão oprimidos pela perda que parecemos incapazes de fazer algo além de sermos carregados pelo mar turbulento da tristeza e da angústia. Não adianta tentar conduzir esse barco, nos mantermos à tona já é o bastante.

Depois de um tempo, porém, temos a sensação de que existe possibilidade, sim, de escolhermos qual caminho seguir.

Essa pode ser, no entanto, uma descoberta não muito bem-vinda. Por quê? Porque é mais fácil ficar à deriva. As pessoas são muito mais simpáticas conosco quando estamos tristes. E é reconfortante – e, claro, menos trabalhoso – continuar a nos banharmos dessa simpatia.

Mas nossa vida está paralisada e não queremos que esse entorpecimento dure para sempre.

Temos escolhas a fazer, e escolher envolve riscos. Um dos riscos é agir a partir da suposição de que vale a pena viver, e nós mesmos podemos nos ajudar a confirmar essa crença. Como? Basta saber que a teoria da mudança de comportamento se baseia na ideia de que, se mudarmos nosso comportamento, nossas atitudes também mudarão. Podemos, então, começar a fazer as coisas novamente, a nos esforçar para sorrir, a ajudar quem precisa.

Vou tentar agir como se a vida valesse a pena para ver o que acontece.

2 DE MAIO

Qualquer um que conta uma história
dá à luz um mundo novo.

– MICHAEL WILLIAMS

Para aliviar a tensão e a tristeza da perda, depois de terminada a cerimônia de despedida, é possível reunir um punhado de amigos e familiares para compartilhar histórias sobre a pessoa que morreu e relembrar momentos ternos em que estivemos juntos.

Esse pequeno círculo de conhecidos pode se reunir em um ambiente menos formal, para beber alguma coisa em homenagem a quem partiu e se dedicar a reminiscências afetuosas – histórias de tempos recentes ou muito antigos.

Eu, por exemplo, lembro-me bem de voltar do cemitério após a morte do meu pai e ter minha família e meus amigos por perto para conversar. Depois de um tempo, alguém disse: "Como George teria gostado deste encontro!" Ao que outra pessoa respondeu: "Talvez ele esteja aproveitando agora." Todos ali reunidos sentimos o espírito do meu pai entre nós.

Quando a morte é particularmente dolorosa, como a de uma criança, os amigos podem pensar que é um ato de bondade abster-se de mencioná-la. Mas essa é mais uma razão para continuar falando dessa vida que acabou tão cedo. O fato de a vida ter chegado ao fim não significa que não continuará a enriquecer e a abençoar os vivos.

Histórias compartilhadas são um presente para quem conta e para quem ouve.

3 DE MAIO

Não é sensato, porque é falso, idealizar os mortos. Gastaremos muita energia para manter essa ilusão e deixaremos de honrar o vigor e a verdade daquele que morreu. O mito da perfeição é difícil de preservar. Você não precisa dele, pode até se livrar dele, entregá-lo a Deus, se quiser. Deixe-o de lado, ali. A pessoa que partiu era filha de Deus, legítima, amada, indiscutível. Assim como nós.

– MARTHA WHITMORE HICKMAN

Esse impulso de idealizar os mortos pode surgir da grave percepção de que para o nosso ente querido qualquer possibilidade de interação humana ou melhoria de reputação chegou ao fim.

Talvez o impulso de idealizar a pessoa amada – e nosso relacionamento com ela – nasça da nossa ansiedade de um relacionamento que teve altos e baixos, e agora as chances de consertar esse desnível acabaram.

É claro que nosso ente querido tinha defeitos. E que nosso tempo compartilhado nem sempre foi só de alegrias. Junte-se à raça humana! Depois da morte, não ajuda em nada fazer um esforço irritante – e desnecessário – para pintar com cores novas as qualidades e os defeitos que fazem parte de todas as vidas.

Repreender a mim mesmo ou ao meu ente querido pelo que não pode ser consertado só aprofunda as feridas. Com amor e respeito, posso reconhecer quem éramos e ainda somos um para o outro, e seguir em frente.

4 DE MAIO

Considere cada dia que surge um desafio, uma prova de coragem. A dor virá em ondas, alguns dias serão piores do que outros, sem motivo aparente. Aceite a dor. Não tente abafá-la. Não tente esconder a tristeza de si mesmo. Aos poucos, assim como os deficientes auditivos e visuais desenvolvem com o tempo um sentido a mais para equilibrar a incapacidade de ouvir e ver, os enlutados, os viúvos, também encontrarão uma nova força, uma nova visão, nascida da dor e da solidão que parecem, no início, impossíveis de dominar.

– DAPHNE DU MAURIER

Quando as ondas de dor se tornam gigantes, nosso primeiro pensamento é de que seremos arrastados por elas, e iremos nos afogar. Mas podemos suportar. Então, nosso trabalho nesse momento é aceitar a dor e esperar. Podemos nos dedicar a fazer algo enquanto esperamos – conversar com pessoas queridas, ir a uma loja, ler, trabalhar no jardim. Mesmo ao praticarmos essas atividades, estamos cientes da dor que dilacera nosso coração. Mas se aceitarmos esses dias ruins como parte da cura, então dias melhores e estados de ânimo mais saudáveis virão. A dor vai diminuir e poderemos ficar confiantes – orgulhosos até – da nossa força recém-adquirida.

Não vou tentar esconder ou contornar a dor. Andarei pelo centro da minha tristeza e irei emergir orgulhoso e forte.

5 DE MAIO

*Quando passares pelas águas estarei contigo,
e quando pelos rios, eles não te submergirão;
quando passares pelo fogo, não te queimarás,
nem a chama arderá em ti.*

— ISAÍAS 43:2

Nunca nos foi prometido que estaríamos livres de inundações e incêndios, de qualquer tipo de desastre ou mesmo da morte.

O que Deus está prometendo aqui é que não passaremos por esses horrores sozinhos e que, por mais difíceis que sejam, eles não nos destruirão.

Mas temos que fazer a nossa parte.

Podemos estender a mão na escuridão, acreditando que existe alguém ali para nos sustentar, para nos ajudar a atravessar esses momentos terríveis? Há um ditado que diz que para cada passo hesitante que damos em direção a Deus, Ele caminha mais de 2 milhões de quilômetros em luz resplandecente para vir até nós.

Estenderei minha mão na escuridão, acreditando que não caminharei sozinho.

6 DE MAIO

O ar cálido me faz sonhar com o que foi e como seria se você estivesse aqui. Sei que esse sonho é apenas uma inaptidão para viver o presente. Eu me permito flutuar nessa corrente sem olhar muito longe ou muito fundo. Aguardo o momento em que encontrarei minhas forças novamente. Ele virá.

— ANNE PHILIPE

O dia a dia está cheio de coisas que nos transportarão de volta ao passado, que nos lembrarão do nosso ente querido e do que perdemos com sua morte. Músicas antigas. Fragrâncias. Mudanças sazonais de clima. Feriados. Aniversários. A lista é extensa.

Não se deixe incomodar, permita que essas lembranças venham à tona. Às vezes, elas carregam uma doçura comovente. Às vezes, pensamos que vão partir nosso coração, tão devastador é o sentimento de perda colocado em foco novamente.

Com o passar do tempo, essas lembranças involuntárias terão vida curta, não serão tão incômodas quanto agora, serão mais fáceis de ultrapassar.

Não lutar contra essas imagens de um mundo perdido é um aprendizado. O melhor a fazer é deixá-las passar por nós, saborear sua doçura, se houver, e suportar a dor enquanto ela durar, tendo a certeza de que em pouco tempo poderemos reivindicar nosso "eu" outra vez.

As viagens ao passado sempre incluem um caminho de volta ao presente, que é onde eu moro.

7 DE MAIO

Nunca se esqueça de que você não está sozinho.
O Divino está com você, ajudando-o e guiando-o. Ele é
o companheiro que nunca falha, o amigo cujo amor
conforta e fortalece. Tenha fé e Ele fará tudo por você.

— SRI AUROBINDO

A solidão é uma das aflições do luto. Sentimos falta daquele que morreu, mas infelizmente a saudade não é tudo. Sentimos falta do mundo como ele costumava ser, sem essa perda que obscurece cada passo que damos. Sentimos falta da nossa imagem do futuro com a presença do nosso ente querido.

Sentimo-nos sozinhos porque grande parte da vida agora é interna – as perguntas agonizantes, a turbulência que nos assola. Quem pode compartilhar essa agitação conosco? Sentimo-nos separados do restante do mundo. Caminhamos pela rua, e as pessoas por quem passamos parecem livres e despreocupadas. Claro que não é totalmente verdade, mas, quando nossa dor é intensa, os outros parecem pertencer a uma terra estranha.

Apesar de nossa família e nossos amigos estarem sempre por perto, nem mesmo eles podem saber a profundidade da nossa dor.

A quem podemos recorrer quando tudo é sombra? Pensar na presença de Deus, viva em nós e em toda a Criação, ajuda muito. Uma presença que nos estabiliza, nos segura compassivamente, conduz nossa respiração, nos traz paz. Tente. Feche os olhos e familiarize-se com essa presença dentro de você!

Há dentro de mim uma Santa Presença confiável, gentil, forte.

8 DE MAIO

Eu rezo para os pássaros porque acredito que eles levarão as mensagens do meu coração para o alto. Rezo para eles porque acredito em sua existência, na maneira como suas canções começam e terminam a cada dia – as invocações e as bênçãos da Terra. Rezo para os pássaros porque eles me lembram de tudo o que amo, e não do que temo. E, no fim das minhas orações, eles me ensinam a ouvir.

– TERRY TEMPEST WILLIAMS

Quem de nós nunca sentiu o coração disparar ao ver pássaros voando pelo céu? Que sensação de enlevo isso nos dá – a liberdade que eles têm, as formações que fazem ao girar e mergulhar e, em seguida, partir para algum lugar distante. Eles são uma boa maneira de simbolizar as espirais da vida, os mistérios do começo e do fim.

Lembro-me de visitar a fazenda de um amigo logo após a morte da minha filha. Havia um balanço pendurado em um galho de árvore. Sentei nele e dei impulso e, quando cheguei ao alto, me perguntei como seria se eu pudesse simplesmente me soltar e voar em direção ao céu. Acho que foi uma das minhas primeiras sensações de esperança, a de que eu poderia sobreviver, de que dias melhores viriam.

Em um mundo tão belo como o dos pássaros em voo, certamente poderei voltar a me sentir em casa, mesmo depois da minha perda. E se, em pensamento, me apegar aos pássaros em voo, quem sabe aonde isso pode me levar?

9 DE MAIO

Se fosse possível vermos além do que nosso conhecimento alcança, e ainda um pouco além da nossa imaginação, talvez suportássemos nossas tristezas com mais propósito do que nossas alegrias. Pois esses são os momentos em que algo novo entra em nós, algo desconhecido; nossos sentimentos ficam mudos em tímida perplexidade, tudo em nós recua, surge uma quietude, e o novo, que ninguém conhece, fica no meio disso e se cala.

– RAINER MARIA RILKE

Os tempos de luto pela perda de um ente querido são tempos de mudança. É como se deixássemos para sempre uma sala onde estávamos confortáveis e funcionávamos bem e entrássemos em uma nova. Alguns dos mesmos móveis estão lá, e algumas das mesmas pessoas, mas o local é diferente e requer uma adaptação totalmente nova de nós e, provavelmente, dos outros que estão ali conosco.

Podemos nos esconder em um canto, ficar encolhidos, sem vontade de olhar ao redor. Podemos dar voltas sem pensar, procurando uma saída, embora saibamos que não há nenhuma. Ou podemos ver onde estão as janelas e onde estão as portas que se abrem para o futuro, pois a porta que acabamos de atravessar está fechada. Podemos procurar pessoas que nos ajudem – e começar a cuidar desta nossa nova vida, dia após dia. Nós temos escolhas.

Lentamente, e com alguma hesitação, começarei a experimentar o novo em minha vida.

10 DE MAIO

*A essência da tristeza emite 20 sombras
que com a tristeza se parecem.*
– WILLIAM SHAKESPEARE

As lembranças da nossa perda estão por toda parte. As lembranças da nossa perda se embaralham umas nas outras, preenchem os espaços vazios da vida.

Minha neta veio me visitar. Ela tem exatamente a mesma idade – 2 anos e meio – que a minha filha tinha quando foi daminha de honra no casamento da minha irmã. Guardei o vestido que ela usou. Ele cabe na minha neta de cabelos escuros como cabia na minha filha de cabelos escuros. Minha neta o experimentou, virou de um lado para outro na frente do espelho e disse simplesmente: "Gostei." Hoje o vestido pertence a ela.

Minha filha viveu mais de 12 anos depois de usar aquele vestido. E ainda que aquela roupa traga de volta a alegria que todos sentimos naquele casamento, traz também o peso da morte.

Mais tarde durante a visita, li para essa pequena e maravilhosa menina uma das histórias favoritas da minha filha. Por trás da minha voz, ouvi a voz da minha filha antecipando as palavras à medida que virávamos cada página. A lembrança é sombra, mas é também luz do sol, uma luz que traz vida. Essa criança preciosa, que minha filha nunca viu, poderá aproveitar seu vestido e seu livro de histórias, e eu serei uma ponte entre elas.

 A sombra só existe porque há também luz do sol.

11 DE MAIO

De toda crise surge a chance de renascer, de reconstruir a nós mesmos como indivíduos, de escolher o tipo de mudança que nos ajudará a crescer e nos realizar de maneira mais plena.

– NENA O'NEILL

Ninguém passa por uma dor sem ficar com uma cicatriz. O que às vezes não reconhecemos totalmente é o poder que temos nas mãos, depois que o luto tiver amenizado, de escolher o que faremos de nós mesmos, por mais carentes que estejamos.

De certa forma, resistimos a reivindicar esse poder. Estamos cansados. Não queremos ser responsabilizados. Estamos feridos. Queremos ser cuidados com carinho, não queremos ouvir que temos que recomeçar.

Todos nós conhecemos pessoas que, após uma perda devastadora, remodelaram sua vida quase que heroicamente. Penso em Elizabeth Gray Vining, bibliotecária americana cujo marido morrera quando os dois eram muito jovens e que se tornou tutora do então príncipe do Japão, Akihito – que mais tarde se tornaria o 125º imperador.

Como sobreviventes de uma perda, temos uma nova força, um novo poder, basta decidirmos reclamá-los.

"Quando a vida lhe der um limão, faça uma limonada."

12 DE MAIO

O amor dela está em toda parte. O amor me segue enquanto ando pela casa, me encontra no jardim, envia cisnes aos meus sonhos. De uma forma estranha, debaixo d'água ou sobre a terra, estou quase feliz.

– SYLVIA TOWNSEND WARNER

De modo paradoxal, os mortos parecem nos acompanhar como uma sombra ligeiramente afastada de nós. Não acho que isso aconteça imediatamente após a morte. Talvez tenhamos que aguardar um pouco, conhecer mais de perto a realidade da separação, dar um tempo para que passemos a encarar os novos padrões da nossa vida antes de termos certeza de que o relacionamento com aquele que morreu não chegou ao fim. É diferente agora, só que não terminou de fato. Claro que não é o que desejaríamos, mas tem um novo desenho, uma nova realidade.

Talvez a percepção de que a pessoa amada está viva no nosso dia a dia venha espontaneamente ou talvez seja invocada por meio dos nossos pensamentos. Sabe aquela sensação de que o ente querido está ali, pois há um calor amoroso na sala? Sabe aquele sonho que fala diretamente ao que estamos precisando ouvir naquele momento?

Há muito tempo, quando minha dor ainda era muito recente, perguntei ao meu filho sobre a origem e o significado de uma dessas experiências: "Foi real? Posso confiar nela?" E ele respondeu: "Por que você simplesmente não aceita isso como um presente?"

Vou ouvir com atenção. Acolherei como presentes a memória e a presença do amor.

13 DE MAIO

Viva com toda a simplicidade, não fique ansioso para conquistar uma mente tranquila, e ela será ainda mais repleta de paz. Não examine tão de perto o progresso da sua alma. Não anseie tanto por ser perfeito, deixe sua vida espiritual ser formada por seus deveres e por aquilo que as circunstâncias exigiram. Não se preocupe muito com o amanhã. Deus, que o guiou com segurança até agora, irá guiá-lo até o fim.

– FRANCISCO DE SALES

Tanta coisa passa pela nossa cabeça quando estamos nos recuperando do luto: as boas lembranças do nosso ente querido, as circunstâncias da sua morte, a angústia e o medo que sentimos na hora em que recebemos a notícia e nos dias seguintes. Queremos ser "bons sofredores" – e isso pode significar dar vazão à nossa dor para que ela não permaneça indigesta no coração. Mas há aqueles momentos em que uma espécie de entorpecimento toma conta de nós e então nos pegamos pensando: *O que há de errado comigo que não consigo chorar?*

Ficar medindo nossa temperatura emocional pode ser extenuante. Se acharmos que estamos sendo muito introspectivos, é bom fazer algo para nos desligarmos por um tempo – dar uma caminhada, assistir a algum programa de televisão bem leve, praticar algo que exija concentração mental para não ficarmos avaliando como está nosso espírito a cada momento.

Estou bem do jeito que estou. Agora vou esquecer disso por um tempo.

14 DE MAIO

O tabuleiro de xadrez é o mundo, as peças são os fenômenos do universo, as regras do jogo são o que chamamos de leis da natureza. O jogador do outro lado está escondido. Sabemos que seu jogo é sempre íntegro, justo e paciente.

— THOMAS HUXLEY

Se, como fazem os astronautas, pudéssemos nos afastar o suficiente para ver a Terra girando, o turbilhão azul e verde, seríamos mais capazes de lidar com nossas catástrofes?

Se nossa visão fosse de longo alcance e nos permitisse observar a nós mesmos do espaço ou de outro tempo geológico, veríamos como tudo se encaixa – os vivos e aqueles que passaram pelo portal da morte, todos fazendo parte da mesma Criação? E todos nós nos construindo, organizando, observando, empoderados pela Luz Invisível. Nós, que estivemos à porta da morte, vendo nosso ente querido atravessá-la, temos direito a todos os voos da imaginação enquanto contemplamos o desconhecido.

Posso sair dos laços do Conhecido e deixar meu espírito voar alto.

15 DE MAIO

Devemos isso aos nossos amados mortos, sejam jovens ou velhos: apagar da memória tudo que não foi o melhor que puderam fazer e carregar no coração somente seus momentos mais sábios, solidários e criativos. Não é isso que todos nós esperamos daqueles que sobreviverem a nós?

– ELIZABETH WATSON

No fim, devemos isso aos nossos entes queridos que partiram desta vida – e provavelmente o faremos com prazer. Mas não nos precipitemos em refazer a imagem dos mortos. Precisamos nos lembrar deles na sua totalidade ou acabaremos com memórias sombrias, dotadas apenas de meia-luz. As lembranças que temos são amplas o suficiente para incluir seus defeitos e os erros que cometeram – não muito diferentes do que todos nós cometemos, porque fazem parte da natureza humana. Os defeitos dos nossos entes queridos podem servir de alimento para o riso, a raiva, as lágrimas – a essência dos laços familiares.

Então, enquanto as memórias são filtradas pelo tempo e pelo amor, as qualidades mais cativantes e mais sensatas de quem morreu ficarão gravadas na nossa mente. É claro que haverá lembranças de momentos ruins, sutis, é bem verdade, mas que já teremos perdoado.

Na lembrança de um ente querido, há espaço e afeto para a pessoa em sua plenitude.

16 DE MAIO

Mesmo morta, seu rosto familiar o deixava seguro...
Como se ela realmente lhe dissesse: "Eu morri, só isso."
Lágrimas vieram, e foi isso. Ele segurou a mão dela.
Foi então que os vi pela primeira vez como realmente
eram. Ela, que um dia conheci como o início e o fim
de tudo que é afetuoso e suave, minha única absolvição
real de tudo, era só uma menina, com uma blusa com
gola de renda, cujo nome ele não conseguia adivinhar,
e ele era um belo rapaz de cabelos louros. Eles se
conheceram durante uma tarde em Coney Island.

– JOSEPH PINTAURO

Quando nossos entes queridos nos deixam, uma das maneiras de manter sua presença viva é recontar as histórias. Como eles eram quando mais jovens? Quais eram as histórias favoritas que gostavam de rememorar sobre si mesmos e sobre nós?

Agora que eles se foram, nossa imaginação está de certo modo mais livre para reivindicar o passado mais fantástica e verdadeiramente. Nossa nostalgia é genuína. É benevolente e terna. Podemos ver a fragilidade de quem morreu, como personagens de um drama suspenso no tempo, dividindo seu espaço com as figuras lendárias de que nos falavam. Talvez conheçamos nossos entes queridos com ainda mais clareza – e compaixão – do que quando estávamos envolvidos na dinâmica das relações diárias.

Minha vida continuará a ser abençoada à medida que as histórias do meu ente querido se desenvolvem e se instalam na minha mente.

17 DE MAIO

Vou sentir falta de ver seu rosto, ouvir sua voz e saber que ela sempre esteve perto de mim. Ela cruzou um rio que devo esperar para cruzar antes de vê-la novamente. Quando eu vir um rio, vou pensar nela.

– TERRY KAY

Como sentimos falta da companhia cotidiana do nosso ente querido – seu rosto do outro lado da mesa, sua presença na cama, sua voz nos chamando.

De alguma forma, essa presença perdura por muito tempo, até que a ferida cicatrize o suficiente para que possamos finalmente reconhecer a separação.

Então, a imagem de quem nos deixou pode se tornar mais nítida e ocupar todos os lugares onde estávamos acostumados a ter sua presença. Eles realmente "cruzaram um rio".

É útil brincar com essa fantasia. A imagem é forte e pertinente, tanto que é usada em mitos sobre a passagem para a morte. Lembro-me de ter buscado essa cena com a ajuda de um amigo terapeuta – na minha mente, eu chegava a um rio, largava a mão da minha filha e a observava atravessar. Lembro-me da luta e das lágrimas e, então, da sensação de alívio – porque a verdade prevaleceu, porque ela estava bem, porque eu cruzaria o mesmo rio quando chegasse a minha vez.

 Quando eu vir um rio, pensarei em você.

18 DE MAIO

O mundo não está dividido entre os fortes que cuidam e os fracos que são cuidados. Cada um de nós deve cuidar e ser cuidado, porque é bom para nós, porque é assim que as coisas são.

– SHEILA CASSIDY

Às vezes, nós, que lutamos contra a angústia de termos perdido alguém muito querido, temos dificuldade em reconhecer que precisamos ser cuidados. Não estaríamos sendo fracos, chamando a atenção para nós mesmos? Principalmente quando estamos acostumados a ser "cuidadores", às vezes não nos sentimos confortáveis no papel de quem precisa de ajuda. Talvez sejamos orgulhosos demais para permitir que outras pessoas vejam que estamos sofrendo. Além disso, tendo em vista toda a dor e todo o sofrimento do mundo – nações que enfrentam a fome, segmentos inteiros da sociedade que vivem em condições terríveis –, como podemos pedir uma parte dos cuidados do mundo para nós?

Deus sabe que existe sofrimento no mundo mais do que suficiente para todos. E, apesar de às vezes podermos aliviar o fardo dos outros, há momentos em que nossos fardos são pesados demais e precisamos contar com a ajuda dos outros para destravarmos uma situação específica. Por um tempo, podemos precisar mais do que de "um pouco" de ajuda. Não faz mal. Chegou a nossa vez. Temos esse direito.

Eu sou um ser humano e não preciso ser forte o tempo todo.

19 DE MAIO

*Ela pensou nas mulheres no funeral de Chicken Little...
O que ela um dia considerara um comportamento
impróprio lhe parecia adequado agora; elas gritavam
no pescoço de Deus, sua nuca gigante, a vasta cabeça
que estava virada de costas para elas na morte. Mas agora
lhe parecia que não era uma dor de apertar e levantar
os punhos o que elas estavam sentindo, e sim uma
simples obrigação de dizer algo, fazer alguma coisa,
sentir algo sobre os mortos. Elas não poderiam permitir
que aquele acontecimento comovente passasse
sem registro, sem identificação.*

– TONI MORRISON

Muitos de nós demoramos a reconhecer a importância de expressar toda a força da angústia e do desespero. Podemos pensar que demonstrações de emoções fortes são inadequadas.

O luto não é uma prova. Não há notas. Não há aprovação ou reprovação. Se a tendência é reprimir nossos sentimentos porque pensamos que assim é melhor para nós ou menos perturbador para os outros, podemos tentar ir a algum lugar onde provavelmente não seremos ouvidos – e colocar para fora toda a nossa dor. Gritar. Berrar. Gemer. Socar a parede.

Não é uma cena ou um barulho agradável. Mas é um som humano.

Vou seguir minha intuição, não terei medo.

20 DE MAIO

Às vezes, acreditamos que chegamos a um lugar que está vazio de esperança e de possibilidades, para depois descobrir que é a desesperança que nos faz atingir o fundo do poço, desistir da ilusão que tudo está sob controle e então pedir ajuda. Das cinzas da desesperança vem o fogo da esperança.

– ANNE WILSON SCHAEF

Quando alguém está triste demais, chegando ao fundo do desespero e da desesperança, a ideia de ir a qualquer lugar é simplesmente impossível, a perspectiva de qualquer movimento é impensável. Como uma mula que se recusa a andar, a vida parece ter parado no meio do caminho – nenhum elogio, nenhuma promessa, nenhuma ameaça podem ter qualquer efeito. O futuro não desperta interesse e não é promissor.

Nesse ponto, a integridade e, em última instância, a saúde podem ser recuperadas quando paramos e reconhecemos que a vida está coberta de tristeza. Depois de um tempo, até mesmo o coração em luto fica inquieto e dá sinais de que isso não vai durar para sempre. A pessoa olha ao redor, decide deixar aquela escuridão para trás e começa a se afastar da dor, observando uma flor que cresce ao longo do caminho, uma nuvem diferente no céu azul, um amigo que estava à sua espera o tempo todo.

No fundo do poço, posso olhar para cima e ver o céu.

21 DE MAIO

Que não seja morte, mas plenitude.
Deixe o amor se transformar em memória,
a dor, em canções.
Que o voo pelo céu termine em asas se
dobrando sobre o ninho.
Deixe o último toque de suas mãos ser gentil
como a flor da noite.
Fique parado, ó Belo Fim, por um momento, e
diga suas últimas palavras em silêncio.
Eu me curvo diante de você e seguro minha
lâmpada para iluminá-lo em seu caminho.

– RABINDRANATH TAGORE

Assim podemos levar nossos entes queridos para o além-mundo, desejando a eles uma passagem segura e suave. Guardando um silêncio sagrado, seguramos uma lâmpada para guiá-los no seu caminho.

É um salto de fé acreditar que tudo está bem, e é ainda mais difícil imaginar que seguramos uma lâmpada para guiá-los, já que provavelmente não estamos prontos para deixá-los ir.

Se eles vão partir ou ficar, a escolha não é nossa. O que podemos escolher é como respondemos à sua partida, como a encaramos.

Se pudermos pensar na partida com as imagens líricas de Tagore, talvez isso por si só alivie a nossa dor.

Não sei para onde você está indo, mas seguro alto a lâmpada do meu amor para acompanhá-lo no seu caminho.

22 DE MAIO

Esta noite, todos os infernos do luto recente se abriram novamente; as palavras loucas, o ressentimento amargo, a agitação no estômago, a realidade do pesadelo, as lágrimas inundadas. No luto nada "fica parado". Continuamos saindo de uma fase, mas ela sempre se repete. Muitas e muitas vezes. Tudo se repete. Estou andando em círculos ou ouso estar em uma espiral?

– C. S. LEWIS

Ela vem sem aviso, a sensação de ser mergulhado de volta no frescor de uma nova tristeza – a mesma perplexidade, a mesma desorientação, a mesma desorganização da vida. Com frequência, não sabemos exatamente o que desencadeou a dor mais uma vez. Bem quando acreditávamos que estávamos nos recuperando do luto.

O ente querido que perdemos pode ter estado conosco por muito tempo, talvez por toda a vida – como nossos pais. Por causa dessa companhia tão presente, vai demorar muito para nos adaptarmos à perda. Não acontecerá gradualmente, como se escalássemos para fora do vale do desespero. É mais parecido com limpar um campo rochoso. Com muito esforço, as rochas são removidas, então há deslocamentos de terra, mudanças de estação, chegada de novas rochas à superfície. Eventualmente, elas serão removidas, mas pode demorar muito tempo para isso acontecer.

Serei gentil comigo mesmo, aceitarei as tempestades da psique como parte da minha passagem pelo caminho da recuperação.

23 DE MAIO

*Tudo vai para a frente e para fora, nada desmorona,
e morrer é diferente do que qualquer um
supõe, é mais venturoso.*

– WALT WHITMAN

Será que podemos ter no fluxo do dia a dia, no retorno dos pássaros canoros, das rosas e dos mirtilos, alguma garantia de que a intenção de estar vivo não é desperdiçar, mas manter em funcionamento a substância básica da própria vida? E se isso é verdade para obras menores e menos complexas da Criação, deve ser verdade para a criação intrincada e maravilhosa que é o ser humano.

A morte nos ajuda a definir a vida, a lhe dar alguma estrutura, e nos desperta para a necessidade de fazermos e sermos o que quisermos, pois o fim virá. Isso é certo.

E depois? Nenhum de nós sabe. Mas podemos observar algumas pistas sobre o restante da Criação. Essas pistas nos dão esperança, assim como as histórias de pessoas perto da morte cujos rostos ficam cheios de alegria e contentamento. Nem todas as pessoas que estão morrendo têm essa experiência, é verdade. Mas não precisamos somar todos os números do mundo para saber que dois mais dois são sempre quatro.

Ao enfrentar o desconhecido, a esperança é tão razoável quanto o desespero.

24 DE MAIO

Chega o momento em que nossos olhos se abrem e enxergamos que a graça é infinita. A graça, meus amigos, nada exige de nós, mas que a esperemos com confiança e a reconheçamos com gratidão... Aquilo que escolhemos nos é dado, e aquilo que recusamos nos é, ao mesmo tempo, concedido... Aquilo que rejeitamos é derramado sobre nós abundantemente.

– KAREN BLIXEN

Quando um ente querido morre, perdemos toda a esperança, nossos planos para o futuro desaparecem... Como aceitar essa perda?

Na história de Blixen, *A festa de Babette*, o general Lowenhielm rememora um amor breve e não consumado e faz a declaração surpreendente de que os anos de privação foram redimidos pela graça daquele momento.

Podemos esperar esse momento de graça? Qual seria?

Talvez, em algum momento solitário, possamos sentir a presença quase palpável do nosso ente querido na sala, participando de algumas das aventuras da nossa vida.

Talvez, em alguma ocasião familiar, quando esperaríamos apenas um luto profundo, temos a sensação de que o ente querido está absorvendo nossa tristeza, sorrindo para nós, nos abençoando.

Talvez vivamos uma onda de esperança, confiantes de que estaremos juntos novamente em algum outro plano.

No meio da ausência, uma presença se faz conhecida.

25 DE MAIO

Não há como evitar. O barquinho entra no abismo sombrio e assustador, e nosso único desejo é gritar: "Leve-me de novo para a terra." Mas é inútil. Ninguém escuta. A figura sombria continua remando. Devemos nos sentar quietos e desnudar os olhos.

– KATHERINE MANSFIELD

Talvez tentemos escapar.

Se não falarmos disso...

Se bebermos até ficarmos entorpecidos...

Se mergulharmos no trabalho para não termos tempo de pensar nisso...

Se dormirmos, vamos esquecer...

Mas o silêncio grita. As drogas vão nos destruir. No fim da árdua jornada de trabalho, olhamos no espelho e só vemos desespero. E quando usamos o sono como fuga, temos que enfrentar a verdade novamente quando acordamos.

Há muitos anos, eu estava andando em uma roda-gigante com minha filha e, com medo da altura e imaginando todos os tipos de acidente, cobri os olhos com as mãos.

Ela não aceitou minha atitude. "Abra os olhos, mamãe!", gritou ela.

Eu abri e, no fim das contas, não foi tão assustador.

É melhor abrir os olhos e enfrentar a perda. Vai nos custar menos no longo prazo.

26 DE MAIO

*A recusa em amar é a única coisa que
não se pode suportar.*

– MADELEINE L'ENGLE

Às vezes, parece que a dor que experimentamos é a única coisa insuportável.

Mas pense: se não houvesse ninguém a quem tivéssemos amado muito para lamentar, nossas vidas seriam horríveis.

Como teria sido nossa vida sem esse ente querido que esteve tão presente em todos os momentos? Não foi bom essa pessoa ter ficado perto de nós por tanto tempo?

A dor não deve ser rejeitada por uma tentativa de apelo à razão. Não agora. Nunca, aliás. Mas olhar de vez em quando para o outro lado da tristeza pode nos ajudar – como quando alguém levanta uma folha para enxergar sua face interna – a notar as riquezas que tivemos ao compartilhar a vida com aquele cuja morte lamentamos.

Em algum momento no futuro – ninguém sabe quando – a dor estará na face interna da folha, e a sensação de bênção e gratidão será a superfície brilhante, luminosa e verde.

Quando a dor for insuportável, tentarei me cercar das lembranças do meu amor.

27 DE MAIO

*Não me importaria de morrer jovem.
Já tive uma vida plena.*

– MARY HICKMAN

Quando perdemos entes queridos em acidentes repentinos, nos vemos vasculhando memórias em busca de presságios. Havia alguma pista, algum indicador, de que algo terrível iria acontecer? Se conseguirmos encontrar um sinal, talvez ele traga algum significado para essa vida que foi lançada no caos. Será que no subconsciente nosso ente querido sabia que ia morrer?

Foi minha filha quem disse casualmente a frase de abertura desse capítulo, pouco meses antes de morrer, aos 16 anos, em decorrência de um acidente enquanto cavalgava. "Mary!", exclamei. "Um mundo por vez."

Depois que ela morreu, lembrei-me das suas palavras. Teria ela intuído algo que eu ignorava? Será que é possível ter um vago, prévio conhecimento de um fato tão marcante como esse?

Se for possível, quais outros mistérios insondáveis existem nesse Universo do qual conhecemos apenas o menor dos fragmentos?

Esses sinais e questionamentos não mitigam a tristeza da perda, mas podem nos dar a esperança de que, em algum nível, um "esquema transcendente" esteja em ação e saiba o que está fazendo.

Vou manter minha mente aberta a todas as possibilidades de conhecimento e fé.

28 DE MAIO

Ó Deus, tu me deixaste passar o dia em paz;
deixa-me passar a noite em paz, ó Senhor
que não tem senhor.
Não há força além de ti. Tu sozinho não tens obrigação.
Sob tua mão eu passo a noite. Tu és minha
mãe e meu pai. Amém.

– ORAÇÃO BORANA (AFRICANA) TRADICIONAL

Passar algum tempo em paz enquanto estamos de luto é uma conquista. E fazemos bem em invocar a ajuda de quem está totalmente disponível para ter outro período de paz, porque nem sempre podemos contar com ele.

Essa oração tem uma sabedoria comovente, porque é direcionada a um Senhor que não tem compromissos anteriores – *Preste atenção em mim, por favor*.

O apelo é para que a experiência final seja de conforto e segurança, como se estivéssemos fazendo esses pedidos a uma mãe ou a um pai. E, no entanto, um simples lembrete – por favor – é endereçado não a um pai ou a uma mãe distraídos, mas a alguém que presta bastante atenção em nós. Então, podemos confiar que tanto um quanto outro nos ajudarão a atravessar a noite.

Na minha fraqueza, posso confiar na força de Deus.

29 DE MAIO

*Alguém disse que haveria um fim,
Um fim, ah, um fim, para o amor e para o luto?*
— MAY SARTON

Não, para nenhum dos dois. E suponho que seja esse o conforto, porque, apesar de nunca "superarmos" uma grande perda, também não iremos "superar" o amor que compartilhamos com aquela pessoa querida. É um amor que permanecerá sempre conosco e continuará enriquecendo nossa vida ao longo dos anos.

Um aviso: não vamos confundir o luto com a imagem da pessoa que amamos. Se permitirmos que o luto nos domine, não poderemos abandoná-lo porque, desse modo, também estaríamos abandonando nosso ente querido. Mas amor e luto são emoções muito distintas, e faremos bem se, assim que nos sentirmos capazes, pudermos separar conscientemente a pessoa amada da perda que ela representa. Cada um tem seu lugar, e não devem se misturar.

Embora eu saiba que as lembranças do meu ente querido sempre carregarão um toque de tristeza, poderei colocar isso em segundo plano, se assim eu quiser.

30 DE MAIO

A tristeza derrete
como a neve em maio,
como se algo tão frio nem existisse.

– GEORGE HERBERT

Nunca aconteceria, nunca iria diminuir, muito menos degelar – era isso que sempre pensávamos sobre a dor de perder um ente querido.

No entanto, como a neve, a dor derrete-se lentamente, até que um dia, talvez para nossa surpresa, percebemos que a paisagem mudou – a neve não está mais lá. Grama, pedras e canteiros de flores são visíveis novamente. A dor vai se esvaindo gradualmente, e chegará o momento em que perceberemos que, sim, estamos nos sentindo melhor outra vez – quase como nos sentíamos antes.

É possível estender a metáfora para que entendamos o processo do luto – a neve derretida, que se tornou água, passou a nutrir o solo. Essa mesma água também pode ser capturada pelas nuvens, flutuar no céu e então descer novamente para regar outras terras.

Da mesma forma, nossa dor se transmuta em outras formas de energia e vida. A tristeza pela perda continuará a fazer parte do sistema da nossa vida e das pessoas ao nosso redor. A dor não será perdida; será transformada.

Confiarei aos processos da vida essa dor que se alojou tão fria no meu coração.

31 DE MAIO

Não há ninguém que o Doador da Vida perca de vista; não há um pecador que Ele despreze; não há quem não esteja tão perto Dele que tudo o que o toca, toca com tristeza ou com alegria.

— PHILLIPS BROOKS

Se éramos os cuidadores daquela pessoa que morreu, é difícil nos livrarmos da pergunta irracional: "Quem está cuidando dela agora?" Quem está fazendo companhia ao nosso ente querido? Quem está por perto para confortá-lo e lhe dar segurança, para mostrar a esse recém-chegado do outro lado o que fazer, como tudo funciona?

Essas perguntas são especialmente persistentes e preocupantes se a pessoa que morreu for uma criança ou um jovem, alguém que precisa dos nossos cuidados, alguém que se sentirá inseguro em novas situações.

Perguntas como essas são irracionais e desnecessárias, porém. A morte não é racional, e as questões a respeito dela acionam nossas ansiedades e esperanças mais primordiais e fugidias.

Procuramos imagens para acalmar o medo. A figura do Doador da Vida, de Phillips Brooks, soa verdadeira – e é exatamente disso que precisamos!

Senhor, sempre presente, sempre cuidadoso, poder da vida e do amor, em suas mãos eu entrego o meu ente querido.

1º DE JUNHO

*Devemos estar prontos para nos permitir
ser interrompidos por Deus.*

– DIETRICH BONHOEFFER

Quem está pronto? Esta é uma boa pergunta. Afinal, temos planos, expectativas – a vida segue um ritmo às vezes desagradável, mas nunca previsível.

Então, algo acontece – acidente, doença, morte – e tudo muda, somos obrigados a repensar as prioridades e, muitas vezes, a redefinir a vida.

Pessoas que chegaram perto de uma tragédia e foram capazes de se libertar dela mostraram um renovado interesse pelos simples prazeres da vida, como se cada novo dia fosse um presente, e tomaram a decisão de não mais adiar suas alegrias e atos de bondade para "outro dia", porque esse dia pode não chegar.

Nós, que perdemos entes queridos, aprendemos o valor de presentes simples, de não adiar palavras ou ações amáveis, porque nunca sabemos quando determinadas situações vão mudar nosso mundo e quais serão as consequências no nosso dia a dia.

A preciosidade deste dia é seu próprio presente.

2 DE JUNHO

As alegrias voam como sonhos alados;
por que deve a tristeza permanecer?
Já que a dor piora a perda,
não se aflija pelo que já deixou de ser.

– THOMAS PERCY

A dor piora a perda?

Há um equilíbrio delicado em jogo aqui.

Por um lado, precisamos prestar atenção no luto para atravessar o vale da perda ou nunca seremos capazes de assimilá-lo e sermos pessoas inteiras novamente. Por outro, não podemos nos demorar muito no caminho ou ficaremos presos ali, sem jamais superar a dor.

Se não paramos de pensar em como nos sentimos mal, podemos tentar mudar esse tipo de comportamento e passar a olhar para as alegrias que voam "como sonhos alados" – por exemplo, os momentos maravilhosos que compartilhamos com o nosso ente querido. Ou momentos que não necessariamente têm a ver com ele, mas que nos trazem contentamento.

É preciso ter em mente que temos algum controle sobre quanto deixamos nossa atenção estacionada em um mesmo tema. Portanto, não vamos permitir que as lembranças alegres se dissipem cedo demais. Precisamos delas para seguir em frente!

De vez em quando, entrarei na sala de memórias alegres e fecharei a porta.

3 DE JUNHO

Quando cedo me vi inexplicavelmente cansado e doente,
me levantei e me esgueirei, vaguei sozinho
no ar úmido e místico da noite e, de vez em quando,
olhei em completo silêncio para as estrelas.

– WALT WHITMAN

Com que facilidade podemos nos identificar com a inquietação de Whitman! Às vezes, parece que nada pode prender nossa atenção, nada vale a pena por muito tempo. A vida parece sem gosto, sem brilho, quase sem sentido.

Então, pode ser reconfortante sair para uma noite tranquila e simplesmente olhar as estrelas. Em um mundo de tão vasta beleza e ordem, com tão insondáveis extensões de tempo e espaço, existem coisas que estão além da nossa compreensão.

Existe também uma sensação de intimidade na noite. Essa estrela brilhando no céu, ela quer me dizer algo?

O mistério permanece. Mas, de alguma forma, nos sentimos consolados.

Mesmo em minha solidão e tristeza, o mundo me segura no seu abraço.

4 DE JUNHO

Acredite, é permitido chorar. Chorando, dispersamos nossa ira; e as lágrimas correm pelo coração, formando um riacho.

– OVÍDIO

Sabemos disso por experiência própria. Falamos em nos permitir "um bom pranto". Ou alguém diz: "Eu me senti melhor quando consegui chorar." Realmente nos sentimos menos angustiados, embora possamos ficar um pouco constrangidos se sucumbirmos às lágrimas em local público.

Por quê, afinal? Nunca vi ninguém se afastar com impaciência ou repulsa de alguém que estivesse derramando lágrimas verdadeiras. Se tivesse visto, pensaria no observador como alguém mais perturbado que aquele que chorou.

Liberar a pressão do luto (inclusive, como Ovídio descreve, da ira do luto) parece quase um fenômeno da física – uma questão de liberar a pressão interna. Já se sabe que as lágrimas decorrentes do estresse emocional – não importa se causado pela dor de uma perda ou por uma felicidade extrema – têm uma boa química, pois contêm uma composição rica em hormônios que ajudam a filtrar toxinas do nosso organismo.

Existem pessoas que, por doença ou limitação emocional, não conseguem chorar. Que coisa mais triste!

Deixe as lágrimas rolarem. Se seus olhos ficarem vermelhos e seu rosto inchado, quem se importa? Você logo voltará ao normal e se sentirá muito mais aliviado.

 Sou grato pela dádiva de poder chorar.

5 DE JUNHO

*Deitado ao amanhecer, lembro-me deles,
com um amor que é quase alegria, lembro-me deles:
perdidos, e todos meus, todos meus, para sempre.*

– JOHN HALL WHEELOCK

É uma alegria agridoce, ainda assim real, a maneira como nossos amores perdidos estão para sempre no coração e na mente. A lembrança que temos deles se instala na consciência de modo incomum – não era assim quando estavam vivos –, porque dependíamos de suas idas e vindas – havia altos e baixos na sua presença entre nós, havia caprichos da presença e da conveniência.

Agora podemos invocar a memória deles à vontade e, mesmo quando não estamos pensando neles conscientemente, parecem quase tão incorporados ao nosso dia a dia quanto se estivessem grudados na nossa pele ou fossem um manto confortável em que nos envolvemos no fim de um dia agitado e cansativo. Um ente querido, uma lembrança, um companheiro silencioso.

Não é, de fato, a situação que teríamos escolhido. Mas é uma bênção por si só.

Vou encontrar abrigo nas lembranças e na presença espiritual do meu ente querido e me sentir em paz.

6 DE JUNHO

*Aprender a confiar será para todos nós o meio
pelo qual o sistema radicular crescerá com
firmeza para nutrir a árvore da vida.*

– ELAINE M. PREVALLET

Durante o inverno, em algumas regiões do país, a terra permanece marrom e estéril... ou coberta por cristais de gelo.

Sob a terra aparentemente sem vida, as raízes das plantas estão hibernando. Então, chega a primavera e, ano após ano (com uma pequena ajuda nossa), a terra volta à vida e floresce com beleza e encanto.

Talvez isso possa servir de modelo para nós durante os meses verdes do início do verão – a estação da depressão e da tristeza irá dar lugar, por fim, a um entusiasmo renovado pelo dom da vida e pelo legado deixado por aqueles que amamos tanto.

Assim como aprendi a confiar nas mudanças de estação, posso confiar na vida que me sustenta durante meu luto.

7 DE JUNHO

Não podemos recriar este mundo... Não podemos nem mesmo recriar verdadeiramente a nós mesmos. Podemos apenas criar um novo modo de nos comportar.

— ALICE WALKER

Como podemos sair do vale do desalento no qual o luto nos fez mergulhar?

É óbvio que não basta ter força de vontade para transformar a tristeza em aceitação da morte e em um novo entusiasmo de viver. Podemos até já ter tentado ambas as coisas, mas sabemos bem que não funcionou: na melhor das hipóteses, conseguimos uma mudança momentânea de sentimento, que não durou quase nada.

Há uma linha clássica de pensamento na espiritualidade cristã que diz que a maneira de testar a validade da nossa fé é agir como se ela fosse verdadeira e ver o que acontece.

Da mesma forma, podemos começar a agir como se estivéssemos investindo no futuro, como se estivéssemos voltando a fazer o que fazíamos antes e reencontrando a vida que deixamos para trás – nossos amigos, nosso jardim, nossos prazeres, nosso trabalho – para ver o que acontece.

Vou reassumir o fluxo da vida para ver o que acontece.

8 DE JUNHO

*Assim, não deixemos a mão esfarrapada
do inverno desfigurar
em ti o teu verão, antes que sejas destilada.*
– WILLIAM SHAKESPEARE

A dor persiste sem cessar. Alguns dias pensamos que nunca sairemos da sua sombra.

Às vezes não temos escolha. O sofrimento nos atinge como um golpe físico, e demoramos muito para recuperar o fôlego.

Outras vezes temos escolha. É bom nos lembrarmos disso, embora possamos resistir a essa ideia ao pensarmos continuamente: *Não existe sofrimento igual a esse. Como eu posso me livrar dele?*

Talvez haja uma saída. Pelo menos vale a pena tentar deixar de lado, ainda que por alguns instantes, o manto que nos cobre desde que perdemos nosso ente querido.

Imagine-se tirando um manto pesado da sua cabeça e dos seus ombros, dobrando-o com cuidado, guardando-o com ternura no armário, fechando a porta e indo embora.

Agora (se ninguém estiver por perto querendo saber que diabos você está fazendo), faça isso na vida real. Vá em frente: erga o pano pesado, dobre-o, levante-se, vá até um armário e coloque-o lá. Em seguida, feche a porta, encoste-se nela por um minuto e vá embora.

Por alguns momentos, saboreie a realidade desse lindo dia de verão.

A decisão de não deixar meu luto em primeiro plano também é minha.

9 DE JUNHO

Acima de tudo, não perca a vontade de caminhar. Todos os dias, caminhando, entro em um estado de bem-estar e me afasto de todas as doenças. Eu me conduzo para meus melhores pensamentos, e não há nenhum tão pesado de que não seja possível me afastar.

– SÖREN KIERKEGAARD

Suponho que não precise ser exatamente uma caminhada, embora essa atividade seja sempre acessível, além de ser uma das melhores maneiras de se exercitar. Caminhar é uma ação física fortalecedora que o leva a algum lugar – é como se você estivesse se afastando da tristeza e da depressão.

Às vezes é difícil reunir energia para se levantar e sair, mas, se você esperar até "sentir vontade", poderá nunca sair da cadeira ou da cama.

A importância de caminhar é indiscutível. Pessoas com um equilíbrio emocional frágil são incentivadas a caminhar. Parte do regime de recuperação de uma cirurgia cardíaca envolve caminhar. Uma amiga escritora, quando chega a um ponto difícil do seu manuscrito, se dedica a fazer o que ela chama de "caminhada pensante" e invariavelmente volta com novas ideias.

Portanto, se você estiver com dificuldade em se desvencilhar dos redemoinhos de lamento e desespero, tente caminhar.

Vou caminhar para me afastar da tristeza.

10 DE JUNHO

Ele foi catapultado para um mundo totalmente novo e se perdeu nele. O céu era diferente. O sanduíche de presunto era diferente. Seus sapatos enfileirados no armário naquela manhã pareciam tão incomuns, disse ele, que mal conseguia alcançá-los.

– JOSEPHINE HUMPHRIES

Correr de volta para o mundo a que estávamos acostumados é um contínuo assombro. Enxergamos tudo através de uma lente de tristeza e perda. É claro que tudo à nossa volta parece diferente.

Seria mais fácil se pudéssemos ser transportados para algum lugar onde nem sempre nos lembrássemos de quem está faltando, de quem estava conosco na última vez em que fomos àquela loja que adoramos, ou quando dirigimos por determinada estrada para chegarmos à casa tão acolhedora dos amigos.

Pensamentos semelhantes levam algumas pessoas a sair de casa no primeiro Natal ou a passar as férias em outro lugar que não seja o habitual da família. Assim, elas não terão que suportar o ambiente familiar e este aviso constante escrito em letras garrafais: "Há algo de errado nesse lugar."

No entanto, os padrões usuais da vida diária são o que, muitas vezes, a maioria de nós terá que enfrentar para construir um novo mundo dentro do mundo que conhecemos. E depois de um tempo, descobriremos, para nossa surpresa e nosso contentamento, que nos sentimos em casa outra vez.

No mundo em que habito, encontro estabilidade e um lugar seguro.

11 DE JUNHO

Mas as almas dos justos estão nas mãos de Deus, e eles não sofreram nenhum castigo. Os insensatos imaginam que os justos estão mortos, pensam que a morte é uma desgraça e que sua separação de nós é uma calamidade; mas a verdade é que eles estão em paz.

— SABEDORIA DE SALOMÃO 3:1-3

Essas palavras da antiga sabedoria dos apócrifos soam tão atuais quanto na época em que foram escritas. Nossa ansiedade, nossa percepção, nossa esperança, tudo isso ecoa aqui – bem como nos escritos de todas as eras.

É reconfortante ver quão constantes têm sido as perguntas e as respostas sobre a morte e o que está além dela. Se tantas pessoas, por tanto tempo, acreditaram fortemente que, quando morremos, voltamos para Deus e estamos em paz, então certamente também podemos abraçar essa esperança – por nossos entes queridos e por nós mesmos.

Que eu possa encontrar consolo e esperança na sabedoria dos tempos.

12 DE JUNHO

E então a idealização. Outra distorção. Idealizando-a de uma forma antitética à sua natureza. Bella não era nenhuma santa, nenhuma Maria enigmática, nenhuma mãe devota. Ela era uma mulher de carne e osso, que sujara as mãos, cuja vida envolvia dor e sofrimento.
Um ser humano com defeitos humanos.
É uma traição lembrar apenas as partes boas.

— TOBY TALBOT

Não é apenas uma traição. É preciso muita energia para sustentar essas ilusões imperfeitas – energia de que precisamos para cuidar do restante do nosso luto e do restante da nossa vida.

Podemos pensar que estamos honrando os mortos exagerando suas qualidades e descartando o que era menos admirável em sua personalidade. Há um provérbio latino que diz: "Não faleis senão bem dos mortos."

Mas isso não se sustenta a longo prazo, quando nos lembramos das pessoas de quem fomos próximos e a quem amamos.

A pergunta certa a fazer é: o que nós íamos querer? Sermos lembrados como uma espécie de modelo ideal? Ou sermos lembrados plenamente como as pessoas que de fato somos?

Celebro a vida de quem amei em toda a plenitude de suas qualidades humanas.

13 DE JUNHO

Tenho que aprender a abrir garrafas, mudar móveis de lugar, abrir janelas emperradas, ir para casa sozinha, investigar o barulho da noite, comer sozinha, tomar decisões sozinha, cuidar do dinheiro sozinha, viajar sozinha, brigar sozinha com empresas de serviços, ficar doente sozinha, dormir sozinha, cantar sozinha.

– SONJA O'SULLIVAN

Quando estamos acostumados com a presença do nosso ente querido no dia a dia, percebemos que estamos bem mais preparados para lidar com os grandes eventos, como aniversários e datas festivas, do que com momentos mais informais. Uma mulher cujo marido havia morrido disse que a primeira vez que ouviu uma notícia importante no rádio, virou-se para contá-la a ele. "Foi quando me dei conta de que ele havia partido."

As ranhuras dessa nova informação – de que os mortos não estão mais presentes – ficarão gravadas no nosso cérebro, embora isso leve um tempo para acontecer. Até lá, teremos muitas recaídas, desejando desesperadamente que nossos entes queridos voltem a ocupar seu lugar habitual.

Pouco a pouco, porém, a lembrança de termos compartilhado inúmeros momentos com a pessoa que partiu será carregada de gratidão, porque ela esteve ao nosso lado em todos os momentos importantes. Agora, precisaremos encontrar força para fazermos tudo sozinhos.

Que eu possa ser fortalecido por lembranças felizes à medida que reaprender a viver.

14 DE JUNHO

Deus nunca diz que deverias ter vindo ontem;
Ele nunca diz que deves voltar amanhã,
mas hoje se ouvires a voz dele,
hoje ele vai te ouvir...
Das trevas ele fez luz,
não de uma luz menor;
Ele trouxe teu verão em pleno inverno,
embora não tenhas primavera.
Todas as ocasiões convidam sua misericórdia,
e todos os tempos são sua estação.

– JOHN DONNE

Para aliviar a dor do luto, qual é a melhor atitude a tomar? No que devemos acreditar, afinal?

Não há concessões a fazer a um dogma em que não acreditamos. Há, sim, pessoas que expressam amor por nós. Podemos crer que somos aceitos, que existe no Universo um ser amoroso que nos abraça, seja Deus ou qualquer outra entidade divina? Se pudermos apostar em uma das duas coisas, vamos entregar um pouco da nossa dor a Ele, como uma criança entrega de olhos fechados a um amigo de confiança um fardo pesado demais para carregar.

Nenhum fardo é muito pesado ou muito leve.

Nenhuma ansiedade é muito irrelevante ou muito gigantesca.

Que eu não me agarre à dor tão fortemente que não possa receber ajuda quando ela for oferecida.

15 DE JUNHO

Descobrimos que nosso círculo de amigos mudou... Ficamos surpresos e decepcionados com o fato de pessoas que pensávamos serem boas amigas estarem agora distantes, desconfortáveis e incapazes de nos ajudar. Outras que eram conhecidas casuais tornaram-se subitamente próximas e são os sustentáculos da nossa vida atual. O luto muda as regras e às vezes reorganiza os relacionamentos.

– MARTHA WHITMORE HICKMAN

As pessoas costumam comentar que aqueles que se sentem mais desconfortáveis em falar conosco sobre o nosso sofrimento estão se protegendo do próprio medo da perda e da morte.

Não há certo ou errado nessa atitude. Eles podem não ter consciência do medo que sentem de perder alguém tão próximo.

Mas pode ser intrigante para nós que pessoas em quem confiamos no passado não pareçam tão calorosamente solidárias, compreensivas ou dispostas a ajudar como esperávamos. Não é culpa delas. É importante reconhecer que também não é nossa culpa. As circunstâncias mudam. A vida oferece experiências diferentes. Assim, podemos nos sentir atraídos por quase desconhecidos cujas vivências têm ressonância em nós.

Na minha jornada terei muitos companheiros. Sou grato pelos meus amigos, os antigos e os novos, e pela maneira como nossas histórias nos aproximam.

16 DE JUNHO

Eu sabia que a aceitação do caráter definitivo da perda, e de toda a dor que vem com ela, não precisa desalentar a vida, mas pode lhe oferecer uma nova capacidade de realização. Eu também sabia que isso não poderia ser alcançado sem passar pela agonia da dor e do luto.

– LILY PINCUS

É corajoso, e até difícil de acreditar por um tempo, que enfrentar uma perda primária pode trazer uma sensação de realização. No início, a pessoa pensa apenas em passar os dias e as noites com algum equilíbrio emocional. A ideia de que há um "lado bom" no luto é impensável, até mesmo ofensiva.

Como acontece com tantos outros eventos importantes na nossa vida, a sabedoria só vem em retrospecto, depois de termos tido a chance de deixar a poeira assentar e ver o que nos restava. Então, podemos reconhecer que ganhamos alguma sabedoria, alguma habilidade de suportar a dor e a incerteza.

Mas isso não acontece imediatamente, e não pode ser forçado. Se não permitirmos que as infinitas demandas do luto sigam seu curso, se não fizermos perguntas e respeitarmos sua turbulência, talvez nunca encontremos uma saída.

Não vou tentar burlar o processo de luto. Vou vivê-lo um dia de cada vez.

17 DE JUNHO

Um novo dia surgiu na minha vida. Foi como se outro sol tivesse aparecido no céu. O céu estava indescritivelmente mais brilhante, e a terra, mais justa; e aquele dia continua brilhando até o momento presente.

— ORVILLE DEWEY

Quando mergulhamos em uma dor profunda, é possível acreditar que um dia como esse chegará? Uma pessoa que se recuperava de uma doença grave disse: "Quase valeu a pena ter ficado doente, porque voltei a pensar como é maravilhoso estar bem."

Por um tempo, é impossível sentir essa serenidade. Mas, se formos abençoados com bons amigos e uma fé capaz de nos ajudar nos tempos difíceis, chegará o momento em que despertaremos para a beleza da vida ao nosso redor, para uma nova manhã de primavera, para um mundo de incríveis encantos e promessas.

Se você ainda não consegue se sentir assim, tudo bem. Mas tenha consciência de que um dia, tendo sobrevivido ao sofrimento profundo, você sairá mais fortalecido, e provavelmente com um novo entendimento da dor que enfrentou.

Manterei a promessa de uma vida renovada e alegre.

18 DE JUNHO

Nada poderia deter você.
Não o melhor dia. Não o sossego.
Não o balanço do mar.
Você seguiu em frente com a sua morte.

– MARK STRAND

Os mortos seguiram seu caminho. Eles sabem que ficamos com eles até o fim. Eles nos amam, querem nos poupar da dor. Sim, eles sentem a nossa falta. Mas seus olhos já estão em outra paisagem, e nós os vemos se afastar.

Agora que eles se foram, nos sentimos abandonados?

Não há razão para isso. Eles ainda nos amam. Eles chegaram a um destino.

Precisamos da permissão deles para deixá-los ir? Eles nos deram essa autorização ao morrer.

Talvez precisem da nossa permissão para ficarem totalmente à vontade com sua partida. Meu amigo Buddy me contou que sentiu a presença de um tio querido imediatamente após a sua morte, quando então ele o ouviu perguntar: "Está tudo bem se eu me for agora, Buddy?" E ele respondeu: "Sim, tudo bem." Ao dizer isso, meu amigo sentiu uma mudança na atmosfera, uma espécie de paz e tranquilidade se instalou ali.

A morte é um mistério de que os vivos são meros espectadores, mas um mistério em que se pode confiar.

19 DE JUNHO

O fato de ter vivido já é uma medida de imortalidade; um bebê nascer, se tornar um homem, uma mulher, gerar outros como ele, é um ato de fé em si mesmo, até mesmo um ato de coragem. É como se cada ser humano nascido neste mundo se incendiasse, por um breve momento, como uma estrela; o seu pontinho de luz brilha na escuridão, e assim há glória, e assim há vida.

– DAPHNE DU MAURIER

Quando pensamos nos processos da natureza que fizeram surgir qualquer um de nós – a seleção do gene, a combinação daquele óvulo e daquele espermatozoide específicos, nossa estadia no útero, nossa chegada à vida aqui fora ao respirarmos como criaturas independentes –, não é absolutamente um milagre o fato de sobrevivermos, não é motivo de grande celebração? Assim é também a vida do nosso ente querido, as marés de parentesco e amor que nos lançaram na mesma cena, no mesmo drama, juntos. Apesar de lamentarmos a morte de quem amamos, nós teríamos tido uma vida muito mais pobre, no sentido emocional, se não tivéssemos vivido tanto tempo juntos! Enquanto esperamos reencontrá-lo após a morte, precisamos recordar sempre como foi enriquecedor termos conhecido e valorizado um ao outro neste cenário espetacular que é a vida.

Sou grato pela vida que compartilhei com meu ente querido.

20 DE JUNHO

Estou contente por ter escrito [o livro]. De algum modo estranho, ele refinou algumas das minhas impurezas. Ensinou-me – embora não tenha sido minha primeira lição – a aceitar as alegrias e as adversidades da vida e a me apaixonar novamente por sua estranheza, sua beleza e seu terror.

– ALAN PATON

Poucos de nós escreverão um livro, como fez Alan Paton, que nos ajudará a superar a perda. Muitos acham útil manter um diário – um caderno simples, onde anotamos pensamentos e dúvidas, expressamos a dor, para que não tenhamos que carregá-la na nossa cabeça o tempo todo.

Talvez tenhamos vontade de rever o diário de vez em quando, para nos lembrar dos altos e baixos emocionais ou para refrescar a memória a respeito de uma sequência de acontecimentos. Se nunca mais olharmos suas páginas, elas ainda assim terão sido úteis. O simples fato de encontrar palavras para o tumulto que nos angustia já ajuda a entendê-lo um pouco melhor, a percorrê-lo com menos riscos de ficarmos presos naquele turbilhão de pensamentos, para que possamos chegar ao ponto de sermos capazes de nos apaixonar novamente pela vida.

É claro que nem todo mundo gosta de escrever – alguns preferem pintar, tocar piano ou mexer em plantas –, mas qualquer atividade que sirva para abrir nossos poros emocionais e deixar a energia do luto fluir, nos despertando para um novo dia a dia, é de grande utilidade. Pense nisso.

A tristeza é como o fogo purificador. Ela vai me deixar algo de muito bonito.

21 DE JUNHO

Não é para o momento presente que você precisa de coragem, mas para a longa escalada de volta à sanidade, à fé e à segurança.

— ANNE MORROW LINDBERGH

Nos primeiros dias do luto, estamos tão ocupados com as exigências da ocasião – e são muitas – que quase nos esquecemos de nós mesmos. As formas e os padrões do que fazer a seguir, de como devemos nos comportar daqui para a frente, estão muito bem definidos pelo senso comum, e precisamos reunir energia e vontade suficientes para executar o que é esperado de nós.

Mas então os rituais dos primeiros momentos acabam e a vida assume uma forma mais livre. As decisões a serem tomadas não dizem mais respeito aos detalhes da cerimônia de despedida ou a onde vão dormir os familiares que moram fora da cidade, mas a quais serão nossos próximos passos, como iremos lidar com o silêncio. Então, precisaremos de força e coragem.

Precisaremos dessas qualidades por um longo tempo, enquanto lutamos para recuperar o equilíbrio em um caminho que teve uma drástica mudança de rota. Precisaremos de coragem para a caminhada diária e de confiança para cumprir as metas que estabelecemos – ou redefinimos – para nós mesmos, agora que nosso companheiro não está mais ao lado para nos apoiar.

Dê-me coragem para o longo trajeto e para a jornada de cada dia.

22 DE JUNHO

O momento presente é significativo, não por ser uma ponte entre o passado e o futuro, mas justamente por aquilo que ele representa – o aqui, o agora –, que pode muito bem preencher o nosso vazio e ser chamado, de fato, de nosso, caso sejamos capazes de acolhê-lo.

– DAG HAMMARSKJÖLD

Quando estamos de luto, a mente é inundada por memórias. Algumas lembranças nos levam de volta àquele mundo mais feliz e despreocupado (é assim que nos lembramos dele), antes que a vida fosse abalada pela perda. Outras recordações podem ser de momentos que lamentamos, mas que agora são impossíveis de "consertar". E quando não estamos rememorando fatos, projetamos um futuro com um espaço perpetuamente vazio – os anos de saudade de nosso ente querido.

Mas, espere, *este* é o momento. Este é o dia que temos.

Como um exercício para receber o dia de hoje, tente fazer este teste de imaginação: fique onde está e imagine-se permitindo que todos os resíduos do passado e todos os pensamentos sobre o futuro escapem de você e caiam aos seus pés, como roupas descartadas. Em seguida, passe por cima deles, vá para outro lugar e olhe ao redor.

Tentarei estar totalmente presente neste dia, que é precioso em si mesmo e diferente de qualquer outro que tive ou ainda terei.

23 DE JUNHO

*Não há costume mais ridículo do que aquele que
faz você expressar simpatia uma única vez, em um
determinado dia, a uma pessoa cuja tristeza perdurará
a vida toda. Essa dor, assim sentida, estará sempre
"presente", nunca será tarde para falar sobre ela,
nunca será repetitivo mencioná-la mais uma vez.*

— MARCEL PROUST

Algumas pessoas acham que trazer à tona uma "velha" dor é mexer em uma ferida que talvez tenha deixado de doer – ou, pelo menos, de doer tanto.

Talvez dependa da gravidade da perda. Quando ela parece vitalícia e errada – como a morte de um filho –, a dor nunca tem fim. Ela muda de intensidade, mas sempre está lá. Como pais, podemos ser gratos a alguém, "depois de todo esse tempo", por ainda estar atento a essa dor, que, para nós, nunca foi embora.

Meu marido e eu ficamos gratos às várias ocasiões em que, muito tempo depois da morte da nossa filha, encontramos amigos que tinham ouvido falar da nossa perda, mas não nos tinham visto ainda, e que aproveitaram o momento para expressar solidariedade. Espero que a maioria de nós prefira que as pessoas se arrisquem a oferecer sempre um ombro amigo a adotar algum tipo de constrangimento que pode soar falso e nos deixar imaginando se sabem ou se não se importam com ela.

Sim, eu choro quando você fala disso, mas, mesmo assim, fico feliz pelo seu apoio.

24 DE JUNHO

O céu é o pão de cada dia dos olhos.

– RALPH WALDO EMERSON

Para alguns, olhar o mar traz paz ao coração e à mente. Nem todos nós, porém, temos essa oportunidade.

Mas todos nós temos o céu. E suas mudanças são infinitamente mais diversas, mais intrigantes para a imaginação, mais cheias de maravilhas do que a vasta extensão do mar.

"Quando contemplo os teus céus", escreveu o salmista, "obra dos teus dedos, e a lua e as estrelas que ali firmaste; o que é o homem para que com ele te importes? E o filho do homem, para que com ele te preocupes? Contudo, pouco menor o fizeste do que os anjos e de glória e honra o coroaste."

Contemplar a Criação olhando o céu é restaurar nossa perspectiva, ver a obra de Deus em toda sua extensão e talvez sentir que uma Criação tão complexa, tão grande, tão misteriosa, nos mantém, a nós e a nosso ente querido, em segurança e protegidos.

Sob a imensidão do céu, do panorama de nuvens e estrelas, posso ver a ordem do mundo e me sentir seguro.

25 DE JUNHO

O futuro ainda não é nosso; talvez nunca seja. Se ele chegar, pode ser totalmente diferente do que prevímos. Vamos fechar nossos olhos, então, para aquilo que Deus esconde de nós e mantém guardado nos tesouros de Seus profundos ensinamentos. Vamos adorar sem ver; vamos ficar em silêncio; vamos permanecer em paz.

– FRANÇOIS FÉNELON

Quanto tempo gastamos, angustiados, imaginando o futuro sem aquele que amamos? Antecipamos momentos em que a pessoa querida deveria estar conosco, envolvendo-se na nossa vida, e não pode porque ela partiu. Por que queremos tanto "adiantar" o tempo?

O futuro é desconhecido para todos. Inclusive para nós. Pense: nós mesmos podemos não estar presentes nesses momentos cuja dor estamos antecipando agora. Por que gastar energia com um futuro que não sabemos qual será, quando o mundo, aquele que está ao nosso redor dia após dia, é o que importa? Já existe sofrimento suficiente aqui. Não precisamos agravar a dor projetando-nos em um tempo que está além do nosso conhecimento ou controle.

Sinto uma liberdade maravilhosa quando paro de imaginar minha tristeza futura e vivo apenas no presente.

26 DE JUNHO

Se você me ama, me deixe partir.

– ANÔNIMO

Não sei a quem atribuir essa citação. Tomei conhecimento dela, como uma variante de uma canção popular, vários meses após a morte da minha filha. Minha experiência ao longo dos anos me diz que as músicas que passam pela minha cabeça geralmente querem me dizer algo. Neste caso, a melodia era para uma letra que eu conhecia muito pouco: "Se você me ama, me deixe saber." Mas, para mim, as palavras certas eram: "Se você me ama, me deixe partir."

Alguém já sugeriu que os espíritos dos mortos continuam a pairar perto de nós até se certificarem de que vamos ficar bem, só então eles se sentem livres para ir. Talvez, ocorreu-me de repente, minha filha estivesse tentando me dizer alguma coisa. Na época da sua morte, pensei na mensagem nesses termos, de que ela "precisava" ir.

É tudo conjectura, claro, e não há como saber se estamos projetando nossas necessidades nessas imagens sobre "o que acontece a seguir" ou descobrindo intuitivamente alguma verdade.

Mas, seja de quem for a autoria da citação, com ou sem qualquer corroboração, me fez bem ter ouvido essa mensagem naquele momento.

Bênçãos para você, querido ente que partiu. Espero reencontrá-lo um dia.

27 DE JUNHO

Desde que sua primeira dor a trouxera por completo ao nascimento e à vigília neste mundo, uma compaixão inabalável se moveu dentro dela, como uma corrente viva fluindo nas profundezas da terra, através da qual ela conhecia a si mesma, aos outros e ao mundo.

– WENDELL BERRY

É difícil atravessar um luto, e nem todo mundo sai enobrecido dessa experiência. Mas, uma vez que as recompensas são tantas quanto as estrelas no céu, cabe a nós fazer tudo o que estiver ao nosso alcance para atravessar bem esse período.

Algumas coisas são fundamentais para alcançar esse objetivo. Atenção às nossas necessidades e ao nosso estado de espírito. Leitura. Descanso. Vontade de ser vulnerável novamente. Aconselhamento, talvez. Conversas com amigos compreensivos. Oração, meditação, participação em uma comunidade de cura, para alguns.

A única certeza é de que sairemos diferentes depois de passar pelo luto. Se nos sentiremos amargurados e tristes ou compassivos e, em um sentido profundo, felizes, não está nas nossas mãos decidir. Mas o resultado positivo pode estar mais ao nosso alcance do que imaginamos. Essa travessia é como um parto, há dor e perigo. Mas há uma vida em jogo – uma nova vida.

Vou usar toda minha sabedoria e todo meu poder para passar bem por isso.

28 DE JUNHO

Ela me ensinou que o luto é um momento a ser vivido, experimentado plenamente, e que os céus não cairão se eu der voz à minha ira contra Deus em tal momento.

– ELIZABETH WATSON

Às vezes, é difícil reconhecer que a raiva faz parte da dor. Talvez estejamos zangados com os médicos e as enfermeiras por não terem salvado nosso ente querido. Ou por não terem aliviado seu sofrimento. Ou por não terem nos mantido informados.

Talvez estejamos com raiva da pessoa amada, por não ter se esforçado o suficiente para ficar boa ou por não ter cuidado melhor de si mesma. Ou apenas por ter nos deixado. Quem sabe estejamos zangados com nós mesmos. Ou com raiva de Deus.

Mesmo quando não consideramos Deus ou uma pessoa em particular o responsável pela morte de nosso ente querido, sentimos revolta, irritação extrema. Afinal, a vida como a conhecíamos foi interrompida. Fomos privados de algo – mesmo que seja apenas paz – que desejávamos.

Como acontece com outros aspectos do luto, precisamos reconhecer a raiva e expressá-la. Talvez seja preciso tomar cuidado para não magoar parentes e amigos. Mas não precisamos nos preocupar com Deus – podemos deixar nossa ira fluir, porque Ele compreenderá.

Minha raiva é legítima e vai se dissipar mais cedo se eu a reconhecer e a expressar.

29 DE JUNHO

O dia passa como uma sombra sobre o coração,
com tristeza, onde tudo era satisfação.

— STEPHEN FOSTER

Às vezes é difícil lembrar como a vida era antes de a perda chegar e nos tirar o chão com a mesma força de um deslizamento de terra ou de um terremoto.

Por um tempo, carimbamos algumas tarefas do dia a dia com uma espécie de selo da síndrome da "primeira vez desde que aconteceu". Essas tarefas são mundanas e imediatas – "a primeira vez que fui ao supermercado", "a primeira vez que mandei lavar o carro", "a primeira vez que fui ao cinema". Em seguida, vêm os acontecimentos sazonais – "o primeiro feriado da Independência", "o primeiro Natal", "o primeiro aniversário". E todos eles sombreados pela perda que escurece tudo o que fazemos, tudo o que acontece.

Uma pergunta martela na nossa cabeça: será sempre assim? Em caso afirmativo, como poderemos suportar?

A perda mudará a constelação da nossa vida. Esse fato é real, não vai desaparecer. Mas suas bordas vão suavizar, e outros eventos virão para enriquecer nosso cotidiano, de modo que a dor, que parece estar sempre no centro de tudo, perderá a intensidade e, assim, nós poderemos ter satisfação mais uma vez.

Por um tempo, a tristeza toma conta de todo o cenário, mas a alegria voltará.

30 DE JUNHO

*Ele pôde sentir uma mão em seu ombro. "Tudo bem",
disse ele, suavemente. "Tudo bem." Ele se apoiou no
andador. Sentiu que havia olhos fixos nele. "Adeus",
disse ele ao caixão. Virou o andador e se afastou.
Era um dia de sol – quente, brilhante –, um vento
suave soprava do oeste. A terra estava coberta
de verde. O sol em seu rosto e em suas mãos
lhe trazia uma sensação de prazer.*

– TERRY KAY

Há uma estranha quietude que acompanha os rituais de morte, como se a própria Criação tivesse se acalmado nesse momento de verdade absoluta.

Na cerimônia de despedida podemos desempenhar nosso papel num estado que, aos olhos dos outros, parece ser de atordoamento, mas na verdade só estamos cumprindo o que se espera de um recém-enlutado. Ainda que esses rituais sejam antigos, para nós a experiência é absolutamente nova, dolorosa, brutal.

É importante, nesse instante de dor suprema, termos rituais a seguir, costumes que nos guiem, homenagens que simbolizem o que aconteceu. Além de nos dar um contexto de fé no qual expressar nossa perda, os rituais nos ajudam a canalizar toda a tristeza – são quase uma boia de segurança em que nos agarramos quando nosso mundo interior está em turbulência.

E, na sagrada essência desse momento, somos confortados pela bênção do sol quente, do vento suave, da terra verde.

Às vezes, os momentos mais simples contêm as verdades mais profundas.

1º DE JULHO

Sei bem que não há consolo para essa dor da partida: a ferida permanece, mas aprende-se a suportar a dor, e aprende-se a agradecer a Deus pelo que Ele nos deu, pelas lindas lembranças do passado e pela esperança ainda mais bela para o futuro.

— MAX MÜLLER

Uma mulher cuja vida teve muitos maus momentos disse: "A dor mais difícil que tive que suportar foi a separação temporária da minha filha." O fato de ela ter sido capaz de, com fé, ver a morte da filha adolescente como uma separação temporária por certo a ajudou muitíssimo, mas é claro que ela gostaria de ter sua filha de volta.

É tolice esperar a "superação" de uma dor grave. O sofrimento está sempre lá, vivo, e ainda é preciso combater a fantasia "do que poderia ter sido" caso nosso ente querido não tivesse morrido. Com o tempo, tenho certeza de que, para essa mulher, a dor se misturou a lembranças felizes da infância e da adolescência da filha e à expectativa do reencontro.

Assim, os mosaicos da adaptação são estabelecidos. Em alguns dias, a angústia da perda é mais perceptível; em outros, são as lembranças felizes; e, em outros ainda, brilha a esperança de rever o ente querido que partiu antes de nós.

Enquanto penso na minha perda, os fios de tristeza, as lembranças e a esperança são misteriosamente entrelaçados.

2 DE JULHO

*Todo mundo é capaz de dominar uma dor,
exceto quem a sente.*

– WILLIAM SHAKESPEARE

Em geral, nós, enlutados, julgamos saber do que precisamos. Muitas vezes precisamos de uma cutucada dos amigos, se estivermos reclusos demais, por exemplo. Ou talvez precisemos de aconselhamento profissional, se tivermos consciência de que não estamos lidando bem com o luto.

Mas não devemos levar a sério comentários de pessoas provavelmente bem-intencionadas mas ignorantes que insinuam que estamos sendo indulgentes ou fracos por não conseguir "superar isso agora" – sendo que "agora" pode significar seis meses ou seis anos após a perda. Cada luto tem seu próprio cronograma, que só o enlutado conhece. E geralmente a jornada é lenta; com frequência, arrastada.

Alguém já disse que são precisos sete anos para se acostumar à perda de uma pessoa muito próxima. Então, não há necessidade de nos desculparmos se, depois de alguns meses, ainda estivermos achando o luto uma grande inquietação. E não há por que sentir constrangimento se, muito tempo depois da morte do nosso ente querido, ainda chorarmos de saudade dele.

O que responder quando alguém diz "Tenho a impressão de que você já deveria ter superado isso"? Que tal a citação de Shakespeare? Parece ser uma boa resposta.

3 DE JULHO

Uma noite, eu estava folheando um livro e meus olhos se concentraram em uma escultura que tínhamos visto muitas vezes juntos... Fiquei sentada ali, olhando para a peça, atordoada, mas não virei a página. Imagens do passado surgiram, e eu vi uma espécie de filme sem fim e ouvi uma canção de vitória... Eu me senti como se estivesse saindo de um pântano que me sugava. Estava sozinha no meu quarto, mas conseguia ocupá-lo por completo; parecia diferente do que tinha sido nos outros dias. Eu me senti outra vez em marcha. Eu era capaz de contemplar a beleza novamente.

– ANNE PHILIPE

Às vezes, a beleza do mundo nos parece terrivelmente amarga, porque temos consciência de que nosso ser amado não pode mais se encantar com ela. Às vezes nos perguntamos mentalmente como podemos sentir boas fragrâncias e apreciar coisas bonitas sem sentir uma pontada de dor porque não podemos mais compartilhá-las?

É um grande passo, e um indicativo de que acreditamos que a pessoa querida está em melhores mãos agora do que se estivesse entre nós, quando conseguimos recuperar a visão, a audição, o paladar, o tato e o olfato em toda sua plenitude. A recuperação dos sentidos, a serenidade das emoções, é tudo aquilo que o nosso ente querido desejaria para nós.

Reivindico a beleza do mundo em toda a sua plenitude.

4 DE JULHO

As noites eram as mais difíceis de suportar. O ritual da bebida quente, os torrões de açúcar para os dois cachorros, as orações – seu hábito de infância perdurou durante toda nossa vida de casados –, o beijo de boa-noite. Continuei o ritual, porque isso também diminuía a dor e era, em sua própria pungência, um consolo.

– DAPHNE DU MAURIER

Os rituais – de natureza formal ou informal – nos guiam nos momentos mais difíceis, a despedida é um deles. Se nos ajudam a saber o que fazer ou dizer na hora do adeus, também nos dão a oportunidade de derramarmos nossa energia e nosso luto ainda embrionário ali – é o chamado "conforto" que os costumes nos proporcionam.

Se forem rituais que compartilhamos com quem amamos, então têm uma força e um significado ainda maiores, porque seus ecos e gestos guardam a presença do ente querido.

Se forem rituais que compartilhamos com outras famílias e comunidades de fé – para que possamos fazer orações em conjunto –, então é como se toda uma legião de pessoas se reunisse ao nosso redor para nos apoiar em nossa solidão e tristeza. Mas o mais importante é que há a presença daquele ser – Deus ou outra divindade em que acreditemos – com quem compartilhamos mais intimamente esses rituais. Estamos, de fato, seguindo os procedimentos, mas são procedimentos sagrados.

Ao repetir alguns dos padrões da nossa vida juntos, quase posso sentir a presença do meu ente querido.

5 DE JULHO

A tristeza pelos mortos é a única da qual nos recusamos a nos separar. Procuramos curar todas as outras feridas, queremos esquecer todas as outras aflições, mas essa ferida consideramos um dever manter aberta; essa angústia nós acalentamos e sobre ela meditamos na solidão.

– WASHINGTON IRVING

Talvez essa sugestão seja para nós uma afronta – uma espécie de defesa contra a ideia de culpar a vítima, que faz parecer que estamos explorando a dor, agarrando-nos a ela quando poderíamos considerá-la finita.

Há algum benefício no luto? Reflita sobre as questões a seguir. Recebemos muita atenção e solidariedade dos amigos.

O luto pode ser uma desculpa – para nós mesmos e para os outros – para deixarmos de assumir responsabilidades que preferíamos não ter.

O luto pode nos fazer sentir próximos daquele que amamos – essa é uma suposição bem difícil. Afinal, a morte do ente querido foi nossa última conexão, então por que não iríamos querer nos prender a esse momento?

A compaixão dos amigos é maravilhosa, e precisamos dela. Mas seria mais indicado participar de um grupo de apoio ao luto. Os integrantes dessas organizações conhecem nossas necessidades e nos ajudarão a identificar se estamos nos agarrando demais ao luto. Sim, queremos ficar perto daquele que perdemos, mas é a *pessoa* que precisamos guardar no nosso coração, e não a perda que ela representa.

Minha esperança se baseia no meu amor, não no grau do meu luto.

6 DE JULHO

Quando começamos no centro de nós mesmos, descobrimos algo que vale a pena ser estendido em direção à periferia do círculo. Encontramos novamente um pouco da alegria no agora, um pouco de paz no presente, um pouco do amor em mim e em ti, e tudo isso irá constituir o reino do céu na terra.

– G. F. SEAR

Nossos pensamentos estão presos àquele que se foi. Meditamos sobre ele, lembramos os tempos que estivemos juntos, pensamos sobre o significado da morte. Imagine por um momento que deixamos tudo isso de lado e voltamos a viver na nossa própria pele, respirando profundamente, tentando ter a noção do nosso centro.

Esse exercício mental nos leva de volta a nós mesmos e nos ajuda a enxergar com mais clareza o contexto em que vivemos. Sim, há mais solidão em algumas partes da vida. Entretanto, se olharmos ao redor a partir do nosso centro, veremos que há outros aspectos nos quais a tristeza não produz tanta interferência. O ar que respiramos não é filtrado pela tristeza. As crianças brincando no campo exalam uma alegria autêntica que pode ser contagiante.

Esse processo requer autodisciplina. O perigo é sempre ser sugado de volta para o luto, mas ele pode nos ajudar a experimentar uma visão de mundo em que a dor da perda é só uma parte, não tudo.

Tenho algum controle sobre quanto deixo a tristeza governar minha vida.

7 DE JULHO

Compartilhamos muitas dores, mas elas se traduzem em puro amor e alegria quando nos encontramos.

– MAY SARTON

O que faz o coração encher de alegria quando encontramos novamente pessoas com quem compartilhamos uma dor?

Todos nós já ouvimos falar da culpa do sobrevivente – aquele que se pergunta por que foi poupado quando o outro morreu.

Talvez exista também, algum tempo depois da cura, a alegria do sobrevivente – não uma alegria exultante ou triunfante, mas um simples reconhecimento de que, tendo passado por uma severa angústia, estamos vivos e somos capazes de transformar essa dor em uma vida produtiva e, em grande medida, alegre. Nós passamos pelo fogo e não fomos destruídos. Renascemos, na verdade. Porque, quando nosso ente querido morreu, alguma coisa dentro de nós morreu também – quem sabe uma expectativa ou a esperança de um futuro juntos. E das cinzas desse sonho destruído, nasceu uma nova vida.

Quando encontramos alguém para quem isso também é verdade – especialmente alguém com quem compartilhamos um luto no passado –, ficamos cheios de amor e contentamento! Como poderia ser diferente?

Na comunhão daqueles que renasceram da dor, todos são irmãs e irmãos.

8 DE JULHO

*Na esperança desesperada, eu a procuro em todos
os cantos da minha casa. Não a encontro.
Minha casa é pequena, e o que dela um dia
partiu nunca poderá ser recuperado.
Mas infinita é Tua mansão, meu Senhor, e,
procurando por ela, cheguei à Tua porta.*

– RABINDRANATH TAGORE

Ao longo dos dias, visitamos lugares onde estivemos com nosso ente querido – e em cada um deles sentimos de novo a dor da perda.

Lembro que, depois que minha filha morreu, muitas vezes eu avaliava o tamanho da minha coragem ou do meu desespero pelo quanto deixava a porta do quarto dela aberta. Quase fechada significava um dia muito ruim – eu mal podia suportar olhar para aquele ambiente onde ela havia passado tantas horas da sua vida. Com o passar dos meses, consegui deixar a porta mais aberta, e depois, é claro, totalmente aberta. Fico perplexa de pensar nisso agora, mas, na época, não havia nada de estranho. Eu estava lutando desesperadamente para não ser dominada pelo sofrimento.

Mas esses espaços que evitamos não são mais o lar do nosso ente querido. Ao procurar por ele, chegamos à porta do desconhecido, onde só podemos entrar em nossas fantasias. Podemos confiar que, lá dentro, Aquele que sabe mais do que nós esteja cuidando dele?

No universo que compartilhamos, espero que meu ente querido esteja seguro.

9 DE JULHO

A verdadeira dor não é curada com o tempo... O tempo só faz aprofundar a dor. Quanto mais vivemos, mais plenamente nos tornamos cientes de quem ela era para nós e mais intimamente experimentamos o que seu amor significou em nossas vidas. O amor verdadeiro e profundo é, como se sabe, muito discreto, aparentemente fácil e óbvio, e tão presente que o tomamos como certo. Portanto, muitas vezes é apenas em retrospecto – ou melhor, na memória – que percebemos totalmente seu poder e profundidade. Sim, de fato, o amor muitas vezes se torna visível no processo da dor.

– HENRI NOUWEN

No começo é assustador. Por que essa dor não diminui? Eu nunca vou me sentir melhor?

Muito do significado da vida do nosso ente querido é destilado pela nossa memória e pela nossa experiência após a sua morte. Novas percepções surgem, novos reconhecimentos da importância que ele tinha no nosso dia a dia e, com isso, novas amarguras e um novo desejo de que o ser amado ainda estivesse aqui conosco.

Mas esse processo contínuo também garante que o ente querido nunca nos deixará, que sua vida continuará a nos alimentar e a nos transformar – que ele estará, de fato, sempre na nossa lembrança, e nós estaremos conectados pelo amor.

Meu ente querido estará comigo nos momentos agridoces de aprofundamento da nossa relação.

10 DE JULHO

Estou descobrindo, lenta e dolorosamente, que meu refúgio não está na minha mãe, na minha avó ou mesmo nos pássaros do rio Bear. Meu refúgio está na minha capacidade de amar. Se eu puder aprender a amar a morte, então posso começar a encontrar refúgio na mudança.

— TERRY TEMPEST WILLIAMS

À primeira vista, parece uma sugestão absurda "aprender a amar a morte". Como assim? A morte não é, na maioria das vezes, e para a maioria de nós, a inimiga?

Talvez o que estamos sendo impelidos a fazer – sensibilizados que estamos por causa da nossa perda – seja amar a verdade, amar tudo o que existe. Então, do fundo do coração, talvez possamos abarcar com nosso amor até mesmo aquilo que nos causou tão grande sofrimento.

Se conseguirmos tal feito, talvez não estaremos mais presos atrás dos muros da negação e da raiva; talvez possamos parar de bater nossa cabeça contra o que não pode ser mudado. Poderemos aceitar o que aconteceu e desfrutar da vida que temos agora.

Vou tentar abrir meu coração para a vida como ela é agora.

11 DE JULHO

> *Os alpinistas se referem a eles como "quilômetros intermediários". São os mais exaustivos e desafiadores do percurso, quando a euforia de começar a jornada se transformou em um trabalho penoso e a promessa do fim do caminho ainda não trouxe novas energias para a caminhada.*
>
> – HENRY E. WOODRUFF

A jornada através do luto é muito diferente da escalada heroica de uma montanha. No entanto, há estágios dessa ascensão que nos lembram da nossa própria subida para fora do vale do desespero. Nos primeiros dias e semanas do luto, geralmente temos muita assistência – a solicitude dos amigos, as reuniões da nossa comunidade religiosa, as ofertas de ajuda.

Então, começaremos um longo trajeto, e ainda nos sentiremos tristes, só que dessa vez estaremos mais sozinhos. Nós nos perguntamos se algum dia recuperaremos a velha vontade de viver. Observamos que as pessoas que estão sofrendo se sentem menos deprimidas. Dizem-nos que também conseguiremos tal façanha, e internamente chegamos a acreditar nisso. Mas os dias e as semanas se arrastam e não percebemos nenhuma infusão de luz e alegria.

Como os alpinistas durante os "quilômetros intermediários", devemos seguir em frente, sabendo que um dia estaremos no topo outra vez. Olhando para trás, ficaremos maravilhados com o quão longe chegamos.

O topo da montanha existe, mesmo que eu não consiga vê-lo.

12 DE JULHO

*O luto ensina as mentes mais
estáveis a hesitar.*

– SÓFOCLES

E como sabemos disso! Às vezes, parece que não conseguimos decidir a coisa mais simples do mundo. Ou decidimos e depois refletimos com muita angústia sobre a decisão: será que fomos sensatos? Relembramos todas as alternativas possíveis, perseguindo-as como se a decisão já não tivesse sido irrevogavelmente tomada.

Não é nenhuma surpresa. Se nosso mundo ficou subitamente desorganizado com a morte do nosso ente querido, por que essa desordem não se espalharia por todo o restante da vida? O que mais nos surpreende é sermos capazes de agir com algum método em relação a alguma coisa, e não nos sentirmos confusos de vez em quando.

Esse desequilíbrio vai passar, é claro. Começaremos a colocar os pés no chão novamente. Nesse ínterim, a melhor atitude a tomar é aceitar o momento de flutuação e tentar adiar decisões importantes – ou pedir o conselho de amigos. Os estágios iniciais do luto não são a melhor fase para vender a casa ou fazer uma grande mudança profissional.

É claro que minha mente às vezes me prega peças. Vou recuperar a estabilidade e o bom senso depois de um tempo.

13 DE JULHO

Ele tinha começado a acordar de manhã com algo além de pavor no coração. Não exatamente felicidade, não uma ânsia pelo novo dia, mas uma espécie de desejo de estar animado, uma vontade de ser feliz.

— JON HASSLER

A mudança chega até nós tão gradualmente que mal a reconhecemos – a mudança do vale do desespero, onde o futuro parecia perpetuamente sombrio, para uma terra mais agradável. Então, um dia, pensamos: *Espere um minuto. Isso é diferente!* Agora, em vez de uma paisagem triste, marcada por momentos ocasionais de felicidade, habitamos um lugar onde nos sentimos mais felizes e contentes do que tristes. Os períodos de desolação passaram a ser a exceção, não a regra.

Sem saber, estávamos aos poucos escorregando para um novo território. Vamos levar algum tempo para nos acostumarmos a ele. É claro que teremos recaídas, que na verdade não são recaídas, mas uma maneira de aprofundar as ranhuras do cérebro que dizem quem somos, agora que nosso ente querido se foi. A mudança é motivo de espanto e de gratidão, e às vezes pede um pouco de silêncio para assimilarmos esse outro tipo de sabedoria e autoconhecimento.

Saúdo como uma bênção do meu ente querido o retorno da luz e da alegria à minha vida.

14 DE JULHO

*Somos curados de um sofrimento apenas
quando o vivemos em sua plenitude.*
— MARCEL PROUST

Não há como contornar o sofrimento do luto. Se quisermos incorporar esse evento à nossa vida, devemos caminhar pelo centro da dor com os olhos abertos.

Seremos tentados a fazer o contrário, para nos poupar da agonia.

Não funciona. O que tentamos evitar vai permanecer ali pulsando, vai exigir o que lhe é devido, e o sofrimento vai aumentar como uma dívida não paga à medida que acrescentemos ao fardo da perda o fardo de tentar conter a dor.

Precisamos ter certeza de que faremos pausas para "respirar" – e precisamos delas para manter nossa saúde emocional intacta. É um equilíbrio delicado saber quando buscar diversão e quando permitir que a dor da perda se manifeste em toda sua intensidade.

Nós descobrimos isso por tentativa e erro. Quando a pressão começa a se formar – uma sensação de estarmos sendo esmagados –, é hora de liberá-la nos apresentando novamente à tristeza. Não precisamos fazer isso sozinhos. Às vezes, um amigo pode nos ouvir, sem tentar ignorar nossa amargura ou nos sobrecarregar com conselhos bem-intencionados. Um grupo de apoio ao luto – pessoas que entendem que precisamos falar sobre isso várias e várias vezes – seria especialmente útil.

Estarei presente na minha dor; esse é o único caminho para uma nova vida.

15 DE JULHO

Quando apresento essas questões a Deus, não recebo resposta. Mas recebo um tipo de "não resposta". Não é como uma porta trancada. É mais como um olhar silencioso, com certeza piedoso. Como se Ele meneasse a cabeça, não em recusa a responder, mas deixando de lado a pergunta. Algo como "Fique em paz, meu filho, você não entende".

– C. S. LEWIS

Às vezes parece que nossa maior esperança é *não* entendermos bem os mistérios que nos cercam. Porque, quando nos sentimos deprimidos, a sensação de futilidade da vida e a aparente finalidade da morte podem praticamente nos sufocar.

É melhor reconhecer, então, que nosso entendimento é limitado, que devemos desfrutar das histórias de fé e intuição que chegam até nós, e esperar para ver. Não conseguimos enxergar direito o que está muito perto de nós. É como se tentássemos admirar a magnífica *A criação de Adão*, a pintura de Michelangelo na Capela Sistina, mas ficássemos tão perto que tudo o que vislumbraríamos seria a ponta de dois dedos quase se tocando. Um ângulo interessante, mas uma parte ínfima da imagem inteira.

Nossas perguntas são irrespondíveis. A verdadeira questão é sobre a confiança.

16 DE JULHO

Se pudermos escolher onde chorar, em casa ou diante de algumas pessoas que serão totalmente compreensivas, talvez possamos nos sentir melhor. Mas se não pudermos – se estivermos na igreja e um hino nos pegar desprevenidos ou se estivermos assistindo a um jogo de futebol e nos lembrarmos de estar lá com um filho que agora se foi –, bem, a Terra é nossa casa e podemos chorar onde quisermos.

– MARTHA WHITMORE HICKMAN

Entre os fardos de que precisamos abrir mão quando lidamos com o luto, está o de obedecer a algum código de comportamento que diz onde é admissível chorar. Ficamos envergonhados quando nos vemos tomados pela tristeza em algum lugar público.

O que estamos tentando provar aos outros e a nós mesmos?

Quando foi a última vez que você viu alguém dominado pelas lágrimas e fez um juízo de valor dessa pessoa?

Quando você depara com um estranho à beira das lágrimas, qual é a sua reação?

Reflita! Estamos dispostos a estender nossa empatia a um estranho, mas menos dispostos a nos permitir receber empatia dos outros.

Ora, estamos juntos neste mundo, e nossos corações se movem em direção àquele que está triste.

Não podemos estender a mesma cortesia a nós mesmos?

Vou me permitir chorar livremente, ainda que em público.

17 DE JULHO

*Quando os mortos se desvanecem da nossa memória
nas horas de vigília, eles podem voltar para nós
em sonhos. Essas reuniões, muitas vezes com
imagens surpreendentemente vívidas,
costumam ser reconfortantes.*

– MARY JANE MOFFAT

Às vezes desejamos sonhar com nosso ente querido para nos mantermos em contato. Às vezes os sonhos podem ser assustadores, mas provavelmente são dignos de confiança.

Logo depois que minha filha morreu de um ferimento na cabeça causado por uma queda, sonhei que estava no convés superior de um navio e observava dois enfermeiros subindo uma escada na minha direção. Eles carregavam uma maca, e nela havia uma jovem. Ela estava inconsciente, com a cabeça inclinada para o lado. Os dois homens a trouxeram para perto de mim. Eles me garantiram que ela ficaria bem e apontaram para o andar de baixo, no convés inferior, onde havia pessoas reunidas ao redor de uma mesa. Reconheci alguns membros da minha família. Eles olhavam para cima e esperavam que eu fosse me juntar a eles. Foi o que fiz. O "clima" do sonho era tranquilo e sereno. Ao me lembrar dele, fiquei surpresa com o quão específico era. A mensagem era clara: *ela está bem; volte para os vivos, eles precisam de você.*

Meus sonhos são um meio de compreensão e crescimento.

18 DE JULHO

Eu estava totalmente em paz, à vontade e em repouso, de modo que não havia nada na terra que pudesse me afligir. Isso durou algum tempo, e então eu mudei... Senti que não tinha tranquilidade ou conforto, exceto fé, esperança e amor. E então Deus ofereceu novamente conforto e descanso para a minha alma... E de novo eu senti dor, em seguida deleite e alegria, ora um, ora outro, de novo e de novo, suponho que umas 20 vezes.

– JULIANA DE NORWICH

Justamente quando pensamos que estamos sob controle e seremos capazes de administrar o sofrimento, caímos no desespero outra vez. O que aconteceu com aquele equilíbrio cuidadosamente nutrido, aquela confiança que sentíamos até 10 minutos atrás?

A melhor coisa a fazer nesse momento é suportar a onda de angústia tendo consciência de que logo, logo estaremos em um ciclo favorável novamente. É reconfortante saber que até mesmo os santos passaram por períodos de dor e solidão.

Depois de um tempo, esse estado de espírito se acalmará, não será tão agitado e alarmante – embora qualquer pessoa sensível esteja sempre sujeita a ser afetada pela dor (e pela alegria, é importante lembrar). Não há necessidade de nos sentirmos culpados pelos períodos de tristeza. Se pudermos fazer algo para afugentá-los, tudo bem. Se não, vamos esperar; eles vão passar.

Aceito as mudanças de humor como parte do processo de cura.

19 DE JULHO

Sobre o nada se verga o todo.

— RAINER MARIA RILKE

Lembro-me de um dia muito frio em que tive que refazer meus passos em uma pequena área de um bairro de Minneapolis. Era o fim de uma tarde de inverno. Eu podia ver o topo do prédio aonde queria chegar, mas, ao virar em direção a ele, eu o perdia de vista enquanto corria por entre os edifícios intermediários. Eu sabia que, se pudesse olhar de cima para baixo, entenderia o mapa das ruas e encontraria o caminho.

Às vezes, quando estamos de luto, sentimos como se estivéssemos nos movimentando aleatoriamente (ou sendo levados), como se estivéssemos fora de contato com qualquer realidade ou significado abrangente. Talvez a sensação seja semelhante a perder a página em que estávamos quando líamos um livro. Como encontrá-la novamente e retomar o enredo?

Por um tempo, provavelmente não conseguiremos. A perda está tão no centro do palco da vida que não podemos enxergar nada além dela ou ao redor dela.

Precisamos ter paciência. Com o passar dos meses, quem sabe anos, seremos capazes de encontrar o caminho nos labirintos que se impõem à nossa frente, de prestar atenção mais uma vez nas outras partes da nossa história. Não adianta ter pressa, não há necessidade disso. O "tudo" que paira sobre o "nada" não vai desaparecer. Quando estivermos prontos, enxergaremos.

Mesmo quando não consigo ver o sol, sei que ele está lá.

20 DE JULHO

É como se a intensidade da dor fundisse a distância entre nós e os mortos. Ou talvez, na verdade, uma parte de nós morresse. Como Orfeu, tentamos seguir os mortos no início de sua jornada. Mas podemos, como Orfeu, ir até o fim e, depois de uma longa jornada, voltar. Se tivermos sorte, renasceremos.

– ANNE MORROW LINDBERGH

Quando nossos companheiros de estrada saem de cena repentinamente, o desejo é segui-los.

Então, nós partimos. Se o lugar para onde eles foram for a morte, tentaremos segui-los até lá. Na maioria dos casos não por suicídio, mas na imaginação – segui-los até "o outro lado do rio", "pelos portões do céu", para o mundo luminoso do espírito.

Depois de um tempo, percebemos que essa busca é inútil. Estamos perdidos em um bosque, chamando por eles, e eles não estão lá.

É uma reviravolta de enorme significado abandonar a busca, retornar a este mundo. Falar que isso é um renascimento não é exagero. Deixamos um submundo que não leva a lugar algum e retomamos, como pessoas transformadas, o compromisso com a vida.

Minha decisão de viver "um dia de cada vez" significa também viver em "um mundo de cada vez". Mas no lugar onde está meu ente querido um fragmento do meu espírito vive e espera.

21 DE JULHO

Todos aqueles que tentam seguir sozinhos, orgulhosos demais para se permitirem um alívio, certamente marcham ao encontro do sofrimento.

— ROBERT FROST

Aqueles que, por orgulho ou qualquer outro motivo, tentam seguir sozinhos passam por momentos difíceis.

Em nenhuma outra fase da vida isso é mais verdadeiro do que quando lidamos com a perda de um ente querido. Já nos sentimos sós – pela ausência daquele que perdemos. Ninguém pode preencher esse espaço específico, e não gostaríamos que ninguém o fizesse –, mas esse vazio nos torna mais necessitados de relacionamentos afetuosos e solidários.

O trabalho do luto é árduo, e precisamos de pessoas para nos ajudar – para nos ouvir, abraçar, relembrar do nosso ente querido, doar sua sabedoria.

Há a história de uma garotinha que, depois de visitar uma amiga, voltou para casa mais tarde do que sua mãe esperava. Quando a mãe perguntou o motivo da demora, a criança disse: "Eu estava ajudando Jane. A boneca dela quebrou."

A mãe perguntou: "Você a ajudou a consertá-la?"

A criança respondeu: "Não. Eu a ajudei a chorar."

Todos nós precisamos de pessoas que nos ajudem a chorar.

22 DE JULHO

Viver no espírito religioso não é fácil; o crente está continuamente em um mar escuro a 154 mil metros de profundidade... É um grande feito flutuar a 154 mil metros de profundidade, longe de toda ajuda humana para ser feliz: é uma coisa pequena e nada religiosa nadar em águas rasas com um bando de aves aquáticas... Não importa quanto tempo o homem religioso fique lá, isso não significa que pouco a pouco ele alcançará a terra novamente. Ele pode se tornar mais silencioso, chegar a ter uma sensação de segurança e de amor, e conquistar uma mente alegre. Mas, até o último momento, estará a mais de 154 mil metros de profundidade.

– SÖREN KIERKEGAARD

Quando perdemos um ente querido, ficamos especialmente sintonizados com o mundo espiritual. Ao mesmo tempo, temos a sensação de que conseguimos nos soltar das nossas amarras. Estamos, figurativamente, "em alto-mar".

Talvez essas palavras de Kierkegaard possam nos ajudar. Estamos, de fato, flutuando em águas profundas, com todos os nossos questionamentos sobre o significado da vida, sobre a natureza da morte. Nunca estivemos no controle, embora pensássemos que sim, que isso era o mais provável.

Então, depois de um tempo, com nossas perguntas ainda girando na cabeça, aprendemos a confiar no mar – ele é flutuável e suportará nosso peso.

Descansarei no oceano do inconsciente, confiando que poderei surfar nas suas ondas e nas suas depressões sem perigo.

23 DE JULHO

Quem está de luto precisa lidar com a morte antes de poder viver novamente. O luto pode durar anos e anos. Não termina depois de um ano; isso é fantasia. Geralmente, tem fim quando a pessoa percebe que pode viver de novo, que pode concentrar as energias em sua vida como um todo, e não na mágoa, na culpa e na dor.

– ELISABETH KÜBLER-ROSS

Ninguém está pedindo que esqueçamos, que nos afastemos de tudo o que amamos e estimamos na pessoa que perdemos. Não poderíamos fazer isso, ainda que quiséssemos.

A tarefa que temos diante de nós – e que pode levar muito tempo – é incorporar a dor e a perda à nossa vida, de modo que elas não continuem a nos dominar. A morte não é mais a primeira coisa em que pensamos ao acordar de manhã ou a última antes de dormir – devemos renunciar a esse tipo de pensamento.

Uma criança comentou com a mãe a respeito das demonstrações de carinho que recebeu após a morte do pai: "Há tantas coisas boas. Só há uma coisa ruim."

A "coisa ruim" sempre estará viva, mas, quando ela começar a ocupar um lugar entre as coisas boas que a vida oferece, estaremos no caminho certo.

Mesmo em minha tristeza, estarei aberto a novas aventuras.

24 DE JULHO

Meu coração está acelerado...
Então eu disse: "Quem dera eu tivesse asas como
a pomba; voaria até encontrar repouso!"
– SALMO 55:4-6

Mesmo quando levávamos uma "vida normal", em certos momentos gostaríamos de voar para longe, ir para algum lugar livre de estresse. Agora, quando as lembranças da nossa perda nos saúdam a cada passo, o desejo de fugir pode parecer esmagador.

Provavelmente, todos conhecemos pessoas que tentaram incorporar ao dia a dia uma válvula de escape – para algumas, esse escape pode ser mais trágico. Quando criança, ouvi meu pai comentar sobre um amigo da família que se tornara alcoólatra: "Ele só começou a beber depois que o filho morreu." Era uma tentativa de fuga. Ou quando ficamos sabendo que alguém tinha cometido suicídio: "Ela ficou sem ânimo desde a morte do marido."

Quando nós mesmos passamos pelo luto, somos capazes de compreender esse desespero, embora tais recursos não resolvam nada e apenas aumentem a angústia de quem convive conosco, como familiares e amigos.

Vamos precisar de um descanso temporário – uma viagem, talvez. Quem sabe de alguma mudança na rotina. Ou até de um emprego. Poucos meses após a morte da minha filha, comecei a trabalhar meio período à tarde, além de escrever como freelancer. Fiz isso durante cinco anos. Lembro-me de ir ao trabalho na primeira tarde e já me sentir mais animada por fazer algo novo em uma comunidade de pessoas amigáveis.

Escolherei meus voos com cuidado, mas para onde posso ir?

25 DE JULHO

> *Tive que lutar sozinha, e tudo o que sabia era que a morte do meu pai me levara a fazer perguntas para as quais não conseguia encontrar respostas, e eu estava vivendo em um mundo que acreditava que todas as perguntas tinham resposta. Eu também acredito que todas as perguntas são respondíveis, não em termos científicos ou na linguagem dos fatos justificáveis.*
>
> – MADELEINE L'ENGLE

Seremos como cachorros perseguindo o próprio rabo se esperarmos uma resposta racional a todas as perguntas que a morte nos traz.

Onde estão as respostas, senão nos fatos?

Talvez em uma súbita sensação de paz em uma tarde agitada.

Ou em uma visita inesperada e no abraço caloroso de um amigo, que diz: "Eu estava por perto e quis ver como você está."

Talvez no farfalhar das árvores em uma tarde silenciosa.

Ou na história de uma experiência de quase morte que transformou a vida de alguém.

Ou nas palavras de um livro que parecem ter sido escritas exatamente para você.

Meu espírito capta pistas que minha mente pode deixar passar.

26 DE JULHO

A doença é o lado noturno da vida, uma cidadania mais onerosa. Todo aquele que nasce tem dupla cidadania, no reino dos sãos e no reino dos enfermos.

– SUSAN SONTAG

Uma das razões de a morte de alguém próximo chacoalhar tão profundamente nossa vida é que ela nos diz: *Você também morrerá*. Às vezes, essa pode parecer uma perspectiva bem-vinda – o desejo de nos unir à pessoa amada é muito forte e a aversão de continuar vivo é bem plausível.

Há uma forma, porém, de enfrentarmos nossa vulnerabilidade e a perspectiva da nossa própria morte: vivendo.

Lemos diariamente notícias sobre mortes de desconhecidos e de pessoas ilustres, às vezes contornamos a morte quando ficamos doentes ou quando algum ente querido adoece, mas, quando entra nos portais da nossa família e dos nossos amigos íntimos, a morte se comunica em uma linguagem diferente, mais profunda. Os mistérios e os dilemas da morte costumam provocar perguntas, algumas delas recorrentes: existe vida além da vida? Somos parte de alguma energia cósmica?

Não há resposta certa para esses questionamentos. A melhor resposta – e a melhor homenagem que podemos fazer para o nosso ente querido – é viver a vida plenamente, um dia de cada vez.

Eu sou um cidadão deste dia. O amanhã trará suas próprias demandas, suas próprias dádivas.

27 DE JULHO

O inferno, minha senhora, é não mais amar.
– GEORGES BERNANOS

É claro que sentimos falta das expressões de amor daquele que perdemos. Nosso amor por ele continua existindo, indefinidamente. Onde podemos colocá-lo? Nós o direcionamos para o ar, esperando que, de alguma forma, o sentimento encontre seu alvo.

Mas, pense, as coisas poderiam ser piores. Imagine se, em nosso luto, fôssemos incapazes de amar aquele que se foi e ainda não pudéssemos responder com o coração transbordando de afeto os entes queridos que vêm nos consolar.

A música é uma linguagem universal. O amor é outra. Como ele exige reabastecimento constante, afortunados somos nós que, com a nossa experiência de vida, estamos entre aqueles que reabastecem os outros de amor.

Enquanto sofremos pela separação física do nosso ente querido, talvez possamos imaginar que tanto ele quanto nós estamos rodeados por um amor no qual toda a Criação vive, se movimenta e existe.

Talvez, especialmente em minha tristeza, eu possa estender a mão para os outros com amor.

28 DE JULHO

*Deus, abençoe este meu novo dia,
que nunca antes me fora conferido;
ó Deus, abençoe com a Tua presença
o dia que por Ti me foi concedido.*

— ORAÇÃO CELTA

Quando estamos de luto, é difícil ver um novo dia como uma fresca oportunidade de vida e evolução. Porque, na verdade, carregamos uma bagagem de dor. E a dor sobrecarrega tudo o que fazemos, tudo em que pensamos. Então, só com muita boa vontade é que podemos pensar no novo dia como um recomeço, uma nova chance.

Tente. Uma maneira de fazer isso é pensar nas horas que virão como se fossem visitantes desconhecidos e mentalizar a fonte da vida, seja qual nome dermos a ela, essa que nos dotou de amor, beleza e relacionamentos preciosos.

Sente-se em um lugar tranquilo, feche os olhos e, respirando profundamente, tente entrar em contato com seu silêncio interior – um lugar de tranquilidade sem palavras. Então, repita lentamente a oração celta. Recite para si mesmo as horas do dia. Se você souber o que fará em determinado momento, tente projetar um pouco de paz para essa atividade – como se fosse uma bênção. Talvez você se lembre disso quando chegar a hora.

Que este dia seja um novo dia para mim.

29 DE JULHO

Se, a princípio, nos desencontrarmos, não desanimes.
Se não me achares aqui, procura-me ali;
em algum lugar estarei esperando por ti.

– WALT WHITMAN

Para onde foram os mortos? Onde podemos encontrá-los?

Nós nos desgastamos fazendo essas perguntas e, ainda assim, continuamos repetindo as mesmas palavras. Visitamos o último local onde eles estiveram. Voltamos aos seus lugares favoritos na esperança de sentir sua presença.

Quem sabe podemos encontrar lá o que tanto procuramos. E se encontrarmos, isso pode nos deixar tristes ou felizes. Não há como prever. As pessoas contam que depararam com o espírito dos seus entes queridos em lugares que visitaram juntos – ou em lugares com os quais não tinham nenhuma conexão.

Às vezes parece que os mortos são significativos apenas por sua ausência. Às vezes parece que quase podemos invocá-los. E às vezes eles nos surpreendem.

Um amigo me contou que, sentado sozinho em uma igreja, tocando órgão, pôde sentir a presença de uma jovem, vários meses após sua morte. Era uma presença tão forte que depois de um tempo ele parou de tocar e disse: "Oi, Mary Beth." E então sentiu que ela deu um sorriso.

Querido amor, eu espero por você. Você espera por mim?

30 DE JULHO

*No ponto de descanso no centro do nosso ser,
encontramos um mundo onde todas as coisas estão em
repouso da mesma maneira. Então, uma árvore se torna
um mistério; uma nuvem, uma revelação; cada homem, um
cosmos cujas riquezas podemos apenas vislumbrar.
A vida de simplicidade é simples, mas nos abre um
livro do qual nunca passamos da primeira sílaba.*

– DAG HAMMARSKJÖLD

A simplicidade não é o tom da vida para a maioria das pessoas. Nós nos apressamos em cuidar do trabalho, da casa, da família e dos amigos. Só que há ocasiões, especialmente depois de termos passado por alguma experiência crucial – como a morte de um ente querido –, em que temos consciência do "ponto de descanso no centro do nosso ser".

Quem encontramos lá? A tradição cristã fala de "comunhão dos santos", que são não apenas aqueles que viveram vidas imaculadas (um grupo muito pequeno), mas todos os que viveram e morreram – ou ainda estão vivos – e até mesmo as almas dos que ainda não nasceram.

Cada um de nós escolhe sua comunidade de amor, e talvez encontremos alguma cura, algum descanso, se em alguns momentos tranquilos pudermos nos instalar no "centro do nosso ser" e chamar os espíritos dos nossos entes queridos.

Na comunidade do amor, todos se sentem em casa.

31 DE JULHO

*A dor tem um Elemento Vazio
que não consegue se lembrar
de quando começou – ou se houve
um tempo em que não existiu.*

– EMILY DICKINSON

Quando estamos sofrendo um luto intenso, é difícil lembrar como é ser feliz. Quando a perda vem subitamente, é como se tivéssemos sido levados para um mundo diferente, onde nada tem o mesmo significado de antes. Ficamos surpresos, quase ofendidos, que as outras pessoas possam levar a vida normalmente.

Lembro-me de ir ao dentista logo após a morte da minha filha e ficar incrédula com a conversa fiada e banal das pessoas na sala de espera. *Como são capazes? Elas não sabem?*

Claro, nem sempre estaremos nesse ponto de realidade alterada. Com o tempo, incorporamos a perda na nossa vida, de forma que ela faça parte da nossa história. Embora seja triste, ela não nos chocará nem nos assustará a cada novo dia.

E talvez a nossa incapacidade inicial de lembrar como era ser feliz seja boa afinal – o contraste seria doloroso demais. Além disso, precisávamos dar atenção ao que estava acontecendo onde estávamos.

Estarei presente no momento à medida que cada dia se desenrola.

1º DE AGOSTO

A fé é uma forma de esperar – nunca saber com certeza, nunca ouvir ou ver, porque na escuridão ficamos quase perdidos. Há severas dúvidas sob os pés de cada crença, um medo fortemente preso na esteira de cada esperança.

– FREDERICK BUECHNER

Nós nos reconhecemos aqui – "quase perdidos". Porque nunca podemos ter certeza de que os elementos da fé e da esperança são do modo como gostaríamos de acreditar. Mas também não estamos totalmente perdidos. Assim como o brilho do sol vem depois da chuva, e esta veio depois do sol, a fé, enquanto espera, passa da confiança à dúvida e à confiança novamente. Assim, em uma consoladora solidariedade com o restante dos que têm fé e esperam, fazemos nossas conjecturas, esperamos por nossas esperanças.

De vez em quando, algum pequeno milagre de percepção e alguma casualidade sem nenhuma explicação além da graça nos renovam, e renunciamos à necessidade de saber todos os detalhes. Em vez disso, acreditamos que tudo ficará bem.

Vou esperar com fé, confiando que Aquele que não posso conhecer me conhece e cuida de mim.

2 DE AGOSTO

Não podemos fazer tudo de uma vez, mas podemos fazer algo imediatamente.

– CALVIN COOLIDGE

Quando estamos de luto, somos acometidos muitas vezes por uma espécie de lassidão. Sentimo-nos arrasados, sem energia. Não há nada que nos estimule, e passamos o dia esperando a hora de cair na cama e mergulhar no esquecimento do sono.

É bom tirar algum tempo para descansar, para permitir que as fontes de energia e determinação se fortaleçam novamente. E se muitos meses depois ainda estivermos nos arrastando, letárgicos?

É importante saber o que está acontecendo. Exceto se for causada por alguma doença (que sempre devemos verificar – as pessoas que estão sofrendo têm um risco maior de adoecer), essa letargia pode ser uma forma de negação: se eu não me mexer, talvez a situação mude.

É difícil livrar-se de tal sentimento. Mas tomar alguma atitude pode ajudar. Comprar algumas sementes para plantar um jardim. Assar um pão. Visitar um vizinho. Qualquer ação para quebrar o impasse da inatividade. Pode parecer tão decisivo quanto o primeiro "passo gigantesco" para fora da cápsula e para o espaço.

Não suporto olhar para a longa estrada que tenho pela frente sem meu ente querido. Mas não tenho que fazer isso. Eu tenho hoje. E hoje vou fazer alguma coisa nova.

3 DE AGOSTO

*Não há piedade sentada nas nuvens
que enxergue o fundo da minha dor?*
– WILLIAM SHAKESPEARE

O luto é uma das grandes experiências comuns do ser humano, embora às vezes nos sintamos totalmente sozinhos em nossa tristeza. Mesmo quando os membros da família compartilham da nossa perda, o luto é diferente para cada um. Nossa história com quem partiu é diferente. Nosso lugar na constelação familiar é diferente. Nossos temperamentos são diferentes. Às vezes, nosso grau de proximidade uns com os outros muda a maneira como expressamos essa tristeza tão difícil de entender. Desejamos, porém, um entendimento comum.

Ou não? Nossa dor pode ser comum, mas é particular. Nossa perda é única, é nosso próprio território. Ninguém pode sentir o que sentimos.

Existe alguma outra força – alguma "piedade sentada nas nuvens"? Algum deus? Alguma força da natureza? Mais uma vez, é nosso desejo sermos reconhecidos, aceitos e consolados.

Com o tempo, encontraremos consolo enquanto caminhamos ao redor dessa dor, no meio dela, e a enxergaremos de todos os ângulos. Mas só podemos fazer isso se soubermos que, perto de nós, nossos amigos e entes queridos nos amam e desejam o nosso bem. Assim como emitimos boas energias a eles.

Eu tenho o que preciso para enfrentar tudo isso, basta vocês, meus amigos, estarem ao meu lado.

4 DE AGOSTO

Nada pode preencher a lacuna quando estamos longe daqueles que amamos, e seria errado tentar encontrar qualquer coisa. Devemos simplesmente resistir e triunfar. Isso soa difícil no início, mas ao mesmo tempo é um grande consolo, pois deixar a lacuna não preenchida preserva o vínculo entre nós. É um absurdo dizer que Deus preenche essa lacuna; Ele não a preenche, mas a mantém vazia para que nossa comunhão com o outro se mantenha viva, mesmo à custa da dor.

– DIETRICH BONHOEFFER

É estranhamente reconfortante a ideia de que a dor daquele espaço vazio sempre estará conosco. Porque, embora queiramos nos sentir mais bem-dispostos, não queremos, jamais, esquecer. Vamos, é claro, encontrar novos lugares onde pôr o carinho, o amor e o tempo que costumávamos oferecer a quem perdemos. Não fazer isso seria voltar-se para dentro, recusar-se a ser vulnerável – um péssimo jeito de continuar vivendo.

Mas nossa capacidade de amar e cuidar não se limita a um número finito de pessoas, o que significa que um novo amor não substitui o antigo. O tempo não se expande, mas o amor, sim – como acontece com um pai que tem três filhos e depois mais um.

O que um dia foi amado e estimado não é substituível.

Querido _____, há um espaço no meu coração que será sempre seu.

5 DE AGOSTO

Minha mulher, de 57 anos, foi enterrada hoje ao lado do nosso filho, que morreu em 1941 em um acidente de caminhão quando pedia carona para conseguir um emprego. Ela sofreu por ele durante todos esses anos e agora está ao seu lado. Eu sei que eles estão envolvidos em felicidade.

– TERRY KAY

Você já pensou em quem pode estar lá dando as boas-vindas ao seu ente querido? Elisabeth Kübler-Ross, a psiquiatra suíça que tanto estudou a morte e o morrer, acredita que nenhum de nós morre sozinho – nossos entes queridos vêm nos saudar, nos receber no lado de lá.

Quando minha filha morreu, lembro-me de ter pensado em como ela e meu pai, que morrera pouco mais de um ano antes, estariam exultantes de se reencontrarem. Meu coração estava despedaçado e, por um tempo, quase quis estar com eles. Isso aconteceu muitos anos atrás e agora não tenho nenhuma pressa em reencontrá-los. Mas um dia, penso quando me lembro das pessoas que já perdi, farei parte dessa alegre reunião.

Uma esperança que acalento: voltar a me reunir com meus entes queridos.

6 DE AGOSTO

Aqueles que sofrem encontram conforto em chorar e despertar sua tristeza até que seu corpo esteja cansado demais para suportar as emoções.

– MAIMÔNIDES

Talvez a importância de expressões muito explícitas de pesar – choro, lamentos, gritos – seja consequência do desgaste por que o enlutado passa e de uma espécie de anestesia que se instala temporariamente nele.

Há muito a ser dito sobre a prática do "controle das emoções", comum em alguns ambientes onde uma demonstração muito explícita de tristeza pode ser considerada bizarra e autoindulgente.

Por mais estranho que possa parecer à primeira vista, se não estivermos acostumados (ficaremos surpresos com o som da nossa própria voz), pode ser muito útil gritar com o inimigo sem rosto, mesmo sabendo que ninguém vai responder, tampouco nos devolver nosso ente querido.

Talvez valha a pena tentar. Se você preferir chorar em privado, ótimo. Apenas encontre um espaço isolado o suficiente para não ser ouvido e "libere" toda sua dor e raiva reprimidas.

Você se sente culpado por reclamar de Deus? Não se preocupe, Deus aceita.

7 DE AGOSTO

Ao descobrir minha própria espiritualidade, fico em comunhão com todos os outros seres humanos, a natureza, a beleza e a bondade de tudo o que existe.

– MARIA BOULDING

Em nossa dor, às vezes nos sentimos muito sozinhos, como se o destino nos tivesse escolhido para esse infortúnio e não tivéssemos amigos, ninguém cuja experiência pudesse sequer ser parecida com a nossa.

Embora nossa situação seja, de certa forma, única – tão única quanto a pessoa que perdemos –, talvez seja possível encontrar conforto se nos dermos conta do quão profundamente fazemos parte da grande história humana. A vida em todas as suas formas é um ciclo de nascimento, morte e renascimento. Até mesmo as montanhas se elevam, são desgastadas pela erosão e se erguem novamente.

No silêncio contemplativo, podemos sentir uma comunhão com todas as pessoas e com árvores, flores, vento, céu. Lembro-me de como, nos angustiantes meses após a morte da minha filha, eu saía no quintal e comungava com as árvores ali, colocando as mãos contra seu tronco. Às vezes (quando tinha certeza de que ninguém estava olhando), eu abraçava minha árvore favorita e encostava a cabeça nela, como se a fonte de vida que nos alimenta fosse me trazer força e estabilidade.

Sou parte de tudo o que existe. O grande mistério da Criação me mantém em seu coração, assim como ao meu ente querido que se foi. Nisso, estamos juntos.

8 DE AGOSTO

Ela pensou que nunca tivera a chance de perceber a força, a severidade e a ternura de Deus.
Ela pensou que agora, pela primeira vez, começara a conhecer a si mesma, e conquistou uma esperança extraordinária nesse início de conhecimento.

– JAMES AGEE

Se algum dia nos questionamos sobre os limites da nossa força e da nossa capacidade de suportar, a experiência de perder um ente querido nos dará muitas respostas sobre isso. A base da vida é abalada. Sobrevivemos, porém. E desse autoconhecimento terrível e rarefeito vem, se tivermos sorte, uma espécie de empatia com toda a Criação – um sentimento de assombro diante do sofrimento e da beleza do mundo. Sabemos que estamos aqui para tomar parte dele, mas que ele está fora do nosso controle. Não podemos administrar nada, mas estamos nas mãos d'Aquele que pode.

Nessa sabedoria purificadora e terrível, que eu possa sentir a presença regeneradora de Deus, para consolo e esperança.

9 DE AGOSTO

*Eu digo a você que dor sem esperança
é dor sem paixão.*

– ELIZABETH BARRETT BROWNING

Uma das coisas que o luto nos faz sentir é uma espécie de entorpecimento, um desespero tão profundo e penetrante que nada parece capaz de ondular sua superfície. Essa talvez seja uma forma benigna de anestesia, um pequeno intervalo para que nossos sentidos possam descansar um pouco antes de reentrarmos no redemoinho de vidas destruídas, sonhos despedaçados e lágrimas angustiadas.

Como acontece com todos os outros estados do luto, esse também passará. Algo diferente tomará o seu lugar – talvez mais fácil de suportar, talvez mais difícil, não sabemos.

Ter consciência de que tudo é mutável é mais do que apenas aceitar estoicamente a realidade. É preciso lembrar que o luto tem estações e, como o frio repentino depois de alguns dias amenos de primavera ou como um dia superquente de verão, suas variações de temperatura não são previsíveis. Elas têm sua própria lógica interna e vão passar. Às vezes, a melhor atitude a tomar é nos perguntarmos: "O que posso fazer para estar mais compatível com o clima de hoje?" E então dar andamento ao que precisa ser feito. Quanto a amanhã, quem sabe?

A desesperança não dura para sempre, a menos que eu a amarre ao meu espírito.

10 DE AGOSTO

Passei a acreditar no "sacramento do momento presente", que pressupõe confiança na extrema bondade do meu Criador.

– RUTH CASEY

Quando estamos de luto, fincamos nosso pensamento no passado, no período da morte e, depois, nos dias mais felizes em que nosso ente querido estava conosco com todas as suas forças.

E então projetamos o futuro – a privação que enfrentaremos durante anos e anos sem aquela pessoa tão amada.

Mas o momento presente é tudo o que qualquer um de nós tem – até mesmo este instante em que você lê estas palavras.

Assim como você escolheu este momento para ler o que escrevi, escolha outro instante e viva somente a intensidade dele, sem dar uma guinada para o passado ou para o futuro. Você pode se surpreender ao ver como se sente mais leve e mais livre para apreciar a vida que está correndo ao seu redor.

Fazer tal escolha é reconhecer a própria incapacidade de repetir o passado ou de controlar o futuro. É também um gesto de confiança no Criador em cujas mãos estão todos os tempos e todos os lugares.

Este momento é único em minha vida e vou usufruí-lo o máximo que puder.

11 DE AGOSTO

Os relacionamentos que construímos são uma rede interligada que, ao ter um elemento afetado, todos os outros sofrem um abalo também. A morte de um ente querido desequilibra o conjunto. É um bom momento para ficar atento, para fazer com que as relações sejam as mais saudáveis possíveis. Se formos sustentados por relacionamentos satisfatórios, haverá menos energia flutuando ao nosso redor, tentando se prender de modo irrealista àquele que se foi.

– MARTHA WHITMORE HICKMAN

Após a perda de um ente querido, a resistência de uma pessoa a doenças físicas costuma diminuir. É verdade também que tal perda pode trazer à tona as fraquezas dos relacionamentos emocionais dentro da família. Em um caso tão extremo quanto a morte de um filho, um especialista estima que 75% dos casamentos passam por sérios problemas no ano seguinte ao luto.

Portanto, é bom ficarmos atentos a sinais de perigo e, se forem detectados graves estremecimentos nas relações afetivas, a melhor saída é procurar ajuda profissional. Já perdemos o suficiente – e se pudermos negociar a serenidade dessa experiência, nossos relacionamentos não apenas sobreviverão, mas serão mais fortes e ricos em consequência de tudo que passamos juntos.

Ao atravessar tempos difíceis, enfrentarei as outras tensões que a morte pode trazer à estrutura da minha vida e considerarei buscar ajuda caso seja necessário.

12 DE AGOSTO

*Ó Grande Espírito,
cuja voz eu ouço nos ventos
e cujo sopro dá vida a todo o mundo,
ouça-me! Sou pequeno e fraco, preciso de sua
força e sabedoria.*

– ORAÇÃO DOS NATIVOS NORTE-AMERICANOS

A quem devemos nos voltar quando estamos tristes?

Temos muitas opções, e precisamos de diversos tipos de conforto e segurança em momentos distintos.

Às vezes precisamos de outras pessoas.

Às vezes precisamos ficar sozinhos.

Às vezes a natureza profere uma palavra de cura. As estações se sucedem – vêm novas folhas, novas flores. A água é levada para o céu, torna-se nuvem e depois retorna como chuva para encher nossos rios e lagos. As estrelas polvilham o céu em padrões visíveis, embora estejam a anos-luz de distância.

Algo está acontecendo aqui que nos fala de uma sabedoria maior do que conhecemos. O sopro do Criador está ao nosso redor, envolvendo-nos em calor e vida.

Tudo se transforma, nada se perde.

13 DE AGOSTO

Você não será curado, mas um dia – essa ideia vai horrorizá-lo – esse infortúnio intolerável vai se tornar uma lembrança abençoada de um ser que nunca mais o deixará. Mas você está em um estágio de infelicidade em que é impossível ter fé nessas afirmações reconfortantes.

– MARCEL PROUST

Quando estamos vivenciando uma dor profunda, é difícil acreditar que algum bem virá dela. Podemos até nos ressentir de tal sugestão – como se alguém estivesse tentando oferecer um paliativo cedo demais, tentando nos mostrar o "lado bom das coisas" quando tudo está mergulhado na escuridão.

É verdade que nunca seremos "curados" – jamais estaremos recuperados, jamais seremos iguais ao que éramos antes. Mas não ficaremos carentes para sempre. Um mundo maior se apresentará, como uma imagem cuja moldura de repente se expandiu para incluir mais conhecimento do que já havia. E nesse mundo estará a presença – e a ausência – daquele que amamos. Um mundo com mais sombras, talvez, mas mais luminoso também.

Se não consigo acreditar agora, tenho esperança de que, com o tempo, meu ente querido será uma presença abençoada na minha vida.

14 DE AGOSTO

Não há saída, apenas um caminho para o futuro.
– MICHAEL HOLLINGS

"Não há nenhum alívio para essa dor?" é a pergunta que teimamos em repetir, insistentemente. "Não há nenhum lugar para onde eu possa fugir?"

O que gostaríamos de fazer, muitas vezes, é voltar. Voltar para antes do acidente. Voltar para antes da doença.

Mas aquele mundo não existe mais. Nossa experiência de luto é um divisor de águas, ela nos separou para sempre daquele mundo que agora parece tão simples e quase idílico (embora saibamos que não), da vida que conhecemos com nosso ente querido, a vida "antes de tudo acontecer".

Ainda assim, continuamos tentando, lembrando, desejando, até que um padrão de pensamento se estabelece no nosso cérebro: *este é o seu mundo agora; assim é a sua vida.*

Convencidos da nova realidade, pouco a pouco começamos a avançar – para um novo sentido de tempo, para novas relações afetivas, inclusive para um novo tipo de relacionamento com aquele que morreu e, quem sabe, com nós mesmos.

Qual seria a alternativa? Ficarmos parados? Até podemos fazer isso por um tempo. Mas sabemos que nossas emoções vão se cristalizar caso permitamos que isso aconteça. Não, devemos continuar nos movimentando na única direção aberta para nós, para o futuro. Avance para uma nova terra, para uma aventura desconhecida, para um território desconhecido.

Estou no limiar de uma nova vida. O que vou fazer? Posso ficar parado ou posso seguir em frente. Essas são as minhas opções.

15 DE AGOSTO

Lembro-me de que aquilo que eu adoro e admiro na minha mãe é inerente à terra. Posso sentir o espírito da minha mãe simplesmente colocando as mãos no húmus preto das montanhas ou nas areias finas do deserto. Seu amor, seu calor e sua respiração, até mesmo seus braços ao meu redor, são as ondas, o vento, a luz do sol e a água.

– TERRY TEMPEST WILLIAMS

O que perdemos não é substituível, não é suplantado por outras manifestações da vida ao nosso redor, não importa quão belas elas sejam – da mesma forma que a perda de um filho não é compensada pelo nascimento de outro. Ainda assim, talvez possamos sentir algum conforto se pensarmos na unidade da Criação. Um pôster que minha filha pendurou no quarto pouco antes de morrer dizia: "O mesmo sol nos aquece, e nós compartilhamos a vida um do outro, permanecendo na sombra um do outro." Meu marido e eu emolduramos esse pôster, e por muitos anos ele ficou pendurado no meu escritório, como uma fonte de grande conforto.

Podemos, no ar que nos cerca, no sol que nos banha com seu calor e sua luz, na vida que surge no nosso próprio ser, imaginar a presença eterna do nosso ente querido?

16 DE AGOSTO

*Como uma formiga em um bastão cujas
pontas estão queimando, eu vou e
volto sem saber o que fazer,
e em grande desespero...
Amavelmente, olhe para mim.
Seu amor é meu refúgio. Amém.*

– ORAÇÃO TRADICIONAL DA ÍNDIA

Alguém já foi descrito como "tendo perdido o senso de propósito e, por essa razão, redobrado sua velocidade".

Às vezes ficamos assim – nos apressando freneticamente, na vã esperança de que, se estivermos muito ocupados, iremos nos anestesiar e não nos magoar tanto.

Há algum sentido em se ocupar – a pessoa fica cansada e consegue dormir. E talvez, se estivermos muito atarefados fazendo algo pelos outros, esqueçamos a dor por um tempo.

Outras vezes, no entanto, a atividade não tem propósito – é apenas uma maneira de se manter em movimento, como se isso fosse resolver a situação.

Bem sabemos que essa não é a melhor saída, porque dela advém o desespero – assim como a fadiga física e emocional –, que cobra seu preço e nos deixa mais indispostos do que antes.

A fonte da cura não é a pressa, mas a calma certeza de que o amor está no centro da vida, e é tanto o refúgio quanto a força para prosseguir.

Vou interromper meu ritmo frenético e me reconectar com a minha fonte de força.

17 DE AGOSTO

Só depois que a cremação acabou, à qual apenas meus filhos e alguns amigos compareceram, e espalhei as cinzas do meu marido na parte do jardim onde costumávamos caminhar juntos, e meus filhos voltaram para suas casas, foi que percebi, com força total, o caráter definitivo da morte... O que tinha que ser enfrentado deveria ser enfrentado naquele momento, e, de repente, sozinha.

– DAPHNE DU MAURIER

O momento de ficar cara a cara com a solidão depois da morte pode ser uma experiência diferente para cada pessoa. Talvez logo depois da morte não seja o melhor momento. Alguns não conseguem estar sozinhos por muito tempo – como uma mãe ou um pai enlutado que ainda precisa atender às necessidades dos filhos pequenos. Porém, nos momentos de silêncio antes de dormir – ou ao acordar no meio da noite e relembrar –, cada um de nós depara com aspectos inescapavelmente solitários do luto.

E por que não? Embora possamos conversar com outras pessoas, existe um território da perda em que apenas nós podemos entrar. No entanto, existe uma estranha ambiguidade na solidão. Com frequência, quando estamos enfrentando esse sentimento mais desesperadamente, parece que a presença do nosso ente querido se torna mais forte – mas é apenas uma sensação. A pessoa se foi, e estamos sozinhos. Mas quem pode explicar essa energia no ar?

Vou entrar na escuridão desconhecida, confiando em que estarei seguro.

18 DE AGOSTO

Deus está presente em todos os lugares. Ele não é um visitante ocasional, nunca está mais verdadeiramente presente do que neste exato momento. Ele está sempre pronto para fluir no nosso coração; na verdade, Ele está lá agora – somos nós que estamos ausentes.

– ARTHUR FOOTE

Podemos acreditar que Deus está presente na nossa tristeza? Que está conosco como um companheiro próximo? Que quer nos conhecer mais, que quer a nossa paz? Que mantém nosso ente querido sob seus suaves cuidados?

Talvez essa jornada de fé seja um pouco como caminhar para casa no escuro. Não há luz, mas tateamos nosso caminho nesse mundo familiar, ainda que desconhecido, virando para onde sabemos que a estrada vira, indo em direção ao que sabemos que está lá. Embora não possamos ver nada à nossa frente, o chão sob nossos pés parece firme, e quando nos aproximamos de uma porta que certamente deve estar lá, alguém lá dentro, alguém que amamos, acende a luz para nos dar as boas-vindas.

Quando estiver me sentindo sozinho e sem qualquer fonte de apoio, "experimentarei" a possibilidade de que Deus está comigo e que me ajudará a encontrar o caminho.

19 DE AGOSTO

*O tempo passa de maneira diferente para os enlutados.
Rasteja. Cada minuto foi tão tenso, tão cheio de
emoções, provas e grandes dramas, que cada
dia é como se fosse uma semana.*

– RICHARD MERYMAN

Uma das razões de o futuro parecer tão sombrio quando somos confrontados com a perda é a lenta passagem do tempo. Somos como crianças para quem o próximo aniversário parece bem distante – o cotidiano não tem nenhuma rotina, e há muitas experiências novas para serem vividas.

Mas, ao contrário das crianças para quem o desenrolar da vida é potencialmente cheio de maravilhas e surpresas, vemos à frente uma sucessão de dias tomados pela dor. Sabemos bem como os primeiros dias de luto parecem durar uma eternidade. Olhamos para a frente e pensamos: será sempre assim? Não suportamos pensar no que vamos fazer daqui a uma semana. O que dizer, então, daqui a um mês? Um ano? Uma década?

Misericordiosamente, esse tipo de expansão do tempo não tem longa duração. O tempo começará a escorregar como antes da nossa perda. As pontas afiadas da tristeza vão suavizar e os sentimentos que uma vez nos atingiram como um golpe físico serão menos frequentes. Seguiremos o nosso caminho. O tempo deixará de ser inimigo e se tornará amigo outra vez.

Hoje é seu próprio tempo. O tempo do amanhã será diferente, e não vou tentar adivinhá-lo.

20 DE AGOSTO

> *Eleonora Duse pediu "Conte-me sobre Deirdre e Patrick" e me fez repetir tudo o que diziam e como agiam, me fez mostrar as fotos, que ela beijou chorando. Ela nunca disse "Pare de sofrer", mas ela sofreu comigo e, pela primeira vez desde a morte deles, senti que não estava sozinha.*
>
> – ISADORA DUNCAN

Temos necessidade de falar sobre aquele que perdemos. Essa atitude nos devolve algo que tem a ver com a energia da dor, e estabelece a continuidade da memória e do espírito de alguém que fez parte da nossa história.

Especialmente quando vidas jovens são perdidas – no caso de Isadora Duncan, seus dois filhos pequenos se afogaram –, falar sobre elas e relembrar como eram prolonga a existência interrompida precocemente e confirma o fato de terem estado aqui. *Escute, vou falar sobre eles. Eles eram importantes. Eles estiveram aqui.*

Falar livremente de quem partiu é se acostumar com o vínculo absolutamente diferente que temos com ele agora. Falar é o modo que encontramos de buscá-lo na memória e testarmos essas lembranças. Sentimos a falta dele. Podemos cruzar a linha da morte, e voltar para os momentos em que ele estava vivo? Nossa memória irá nos satisfazer? Sim, irá. Quem é ele para nós agora? É tudo tão novo. Dizemos seu nome e na nossa mente reverberam os ecos de um novo mundo.

Vou aprender a falar do meu amor perdido nessa minha nova vida.

21 DE AGOSTO

*A morte é o véu que aqueles que vivem chamam de vida:
eles dormem e o véu é levantado.*

– PERCY BYSSHE SHELLEY

A princípio, essa ideia parece diminuir a esplêndida experiência de estar vivo. Quem poderia conceber maravilhas além daquelas que conhecemos – o céu estrelado, a fragrância dos lírios, o encanto do amor? Abraçamos o mundo em toda sua beleza e delícia (e também sua dor, pois ela faz parte da vida humana) e, quando perdemos um ente querido, nos lamentamos dessa perda e de nós mesmos. Onde foram parar todas as coisas boas do mundo?

No entanto, as pessoas que relataram experiências de quase morte dizem que, na hora, perderam todo o medo de morrer. Algumas dizem que quase relutaram em voltar, porque o vislumbre do além-morte foi muito mais glorioso do que qualquer coisa que conheciam.

Quem pode saber? Nós não podemos, presos que estamos às bênçãos e aos problemas de continuarmos vivos. Mas... e se elas estiverem certas? Independentemente do que pensemos dessas histórias, temos o testemunho de muitas religiões de que a vida após a morte é muito mais extraordinária do que somos capazes de imaginar.

A vida é uma aventura cujos termos eu conheço. Mas a morte também é uma aventura.

22 DE AGOSTO

"Perdoar a si mesmo"? Não, isso não funciona: temos que ser perdoados. Mas só podemos acreditar que isso é possível se formos capazes de perdoar.

— DAG HAMMARSKJÖLD

Tudo está interligado – a habilidade de perdoar e a habilidade de se sentir perdoado. Ser áspero com os outros reflete, de certa forma, nossa tendência de sermos duros com nós mesmos: se eu preciso obedecer às regras, você também precisa. Se eu defino esses padrões elevados para mim, por que não deveria esperar o mesmo de você?

Quando perdemos um ente querido e somos os mestres autoritários da nossa própria vida, nos predispomos a arrumar problemas. É claro que cometemos erros – dissemos palavras hostis, fizemos promessas que não cumprimos, prometemos uma visita que deixamos de fazer.

A questão agora não é – se é que alguma vez foi – de quem é a "culpa", quem tem motivos para reclamar ou se sentir magoado. A questão agora é: *podemos deixar isso para lá?* Porque, se pudermos, nosso ente querido já o fez.

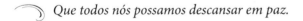 *Que todos nós possamos descansar em paz.*

23 DE AGOSTO

Mesmo quando eu andar pelo vale das sombras e da morte, não temerei perigo algum; pois tu estás comigo; a tua vara e o teu cajado me protegem. Preparas um banquete para mim à vista dos meus inimigos. Tu me honras, ungindo a minha cabeça com óleo e fazendo transbordar o meu cálice. Sei que a bondade e a fidelidade me acompanharão todos os dias da minha vida, e voltarei à casa do Senhor enquanto eu viver.

– SALMO 23:4-6

O Salmo 23, das Escrituras Hebraicas, também conhecidas como Antigo Testamento, consola homens e mulheres há séculos. Talvez seja mais usado para confortar pessoas que estão, elas mesmas, enfrentando a morte. Mas nós, que sobrevivemos à morte de entes queridos, sabemos que eles não caminharam por aquele vale sozinhos. Com frequência, fomos nós que caminhamos com eles – nos sentamos ao lado de suas camas, seguramos suas mãos, demos abrigo à ansiedade e aos medos que eles muitas vezes não expressavam. Tivemos também o privilégio de ouvir suas expressões de fé e confiança.

E então eles se foram, e nós ficamos. Agora somos nós que precisamos de conforto e segurança. Talvez esses versículos do Salmo 23 possam servir às nossas necessidades atuais se os repetirmos indefinidamente, até que a luz comece a brilhar e o coração se acalme.

Sou grato pelas palavras que curam.

24 DE AGOSTO

Na oração, você encontra Deus na brisa suave, na angústia e na alegria de seu semelhante e na solidão de seu coração.

– HENRI NOUWEN

O que significa rezar? Às vezes, pensamos na oração como pensamentos, pedidos e ações de graças conscientemente articulados e dirigidos a Deus. Falamos ou pensamos e esperamos a resposta de Deus. Mas e se a oração nada mais for que um estado de espírito, um estado de atenção ao que está acontecendo? A cantora americana Joan Baez descreveu o ato de rezar como prestar atenção.

Talvez com a disposição de estarmos atentos, possamos acolher Deus na nossa vida – em nossas alegrias e tristezas – como alguém que está prestando atenção e pode compreender e compartilhar a nossa dor, do mesmo modo que o Seu amor nos envolve em Seu mistério e nos faz sentir que vamos finalmente chegar em casa.

Deus está presente nas minhas alegrias e nas minhas tristezas.

25 DE AGOSTO

Ela se sentou ali e começou a aprender a ter paciência, olhando para o chão, onde um caminho empoeirado da porta da sala de estar até a porta do quarto vazio tinha sido marcado por sapatos grossos e ásperos.

— COLETTE

A escritora francesa está descrevendo a atitude da mãe no dia seguinte à morte do marido. A cerimônia de despedida acabou, a agitação passou. Agora começa o longo aprendizado de viver sem a presença da pessoa amada.

É uma tarefa que exige a máxima paciência e disposição de olhar, muitas e muitas vezes, para os caminhos e lugares onde o ente querido caminhou, se sentou, viveu e dormiu, coisas que ele já não pode mais fazer.

Depois que meu avô morreu, quando eu tinha 11 anos, uma das coisas mais dolorosas de que me lembro era ver seus sapatos bem perto da porta do armário. Eram sapatos de couro preto, cano alto e com cadarços, cheios de vincos e saliências que tinham se formado com o uso. Eu estava acostumada a vê-los calçados – e agora estavam vazios.

Os estados de espírito do luto, assim como os humores do dia ou do ano, devem ser reverenciados. E eles passarão.

26 DE AGOSTO

Esteja no mundo como se você fosse um estranho ou um viajante: quando chegar o entardecer, não espere pela manhã; e quando chegar a hora da manhã, não espere o anoitecer; prepare-se, enquanto estiver com boa saúde, para a doença e, enquanto estiver vivo, para a morte.

— AN-NAWAWI [DAS ESCRITURAS MUÇULMANAS]

Seria difícil suportar se a dor máxima do luto continuasse indefinidamente, ano após ano. Isso não acontece. Começaremos a nos sentir mais bem-dispostos, e essa sensação pode nos assustar. Podemos até nos perguntar se estamos sendo desleais com aquele que se foi. Que tolice! O que nosso ente querido mais poderia desejar senão a nossa felicidade? E, de fato, só conseguimos enxergar a verdadeira essência dele depois que uma parte da dor tiver amenizado. Nos primeiros estágios do luto, estamos preocupados não com a memória do nosso ente querido, mas com a nossa angústia.

Logo após a morte, não devemos ficar pensando demais no futuro. Seja como for, ele será bem diferente daquilo que imaginamos.

Um sermão dos quacres me vem à mente: "Esteja presente onde você estiver." É um bom conselho para qualquer momento, especialmente agora.

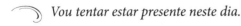 *Vou tentar estar presente neste dia.*

27 DE AGOSTO

Retornando do deserto, um homem se torna o restaurador da ordem, o protetor. Ele vê a verdade, reconhece seu verdadeiro herdeiro, honra seus antepassados e sua herança e abençoa seus sucessores. Ele encarna a passagem do tempo humano, vive e morre dentro dos limites da tristeza e da alegria.

– WENDELL BERRY

Quando estamos em meio à dor, nunca nos reconhecemos nessas palavras de Wendell Berry. Tudo o que reconhecemos é o deserto.

Porém, depois de algum tempo – talvez depois de muito tempo, e quase contra a nossa vontade –, aceitamos que outra parte dessa descrição se ajuste a nós. Embora não sejamos gratos pela experiência da perda, com o passar dos meses podemos agradecer a sabedoria que a morte nos fez conquistar a duras penas – nos tornamos, de fato, mais fortes, mais sensatos, mais preparados para lidar com a vida, mais úteis para os outros, mais confiantes do nosso lugar e o do nosso ente querido na corrente humana.

Mas continua sendo um deserto. E ele sempre vai nos chamar: *Volte. Você se lembra de quanto estava triste?*

E nós vamos voltar. Vamos voltar mais fortes. E não ficaremos tanto tempo.

Se parte do legado da minha tristeza é uma nova força, eu a abraçarei. Não vou me afastar dela.

28 DE AGOSTO

Se a morte me separar de um amigo,
na tristeza, Senhor, não buscarei abrigo,
não Te zangarás comigo porque sofri;
contido de apaixonado excesso,
Tu me ordenas chorar em calmo recesso
por aqueles que descansam em Ti.

— CHARLES WESLEY

Às vezes, temos uma noção errada de que as pessoas de fé não sofrem. Confiantes de que a essência do seu ente querido sobreviveu e que se encontrarão novamente, elas enfrentam com calma essa separação temporária, sem lágrimas ou turbulência.

Não é bem assim. Não devemos adicionar aos nossos corações já sobrecarregados o fardo de culpa por tão facilmente "cedermos" à dor. Não sentiríamos falta do nosso ente querido se ele se mudasse para o outro lado do mundo? Os mistérios imponderáveis da morte são muito mais impenetráveis do que a mudança do ser amado para uma terra estrangeira!

Afortunados são aqueles cuja fé permanece forte em face da perda. Eles também terão sorte se puderem chorar livremente, sem recriminação de quem quer que seja. Ser humano é sentir a dor da perda. Ser curado dessa dor é maravilhoso, mas não há atalhos. Existe apenas um caminho a ser percorrido.

Lidarei honestamente com minha dor; nós nos conhecemos bem.

29 DE AGOSTO

*Eu estava em um jardim no Museu Rodin. Fiquei
sozinho por alguns minutos, sentado em um banco
de pedra entre duas longas sebes de rosas. Rosas
cor-de-rosa. De repente, senti a mais poderosa
sensação de paz e pensei que se a morte significasse
a assimilação de uma realidade como aquela
que estava diante de mim, ela poderia boa.*

— IRVING HOWE

Quais são as fontes de epifanias como essa descrita pelo crítico literário americano Irving Howe?

O sociólogo austro-americano Peter Berger sugere que os deuses não são, como alguns afirmam, projeções humanas do pensamento positivo, mas que a humanidade e suas obras – anjos, arranha-céus, sinfonias – são projeções de Deus no mundo. Ele fala de uma "alteridade que se esconde nas estruturas frágeis da vida cotidiana".

Lemos essas declarações e conjecturas e nosso coração se eleva. À medida que avançamos através das sombras e dos momentos pungentes do despertar da perda, essas declarações e intuições são como alimento para os famintos, como água para aqueles que têm sede.

 Vou prestar atenção nos meus momentos no jardim.

30 DE AGOSTO

*Dai palavras à dor; a dor que não conversa
sibila ao coração tenso e o devasta.*

— WILLIAM SHAKESPEARE

A pressão do luto não expressado é como a de uma panela de pressão – aumenta cada vez mais até sentirmos que um minúsculo incremento de dor pode nos levar à loucura.

Fale. Converse com alguém. Conte a um amigo, uma, duas vezes, quantas forem necessárias para você. Se ele tiver sabedoria, entenderá que você precisa contar essa história repetidamente.

Uma maneira de começar – sobretudo se a morte tiver sido inesperada e difícil de acreditar – é recontar a esse seu amigo compreensivo, com tantos detalhes quanto puder se lembrar, os eventos do dia em que a morte ocorreu. "Eu me levantei da cama, tomei o café da manhã habitual com cereais, suco e café. Li o jornal" – banalidades assim.

Contar mais uma vez fundamenta o evento no mundo real e nos ajuda a começar a acreditar na terrível verdade daquele dia. O que aconteceu não é uma fantasia nem algo que possamos colocar em uma bolha e manter longe de nós pelo resto da vida. Aconteceu em um momento real, em um dia real. Embora relatar nossa dor seja terrivelmente triste, isso ajuda a liberar a pressão interna e ativar o fluxo de cura – de amigo para amigo.

Sempre que sentir necessidade, contarei a minha história.

31 DE AGOSTO

*Eu acredito que Deus está em mim como o sol está
na cor e no perfume de uma flor – a Luz em
minha escuridão, a Voz em meu silêncio.*

– HELEN KELLER

Helen Keller nasceu cega e surda. É difícil imaginar uma privação maior do que esta. No entanto, com o cuidado persistente – e insistente – de sua professora e mentora, Anne Sullivan, Helen foi capaz de romper com essa escuridão, a ponto de comparar a presença de Deus dentro dela às maravilhas que ela podia conhecer através do olfato, do calor em sua pele e das vibrações na ponta dos dedos.

Embora seja uma escuridão muito diferente da do luto, talvez as duas tenham elementos em comum – uma sensação de isolamento, desânimo, incerteza sobre o futuro.

O que nos sustentará durante os longos períodos de luto? O que podemos fazer para não sermos totalmente esmagados?

Para romper com as trevas, precisamos, além da ajuda de amigos e de comunidades de fé, sentir a presença de Deus no nosso interior. Uma presença tão delicada e insistente quanto a fragrância das flores, tão vivificante e calorosa quanto a luz.

Tenho uma força dentro de mim que às vezes me surpreende.

1º DE SETEMBRO

Podemos ser um pouco mais resistentes aos chamados do dever, embora as responsabilidades também nos ajudem a seguir em frente. Mas se tivermos tendência a ser meticulosos demais, será preciso relaxar um pouco... Quando entrarmos em grupos sociais, não devemos esperar muito de nós mesmos ou sentir que precisamos ser brilhantes ou ser levados por conversas fúteis.

– MARTHA WHITMORE HICKMAN

A sugestão aqui é que sejamos gentis com nosso novo eu, percebendo que sofremos uma grande ferida e precisamos de tempo – talvez até de um pouco de autoindulgência – para nos recuperarmos.

Se, por acaso, nos sentirmos responsáveis pelo que aconteceu (mesmo que seja apenas a "culpa do sobrevivente"), precisaremos trabalhar mais arduamente para provar que merecemos um lugar na vida.

Como proclamava uma frase popular anos atrás: "Sou filho do universo. Tenho o direito de estar aqui."

Ou, para citar o padre moribundo do romance *Diário de um pároco de aldeia*, do escritor francês George Bernanos: "Tudo é graça." A vida é um presente que nenhum de nós ganhou por merecimento. Precisamos cuidar de nós mesmos para sermos fortes por mais um dia. Deixe outra pessoa fazer as tarefas extras por um tempo. Teremos a nossa vez de novo, quando estivermos nos sentindo mais fortes.

Não preciso dar desculpas a ninguém, nem mesmo a mim mesmo, por reservar um tempo para mim e deixar os poços exauridos da minha energia se encherem novamente.

2 DE SETEMBRO

*Que restrição ou limite deve haver para
o luto por alguém tão querido?*

– HORÁCIO

Não há um prazo universal para o luto. Existem tantos padrões quanto existem enlutados. Depende muito do tipo de sistema de apoio que temos e de quão capazes somos – em geral com a ajuda de amigos – de enfrentar e expressar a dor.

Mas uma coisa que não deve nos intimidar são as opiniões implícitas ou expressas oralmente por quem pensa que estamos sofrendo "por um tempo longo demais" ou "exagerando nas demonstrações de dor" ou qualquer outra advertência que venha embutida nas suas palavras.

É claro que, se nos descobrirmos totalmente disfuncionais depois de meses, devemos procurar ajuda profissional. Mas tenha certeza de que alguém que queira nos ajudar com sabedoria *não* vai nos dizer que estamos sofrendo por muito tempo ou excessivamente. Ao contrário, se estivermos estacados no caminho da recuperação, é muito mais provável que não tenhamos nos lamentado aberta e honestamente.

Portanto, se alguém disser, com palavras ou ações, "Você já devia ter superado isso", podemos lembrar as palavras do Talmude: "Não julgue ninguém antes de você ter estado em seu lugar."

Meu cronograma de luto só pode ser descoberto dentro de mim.

3 DE SETEMBRO

Eu fui perdoado há muito tempo. Ouvi minha mãe em seu leito de morte dizer ao médico que seu filho "sempre foi um bom menino", tendo me perdoado tão profundamente que pensei que sua memória estava deteriorada. Era algo mais, algo muito mais profundo.

– WILLIAM GIBSON

O que devemos fazer com os sentimentos incômodos do tipo "se ao menos" que teimam em perdurar – se ao menos eu tivesse (ou não tivesse) dito aquilo, se ao menos eu tivesse ido visitar com mais frequência, se ao menos eu tivesse sido um fardo menor?

Eles nos perdoaram, aqueles que já existiram? Temos apenas nossas conjecturas. Mas se a morte é uma experiência da consciência, então é uma consciência ampliada, uma visão mais abrangente do que conhecemos aqui. "Saber tudo é perdoar a todos", segundo o ditado.

Talvez seja em antecipação a essa consciência ampliada, já atraindo para si aqueles que estão perto da morte, que nossos entes queridos nos perdoam com graça e compaixão. E se a ocasião simplesmente não se apresenta, podemos nos perdoar em seu nome, confiantes de que teriam feito isso se pudessem.

Tudo é perdoado. Tudo é perdoado. Tudo é perdoado.

4 DE SETEMBRO

Existe a terra dos vivos e a terra dos mortos, e a ponte é o amor, a única sobrevivência, o único sentido.
– THORNTON WILDER

Sabemos, sem que nos digam, que a ponte é o amor. Sabemos que não deixamos de amar nosso ente querido e que para onde quer que ele tenha ido, nosso amor o seguiu.

E, claro, esse amor é correspondido. Às vezes, parece quase palpável na sala, enquanto estamos sentados ali. Há pessoas que tiveram visões dos seus entes queridos por perto, ouviram o som da voz e até sentiram alguma intervenção em um momento crítico.

Um homem que escreveu muito sobre o tema do luto conta como foi pegar um avião e sentir como se um campo de força o impedisse de passar pela porta. Depois de tentar entrar várias vezes, ele desceu as escadas e pegou outro avião. O primeiro acabou caindo. Mais tarde, a imagem do filho morto lhe veio à mente, dizendo: "Lembra-se de quando eu não deixei você entrar naquele avião?"

Não sabemos o que está em jogo aqui, simplesmente não sabemos. Mas sabemos que o amor nos liga aos mortos e eles a nós – com fios elásticos, que nunca se partem.

Eu sei que o amor não cessa com o advento da morte.

5 DE SETEMBRO

*Às vezes considero meio pecado
colocar em palavras a dor da saudade;
pois palavras, como a natureza, revelam só metade
e escondem o que na alma está guardado.*

— ALFRED TENNYSON

É muito difícil explicar como nos sentimos. Quando os amigos perguntam, e percebemos que é mais do que uma pergunta educada de rotina, sentimos vontade de contar tudo a eles. Ainda assim, o que poderíamos dizer?

A mesma ansiedade aflige aqueles que tentam expressar condolências. Quantas vezes já ouvimos pessoas que visitaram um amigo em luto lamentar: "Não sei se fui de alguma ajuda. Eu não sabia o que dizer."

Nós sabemos, quando recebemos manifestações de simpatia, que aquilo que é dito não é tão importante quanto o fato de a pessoa estar conosco, embora *seja* possível dizer "a frase errada". Todos nós já ouvimos grandes bobagens. Algumas das que ouvi são: "É a Providência Divina" e "Sinto muito por sua filha ter sido promovida a uma consciência superior".

Com raras exceções, o que importa é a expressão de amor e carinho, não as palavras. Da mesma forma, nós, que procuramos expressar a dor, não precisamos nos preocupar com a exatidão ou se estamos dizendo a coisa certa.

Posso confiar nos meus sentimentos para me ajudar a falar a verdade.

6 DE SETEMBRO

Quem Me vê em tudo,
e vê tudo em Mim,
para ele, não estou perdido,
e ele não está perdido para Mim.

– BHAGAVAD GITA

O que nos entristece, e às vezes nos deixa aterrorizados, é a perda em si. A perda da presença da pessoa amada, a perda do seu amor, a perda do seu ser. Como podemos ficar contentes em um mundo do qual nosso ente querido se foi para sempre?

Mas a sabedoria dessa passagem do Bhagavad Gita, e de passagens de outras Escrituras Sagradas, é que a Criação continua a abraçar a nós e a todos aqueles a quem amamos. Ainda estamos de alguma forma unidos em uma conspiração gigante de amor, cuidado mútuo e vida contínua. Assim como não estamos perdidos para a Criação, não estamos perdidos uns para os outros.

Isso não é negar a dor da separação e a incerteza do não saber. "Fé", disse o apóstolo Paulo, "é a certeza daquilo que esperamos e a prova das coisas que não vemos." O que podemos ter bastante certeza, por nossa própria experiência e pelas experiências dos outros, é que há mais coisas acontecendo no universo do que podemos detectar com nossos cinco sentidos. "Agora", disse também Paulo, "vemos apenas um reflexo obscuro, como em um espelho embaçado, mas depois veremos face a face."

A Criação nos abraça, um por um, e todos juntos.

7 DE SETEMBRO

Caracol, caracol, me ajude a seguir adiante.
Passarinho, me guie suavemente para casa.
Minhoca, fique junto de mim.
Este é o meu momento difícil.

– THEODORE ROETHKE

Às vezes, quando estamos tristes, não temos interesse em grandes questões cósmicas ou em horizontes fantásticos. Temos mais afinidades com os pequenos e íntimos seres – os pássaros que voam pelas árvores, os caracóis e as minhocas que vivem e trabalham no solo.

Não sei por que essas pequenas criaturas são um conforto para nós, mas são. Talvez seja por sua vulnerabilidade, por existirem em meio às ameaças de elementos maiores – os caprichos do vento e da água, o bater de um pé ou de uma pá. Sabemos o que é se sentir pequeno e ter que lutar, elas também. Se elas são capazes de prosseguir com determinação em face de tantos perigos à sua sobrevivência, talvez nós também sejamos.

Por alguma razão, essas linhas de Roethke permaneceram comigo durante as horas mais sombrias da minha perda, e mesmo agora dou as boas-vindas às criaturas – caracol, pássaro, minhoca – como companheiros das contínuas lutas e alegrias da vida.

Somos criaturas e precisamos uns dos outros.

8 DE SETEMBRO

Eu sei que vivemos na vida daqueles que tocamos. Eu sinto a presença viva de muitas pessoas que amei e que me amaram. Desfruto da presença da minha filha diariamente. E sei que isso não se limita àqueles que conhecemos em carne e osso, pois muitas pessoas que participaram da minha vida não compartilharam nem tempo nem espaço comigo.

– ELIZABETH WATSON

Todos nós experimentamos uma espécie de comunhão espiritual com amigos que não estão presentes fisicamente. Quando nos reunimos com eles após longas ausências, parece "que foi ontem" a última vez em que nos vimos. Poderia ser, em parte, porque guardamos um ao outro inconscientemente, embora estejamos separados?

Se isso acontece com os vivos, por que não pode se repetir com os mortos? E o que dizer, então, da sensação de conhecer aqueles cujas palavras lemos ou de quem ouvimos falar, de modo que, se entrassem na sala neste instante, nós os reconheceríamos? Seria uma evidência da comunhão de espíritos?

O mundo espiritual é um mundo sem paredes – de tempo, espaço, realidade física. Podemos fechar os olhos, nos isolar em nós mesmos e nos sentirmos em casa com a multidão de pessoas que conhecemos e amamos. Isso é semelhante à "comunhão dos santos" sobre a qual escrevem os místicos.

Quando estou sozinho, posso escolher alguma companhia para ficar comigo.

9 DE SETEMBRO

Nas asas do tempo, a tristeza voa.

– JEAN DE LA FONTAINE

Existem variações sobre esse tema – que o tempo é o grande curador, que o tempo cura todas as coisas.

Sim e não. Se a pessoa for capaz de processar o luto de uma maneira saudável e receptiva, sim, o tempo certamente aliviará a dor. Se alguém tenta contornar o luto ou é incapaz de trabalhar através de seus múltiplos fios, pode simplesmente encobrir o sofrimento e nunca ter a chance de se curar. Então, problemas surgirão – depressão, medo de relacionamentos, atividade frenética. E quem sabe mais o quê?

Ainda que, durante o período de luto, se avance com a maior sabedoria, a figura da tristeza indo embora *voando* parece um exagero total. Engatinhando, talvez? Ou se arrastando?

Quanto tempo demora até a pessoa começar a se sentir mais bem-disposta depende da natureza da perda – a idade do ente querido, a proximidade do relacionamento, as circunstâncias da morte. Comunidades de luto, nas quais os indivíduos têm experiências em comum, podem ser de grande ajuda. Essas organizações fornecem um lugar seguro para demonstrar o luto de maneira aberta e ajudam a avaliar, de modo acolhedor e não ameaçador, se os integrantes estão progredindo ou se ficaram presos no passado e precisam de ajuda extra.

Daqui a alguns anos, posso até concordar que a dor vai embora com o tempo. Mas não me apresse.

10 DE SETEMBRO

Enquanto escrevo isto, soa um tanto negativo e difícil, mas não é minha intenção. A felicidade alicerçada na realidade é muito mais profunda do que aquela construída na fantasia, e o sofrimento ensina que a felicidade pode pegar uma pessoa desprevenida no meio da privação e da desolação. Existe certo despojamento das coisas externas que torna a pessoa mais sensível tanto à alegria quanto à tristeza.

– SHEILA CASSIDY

Essas palavras foram escritas por uma médica ao refletir sobre sua prisão e tortura no Chile por tratar de um revolucionário ferido. As circunstâncias são diferentes, mas sua experiência de sofrimento como "despojamento das coisas externas" é semelhante à nossa.

Então, como parecem preciosos os pequenos presentes que podemos ganhar – um raio de sol no chão frio, um gesto inesperado de amizade, o vapor perfumado do chá quente.

A poeta americana Mary Jean Irion relembra ter sofrido a noite inteira por causa de uma morte, e então, "naquela manhã terrível, um dos vizinhos trouxe donuts tão gostosos que nunca os esqueci".

A sensação de sabor e textura e a gratidão pela amizade foram aguçadas pela dor.

No meio da escuridão, há luz; no meio da tristeza, há alegria.

11 DE SETEMBRO

Fique em silêncio e ouça a quietude interior.

– DARLENE LARSON JENKS

Não é suficiente ficar quieto.

Com frequência, nos nossos momentos de quietude, a mente explora o horizonte – o físico e o emocional. Não apenas o presente, mas o passado. Relembramos cenas em que nosso ente querido esteve presente. E acabamos nos detendo na ocasião em que ocorreu sua morte – como foi triste! Quanta saudade sentimos dele! Há um vazio dentro de nós, agora que ele se foi.

Mas existe outro lugar silencioso dentro de nós que não está vazio, porque estamos lá. Somos nossa própria casa, nosso primeiro ocupante, e não fomos embora.

Se ficarmos quietos e ouvirmos a nossa quietude, como impedir que todas essas recordações surjam? Nem sempre podemos. E tudo bem. Às vezes, precisamos ficar de olho nessas associações e lembranças tristes.

É bom pedir que elas se afastem um pouco, de vez em quando, para que prestemos atenção em nós mesmos. Uma maneira clássica de fazer isso é respirar fundo e lentamente, e colocar o foco apenas na inspiração e na expiração. Vamos perceber que essa é uma boa maneira de facilitar a nossa quietude – ter a sensação de que corpo, mente e espírito estão nesse espaço sozinhos.

Tenho um lugar de paz dentro de mim. Eu consigo encontrá-lo.

12 DE SETEMBRO

Eu quero, ao entender a mim mesma, entender os outros. Quero ser tudo o que sou capaz de me tornar... Isso tudo soa muito árduo e sério. Mas agora que lutei contra isso, já não é mais assim. Eu me sinto feliz – bem no fundo. Está tudo bem.

– KATHERINE MANSFIELD

É difícil atravessar essa passagem do luto. É um momento de exame da alma. Somos levados a nos examinar, a olhar para o que perdemos. Que parte da pessoa amada fica conosco? O que esperamos fazer com o restante da nossa vida?

É também um momento de crescimento da percepção de nós mesmos e dos outros. É um trabalho árduo, feito na tristeza, porque estamos tristes.

Mas, quando a poeira baixar, quando as pontas mais agudas da dor aliviarem, seremos mais sábios e mais compassivos. Teremos mais autoconfiança porque passamos por momentos difíceis e vencemos. Uma segurança que não conhecíamos antes poderá deixar marcas na nossa vida. Já encaramos a morte e sabemos que nem tudo é terror e confusão. À medida que aprendemos a entregar nosso ente querido aos cuidados amorosos do Criador, sentiremos a paz permeando o dia a dia, a confiança na ordem das coisas e a vontade de desfrutar um dia de cada vez.

Por meio dessa experiência, encontrarei em mim uma nova força e sabedoria, talvez até uma nova alegria.

13 DE SETEMBRO

*Oh! Se esta carne tão sólida derretesse,
descongelasse e se transformasse em orvalho;
ou se ao menos o Eterno não tivesse declarado
seu cânone contra o suicídio! Ó Deus! Ó Deus!
Quão cansativas, velhas, vãs e improdutivas
se afiguram as coisas deste mundo.*

– WILLIAM SHAKESPEARE

Esse é um estado de depressão com o qual todos provavelmente estamos familiarizados. Queremos ser afastados de toda consciência. Podemos pensar em suicídio. Nada parece bom. Nada tem gosto bom. Nada nos atrai. Absolutamente nada.

Quando esse estado de espírito desce sobre nós como uma nuvem negra, é útil lembrar que já nos sentimos assim antes, que outros já se sentiram assim antes – e que esse estado de espírito esvanecerá.

Podemos ajudar a afastá-lo – ainda que seja difícil reunir energia para isso – fazendo algo fisicamente mais desafiador, como dar uma caminhada extenuante. Ou nadar. Ou cuidar de algumas plantas. Ou conversar com um amigo. Ou cozinhar. Qualquer coisa para mudar nosso estado de espírito.

Uma amiga sugeriu que nessas ocasiões era útil repetir a frase "O pior já passou". Vale a pena tentar.

Essa nuvem de escuridão é compreensível, dado o que enfrentei. Mas vai passar.

14 DE SETEMBRO

Preste atenção, como um viajante cauteloso; não fique olhando para aquela montanha ou rio a distância, dizendo: "Como vou atravessá-los?" Mantenha o foco nos poucos metros que estão diante de você e vença-os no curto espaço de tempo existente. A montanha e o rio só podem ser ultrapassados da mesma maneira; e, quando você chegar perto deles, encontrará a luz e a força que há ali.

– M. A. KELTY

Uma mulher idosa disse que a única coisa da qual se arrependia era o tempo que passara se preocupando.

É claro que olhamos para a frente com inquietude e pesar. Como sobreviveremos a aniversários, feriados em família, se são esses os momentos em que mais sentiremos saudade do nosso ente querido?

Serão tempos difíceis – e haverá outros que nem sequer prevemos. Não temos como saber o que nos acontecerá ou o que teria acontecido a nós – e a nosso ente querido – se ele estivesse vivo. A vida é cheia de caminhos não percorridos e, embora lamentemos a ausência de um ente querido, sua presença nunca nos foi garantida. Então, vamos sair da preocupação com o futuro e desfrutar do significado *deste* dia.

Considerarei este dia como um presente que não deve ser desperdiçado.

15 DE SETEMBRO

*O céu resolverá nossos problemas, mas não mostrará,
creio eu, as sutis reconciliações entre nossas ideias
aparentemente contraditórias. As ideias serão derrubadas
aos nossos pés. Veremos que nunca houve problema
algum. E, mais de uma vez, volto a ter aquela impressão
difícil de descrever, a não ser dizendo que é como
o som de uma risadinha na escuridão. A sensação de
que alguma simplicidade perturbadora e irrefutável
é a verdadeira resposta.*

— C. S. LEWIS

Suspeito que grande parte da energia que gastamos refletindo sobre os vários cenários possíveis da vida após a morte é apenas a energia do luto que precisa de um lugar para se instalar. Quando começarmos a especular – e como há uma convicção persistente em muitas religiões de que existe vida além da morte –, o melhor a fazer é entrar no jogo da esperança e pensar que, embora não saibamos o que Deus está fazendo na Criação, *Ele* sabe e vai nos ajudar a enfrentar o que quer que aconteça.

Ao refletir sobre os mistérios da vida e da morte, ouvirei uma risadinha na escuridão.

16 DE SETEMBRO

No entanto, eu já não sou eu,
Nem a casa é minha casa.
— FEDERICO GARCÍA LORCA

A morte de um ente querido muda todo o alicerce da nossa vida. Nada é como antes. Mesmo o que era familiar nos parece estranho. É como se tivéssemos que aprender uma nova linguagem, uma nova maneira de enxergar. Até mesmo o rosto no espelho parece o de um estranho.

O que significa isso? Apenas que realmente entramos em um novo território. Embora o terreno pareça o mesmo e muitas das pessoas sejam as mesmas, há uma luz diferente sobre tudo.

Lembra-se de quando você se mudou para uma nova casa ou uma nova cidade, e de quanto tempo demorou até que parecesse um lar? A mesma coisa acontece com qualquer mudança importante. Vamos nos acostumar com a nova terra, o novo arranjo de pessoas e os novos relacionamentos. Levará algum tempo para olhar em volta, para se assustar, para se acostumar, mais uma vez e mais outra. É como se protestássemos antes de reconhecermos: *Ah, sim, é diferente agora.*

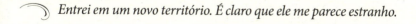

Entrei em um novo território. É claro que ele me parece estranho.

17 DE SETEMBRO

*Descanse. A terra que descansou
gera uma bela colheita.*

– OVÍDIO

Uma das coisas que aprendemos sobre o luto é que ele é exaustivo. No início, pode parecer que temos vitalidade demais. Estamos "ligados", sentimos uma energia nervosa, muitas vezes nem conseguimos dormir.

E então, às vezes em ondas alternadas de alto vigor e lassidão, descobrimos que o equilíbrio entre descanso e atividade não está funcionando muito bem. Podemos ficar acelerados por uma semana. Ou adormecer em toda e qualquer oportunidade – inclusive em momentos que dificilmente poderiam ser chamados de apropriados! E continuamos cansados.

É preciso entender que todo o nosso sistema funcional sofreu um grande choque, e levará algum tempo para que a psique e o corpo se ajustem aos novos alinhamentos. Esse é um trabalho conjunto do corpo e da alma, e quase sempre é exaustivo.

Faríamos bem em cuidar de nós mesmos, descansarmos um pouco.

Talvez apenas quando "descansarmos" possamos ver novamente a beleza do mundo e relembrar com gratidão o legado daquele que perdemos.

Cuidarei de mim mesmo em honra da minha vida e de todos os que a compartilharam comigo.

18 DE SETEMBRO

Uma tensão adicional, ligada à longa doença de Fritz, era minha incapacidade, por dois ou três anos, de recordar como ele era antes de adoecer. Lembro-me de ficar acordada à noite, lutando em vão para recapturar sua imagem... Só percebi plenamente quanto sofri com esse bloqueio depois de sentir alegria e alívio quando me lembrei, por fim, de um Fritz mais jovem e saudável.

– LILY PINCUS

Quando um ente querido morre após uma longa doença – ou enfraquecido pela idade avançada ou após um acidente desfigurante –, é difícil recuperar toda a variedade de imagens que guardamos dele na nossa mente. *Sabemos* que ele não tinha aquela aparência, mas aquele rosto e corpo enfermos ou desfigurados atrapalham as imagens vibrantes que caracterizaram o ente querido durante a maior parte da nossa vida juntos.

O tempo nos ajudará a restabelecer o equilíbrio. Pode ser útil olhar fotos de momentos mais alegres e saudáveis e lembrar a felicidade daquelas ocasiões. Essas primeiras memórias não se perdem. Ficam nubladas por um tempo, mas depois dão um passo à frente e retomam o seu lugar.

As imagens do meu ente querido voltarão em seu devido tempo.

19 DE SETEMBRO

Não existe a criatura a qual chamamos de indivíduo; ele não tem mais vida própria do que uma célula morta abandonada na superfície da pele.

– LEWIS THOMAS

Temos consciência disso com especial agudeza e pungência quando alguém próximo de nós, tão próximo como se fosse parte do nosso próprio corpo, é levado embora. É claro que machuca!

Há também algum conforto nesse conceito de ser parte de outro ser. Não estamos sozinhos no mundo. Estamos ligados ao restante da Criação, assim como as células do corpo estão ligadas umas às outras.

E não estamos apenas ligados aos vivos, mas também aos mortos. Sentimos que isso é verdade, embora não entendamos como.

Então, qual é a novidade? Talvez possamos apenas aceitar nossa ignorância, saboreando o que compartilhamos com todas as vidas, animados pelo conhecimento de que não somos totalmente solitários.

Estou organicamente conectado a tudo na vida. Não estou sozinho!

20 DE SETEMBRO

O principal impacto é a perda, a perda inacreditável. As expectativas simplesmente se foram. A velhice que eu esperava é diferente. Nunca me ocorreu que ela não estaria na cadeira de balanço ao lado... Na escola católica que frequentei, o lema era hic et noc, *expressão latina para "aqui e agora". O que eles queriam dizer é que você faz o que é necessário – aqui e agora.*

– COKIE ROBERTS

A escritora americana Cokie Roberts está comentando sobre a morte da irmã. Todos nós, que sofremos a morte prematura de um ente querido, podemos repetir suas palavras. Temos que aprender de novo sobre o nosso próprio envelhecimento.

A real lição da morte prematura – e de qualquer morte – é: preste atenção no hoje. "Faça o que for necessário – aqui e agora." O elogio que você pretende dar, o tempo juntos que você está sempre deixando para depois, a resolução de uma velha dor sobre a qual você deseja falar mas ainda não conseguiu – essas são atitudes que devem ser levadas em conta, antes que seja tarde demais.

Se for tarde demais, porque alguém já morreu, experimente imaginar os dois lados da conversa que vocês nunca tiveram. Talvez você se surpreenda ao ver como esse exercício pode ser curativo. E então encontre as pessoas para as quais não é tarde demais e diga a elas o que você deseja que elas saibam.

Hoje é o único dia que tenho com certeza. Que eu saiba usá-lo bem.

21 DE SETEMBRO

Eu não acredito que você está morta. Como pode estar morta se eu ainda sinto você? Talvez, como Deus, você tenha mudado para algo diferente com o qual terei que falar de uma maneira diferente, mas não está morta para mim, Nettie. E nunca estará. Às vezes, quando me canso de falar sozinha, eu falo com você.

– ALICE WALKER

É mesmo difícil acreditar que um ente querido morreu.

E por um tempo sentimos sua presença. Isso pode ser mais do que nossa imaginação. As pessoas falam de ter consciência do momento em que o espírito do morto sai de uma sala, das trocas silenciosas, das visitas que se seguem logo após a morte de um ente querido.

Quer essas sensações sejam reais ou imaginárias, continuamos a pensar nos mortos, a manter conversas imaginárias com eles. Um enlutado contou como foi curativo para ele ir com frequência ao cemitério e conversar com seu amor.

É uma ótima terapia para curar feridas não resolvidas e mal-entendidos. O que você diria à pessoa amada? O que imagina que ela responderia?

Às vezes, o véu entre os vivos e os mortos parece tênue e mais leve do que o ar.

22 DE SETEMBRO

Aproveite esse pequeno momento.
Ele morre sem demora.
Pois seja chaga ou ouro, ele não volta
com o mesmo disfarce de agora.

– GWENDOLYN BROOKS

Por algum tempo, ficamos tão cheios de tristeza por nossa perda que quase não conseguimos pensar em outra coisa. Todo o restante parece um inconveniente. Se as pessoas ligam para falar de outros assuntos, pensamos: *Você não sabe que não há espaço para isso na minha vida agora?*

Mas o luto pode ser um hábito e, depois de um tempo, precisamos seguir em frente. O retiro em nosso pequeno mundo e sua dolorosa segurança não nos protegerão de outros perigos. E podem também nos impedir de desfrutar do mundo – suas belezas e seus relacionamentos, os quais também são passageiros, e que nosso ente querido gostaria que aproveitássemos ao máximo.

Certa vez, meu filhinho me chamou a atenção ao dizer, parado à porta do meu quarto, onde eu me encontrava, atipicamente, na cama: "Como posso me divertir lá embaixo quando sei que você está aqui em cima com gripe?" Muito gratificante, mas eu não gostaria que ele passasse a manhã se lamentando – e tenho certeza de que não passou!

Sempre que puder, entrarei novamente no mundo com coragem e esperança.

23 DE SETEMBRO

*Uma grande paz é encontrada nas
pequenas atividades.*
— GEOFFREY CHAUCER

Um evento monumental ocorreu. Nossa resposta a isso é: estamos devastados.

O que podemos fazer diante da onda gigantesca de sentimento e transformação?

Nada de mais. Nada de extraordinário.

A princípio, faremos o que for exigido de nós: tomar providências, planejar serviços, receber amigos, pensar em comida e hospedagem para quem veio de fora da cidade.

E quando tudo isso tiver um fim?

Primeiro, descanse. Então, encontre coisas para fazer.

Não será difícil encontrar o que fazer. O empenho dará conta delas. Elas podem parecer fúteis – por que pregar um botão quando meu mundo desmoronou? Por que varrer as folhas do jardim quando o futuro parece sombrio e eu não me importo com o gramado?

Mas, à medida que começamos a nos ocupar com tarefas pequenas e produtivas, percebemos que parte da confusão e da tristeza que sentimos passam a ser absorvidas, como a água por uma esponja, justamente por causa da atividade que estamos realizando. Começamos, então, a pensar no que podemos fazer a seguir, quem sabe até ter planos para o futuro. Nosso coração fica mais leve, nossos passos se tornarão mais rápidos. Afinal, estamos dizendo sim à vida.

 Hoje farei alguma coisa "fútil".

24 DE SETEMBRO

Quando meu pai era um homem velho, ele me surpreendeu ao comentar que havia entendido o que a morte da minha mãe significara para mim, mas que não tinha ideia do que fazer a respeito. Acho que já teria sido alguma coisa se ele simplesmente tivesse dito isso.

– WILLIAM MAXWELL

Uma das questões mais delicadas em uma família que perdeu um ente querido é quanto e o que dizer um ao outro.

Talvez ajude se pudermos conversar sobre nossa dor. "Você tem vontade de falar agora ou prefere ficar sozinho?" "Eu gostaria de falar sobre _____, mas, se você preferir não falar agora, ou nunca, tudo bem." Precisamos ter certeza de que não estamos interpretando mal os sinais uns dos outros e, muitas vezes, não há como descobrir isso sem fazer perguntas.

Evitamos, especialmente, reconhecer a dor das crianças e até falar sobre a nossa com elas, como um esforço para protegê-las. Elas precisam do nosso compartilhamento de emoções, não do nosso silêncio. A dor que não é falada costuma ser mais amedrontadora do que a dor compartilhada. As crianças conhecem as lágrimas e a perplexidade. Elas precisam de nós, assim como nós precisamos delas.

É melhor nos arriscarmos a falar demais do que nos contermos por causa do medo.

25 DE SETEMBRO

John estava começando a perceber que, quando pessoas importantes da nossa vida morrem, somos forçados a ser mais nós mesmos. Somos forçados a amadurecer.

– MAY SARTON

Uma jovem em luto por ter perdido o pai disse que, ao aceitar que a morte era algo natural, encontrou dentro de si mesma uma nova fonte de energia para a vida.

Nós resistimos a essa noção de naturalidade. Atribuir quaisquer "benefícios" ao nosso sofrimento pode implicar uma diminuição da sensação de perda e da importância que a pessoa que perdemos tinha para nós. Se pudermos viver bem sem ela, significa que ela não era tão importante quanto pensávamos?

Claro que essa constatação é equivocada. A nova energia de que dispomos foi formada e nutrida pela riqueza do nosso relacionamento com o ente querido. Carregaremos a marca dele para sempre. Não o abandonamos, assim como ele não nos abandonou. Se encontrarmos em nós mesmos uma nova maturidade, é porque faz parte do legado que ele nos deixou – e ele nos desejaria boa sorte. Mas devemos estar receptivos para que isso aconteça.

Carregarei comigo para sempre a força que meu ente querido me deixou.

26 DE SETEMBRO

*O padrão mudou... Não sou mais filha
de ninguém. Eu me tornei a avó...
O ritmo da música se altera; os temas
se cruzam e recruzam. A melodia não
me parece familiar, mas vou aprendê-la.*

– MADELEINE L'ENGLE

Todo o sistema da vida é desestabilizado pela perda. Temos que aprender novos padrões – como um rio inundado que, quando recua, deixa para trás uma nova configuração de afluentes.

Vai demorar um pouco para nos acostumarmos com as mudanças. Às vezes, nos esquecemos que elas aconteceram e começamos a reagir como antes. Quantos ingressos devo comprar para a peça? Quantos lugares coloco à mesa? Quantas toalhas limpas deixo no banheiro? Coisas pequenas, mas lembretes que nos despertam para a nova realidade.

As mudanças mais profundas que impactam quem somos vão durar muito mais tempo. Se perdemos um pai ou uma mãe, perdemos parte da nossa proteção por sermos agora a "geração mais velha", com tudo o que isso implica. Se perdemos um filho, todo um futuro que poderíamos ter está destruído. Se for um irmão, um dos participantes dos nossos primeiros anos se foi.

Embora possa ser difícil por um período, conseguiremos realinhar nossos padrões de pensamento e expectativa e passaremos a ser gratos pela vida – e pelas lembranças – que temos.

Embora as águas da mudança girem ao meu redor, continuo em segurança.

27 DE SETEMBRO

Para manter uma lâmpada acesa, precisamos continuar a abastecê-la de óleo.

– MADRE TERESA DE CALCUTÁ

No início, ficamos quase imobilizados. Tomamos as providências necessárias e somos gratos por haver rituais que tenham nos guiado nos primeiros dias. Há muitas pessoas que cuidam de nós nesse começo de uma nova vida – outros entes queridos, amigos, membros da nossa comunidade de fé.

Então a onda de apoio diminui, e devemos aprender a cuidar de nós mesmos.

Como fazer isso? Podemos cultivar novos interesses. Temos talento para a pintura? Para a música? Aventuras artísticas são vias maravilhosas de nos perdermos no trabalho – e muitas vezes de expressar a dor. Algumas pessoas procuram grupos de apoio ao luto, em que podem compartilhar o que está no seu coração sem ter que ficar se perguntando se estão abusando de amigos que muitas vezes não entendem sua necessidade de contar a história repetidamente.

O importante é que, como uma lâmpada que precisa de óleo, precisamos manter alimentadas nossas fontes de cura e energia.

Tenho o poder e a responsabilidade de manter minha vida em movimento.

28 DE SETEMBRO

*Agora, pois, vemos apenas um reflexo obscuro
no espelho; mas, depois, veremos face a face.
Agora conheço em parte; depois, conhecerei plenamente,
da mesma forma como sou plenamente conhecido.
E três coisas permanecem: a fé, a esperança e
o amor; e a maior delas é o amor.*

– 1 CORÍNTIOS 13:12-13

Desejamos muito ser conhecidos pelo outro.

Ou não? Em muitos de nós persiste a suspeita: se você realmente me conhecesse, não gostaria de mim. Mas em grupos de terapia surge a surpreendente descoberta: me conhecer *é* me amar. Não porque sou perfeita – longe disso –, mas porque, ao compartilhar minha vulnerabilidade, minha dor e minha fraqueza, sou compreendida e aceita. Com a força dessa dádiva, posso crescer e mudar. Como a terra recém-cultivada, estou pronta para novas sementes, para um novo crescimento.

O "agora" e o "depois" na passagem da carta de Paulo à igreja de Corinto descrevem o conhecimento e o amor nublado e imperfeito que experimentamos na vida, e o estado de plena iluminação e amor que conheceremos do outro lado da morte.

Quando estiver sobrecarregada com sentimentos de dúvida e ansiedade em relação a um conflito não resolvido, tentarei imaginar um mundo verdadeiramente misericordioso.

29 DE SETEMBRO

Pressa, pressa – a pressa não tem bênção.

– PROVÉRBIO SUAÍLI

No início, estamos muito ocupados – há muito o que resolver, providências a tomar, pessoas com quem conversar.

Depois, vêm os momentos de silêncio, e são mais difíceis de suportar. Nossa solidão nos encara no espelho. A todos os lugares onde costumávamos ir juntos com o ente querido, agora vamos sozinhos. Mesmo se formos com outra pessoa, a lacuna ainda existe.

Para nos defender, é comum começarmos a nos apressar, esperando que, ao nos mantermos tão ocupados, talvez não percebamos quanto dói.

É bom estar ativo, é claro. Precisamos de outras pessoas e de atividades que nos mantenham em pé. Mas não cometa o erro de fazer isso para se esconder da dor. Ela nos encontrará no fim das contas e exigirá ser ouvida.

Habitar a casa da dor por um tempo é, estranhamente, um conforto. Ela é nosso lar, nosso lugar de pertencimento, onde precisamos descansar em silêncio até compreendermos seus espaços e seu significado. Então, poderemos seguir em frente.

Sem pressa ou pânico, vou habitar a casa da minha dor.

30 DE SETEMBRO

*Tudo o que fazemos é tocado pelo
oceano, no entanto, permanecemos
nas margens do que conhecemos.*
— RICHARD WILBUR

Nós, que estamos próximos do mistério da morte, queremos saber mais. Como é fazer essa travessia? É mesmo uma travessia ou é o fim? No poder da fé e da esperança, acreditamos que nosso ente querido foi para uma glória maior.

Mas como será esse lugar? Imagens antigas de palácios e ruas douradas não funcionam mais para nós. Os mortos sabem da nossa vida? Sabem quanto os amamos e sentimos falta deles? Pessoas que passaram por experiências de quase morte contam que pairaram sobre seus corpos observando o esforço que faziam para ressuscitá-las – e relatam que se moveram em direção a imagens de luz e amor tão convidativas que foi quase difícil voltar. E quando elas – ou qualquer um de nós – morrem, seus espíritos permanecem por um tempo aqui e depois seguem em frente? Será que nosso ente querido vem nos encontrar quando tivermos que partir?

Não sabemos as respostas para essas perguntas, mas brincamos com elas de vez em quando. Vamos saber o que precisamos saber quando chegar a hora. Por enquanto, ficamos à margem e conjecturamos.

O que é desconhecido para mim é para o meu bem e para a minha paz e alegria.

1º DE OUTUBRO

*Aqueles que semeiam com lágrimas, com cantos
de alegria colherão. Aquele que sai chorando
enquanto lança a semente voltará com cantos
de alegria, trazendo os seus feixes.*

– SALMO 126

Essa referência da Bíblia é para um povo que está longe de casa, prevendo o seu retorno. Também pode ser uma metáfora para termos coragem de enfrentar o luto, confiantes de que depois de uma temporada de plantação e colheita, voltaremos ao nosso estado de equilíbrio, até mesmo de alegria, fortalecidos pela nossa difícil jornada. Se não tivéssemos nos aventurado nesse terreno estranho e novo – se tivéssemos ficado para trás, sem vontade de nos movimentar –, não retornaríamos felizes com as riquezas dessa tempestuosa travessia. Carregamos esses tesouros para nós mesmos e para outras pessoas que precisarão de ajuda ao se aventurarem na jornada de recuperação.

Que sejamos corajosos para partir, intrépidos para continuar quando alcançarmos terras novas e estranhas, valentes para confiar naqueles que estão lá para nos ajudar, destemidos e compassivos para voltar e auxiliar os outros.

Iniciarei esta jornada com esperança e confiança. O que mais tenho a perder? Tenho muito a ganhar.

2 DE OUTUBRO

Tudo o que sei por experiência própria é que, quanto mais perdas tivermos, mais gratos devemos ser pelo que quer que tenhamos a perder. Isso significa que contávamos com algo digno de ser lamentado. Os que me provocam pena são os que passam a vida sem saber o que é o luto.

– FRANK O'CONNOR

Esse é um consolo que pouco alivia agora – a ideia de que devemos ser gratos por não sermos como aqueles pobres infelizes que nunca amaram ninguém com tanta força. Consumidos como estamos pela dor, não podemos nos imaginar em tal situação. Talvez estejamos um pouco indignados também – deveríamos nos sentir melhor por saber que existem pessoas com vidas infinitamente piores do que as nossas?

Mas sabemos que não trocaríamos de lugar com elas – não trocaríamos os anos em que desfrutamos da presença do nosso ente querido para deixar de sentir nossa dor – sob pena de nunca termos conhecido a pessoa amada. Não, essa é uma barganha que nem sequer pensaríamos em fazer. O que queremos é ter o nosso ente querido de volta, com saúde e segurança.

Uma vez que isso é impossível, é preciso reconhecer o quão abençoados somos por termos sentido um amor tão rico – e talvez esse tipo de pensamento abrande um pouco o sofrimento. Embora a pessoa tenha partido, o presente desse amor permanecerá conosco para sempre.

Entristecido como estou pela perda, meu coração se eleva em gratidão pela riqueza que _____ trouxe à minha vida.

3 DE OUTUBRO

Conforme os meses passam e as estações mudam, um pouco de tranquilidade me invade e, embora os passos familiares não possam ser ouvidos de novo, nem a voz me chamando lá da sala, parece haver no ar uma atmosfera de amor, uma presença viva... É como se alguém compartilhasse, de alguma forma indefinível, a liberdade e a paz, às vezes até a alegria, de outro mundo onde não há mais dor... O sentimento está simplesmente lá, impregnando todos os pensamentos, todas as atitudes. Quando Cristo disse "Bem-aventurados os que choram, porque serão consolados", ele deve ter pensado exatamente nisso.

– DAPHNE DU MAURIER

Existem diversos estágios de luto, e eles vêm e vão, inconstantes. Depois de um tempo, embora a tristeza e a angústia continuem a emergir, uma confiança parece infiltrar-se na vida do enlutado, um sentimento conquistado a duras penas, que está por trás de todos os turbilhões e de todas as marés de lutas e alegrias. Uma sensação de que atingimos o fundo do poço, mas voltamos lentamente e que, apesar de sabermos que haverá outras provações e incertezas, há um nível de estabilidade e fé dentro de nós. São esses sentimentos que, mesmo em horas de escuridão, estarão vivos e não nos deixarão chegar ao fundo do mar.

O Deus eterno é o seu refúgio, e para segurá-lo estão os braços eternos. – Deuteronômio 33:27

4 DE OUTUBRO

Grande Espírito, agora eu oro a ti...
Grande Espírito, ouve;
minha alma está cansada,
agora eu oro para que teu espírito
habite em mim.

– ORAÇÃO DA TRIBO KIOWA

Às vezes nos sentimos exaustos. O luto é fatigante. A tristeza esgota nossa força e nossa determinação, e aquele por quem sofremos – que muitas vezes era nossa fonte de energia e solidez – se foi. Então, lamentamos a perda. Quem pode nos ajudar agora?

Existem muitos que podem nos estender uma mão solidária – amigos, membros da família, comunidades de apoio. Ainda assim, uma sensação generalizada de fadiga, e até de desespero, pode ser uma companhia constante.

Então, chegou a hora de arriscar-se a acreditar. É o tempo de crer que existe, na estrutura do universo, um espírito que aguarda, com saudade e boas-vindas, nós dizermos: "Venha a mim. Encha-me com a sua presença. Não aguento isso sozinho. Ajude-me. Seja minha energia e meu apoio." Podemos ficar surpresos com o estímulo que isso dá, uma espécie de alívio do nosso fardo, uma sensação de que não estamos sozinhos.

Espírito, seja quem for, onde quer que esteja, esteja comigo agora.

5 DE OUTUBRO

Sento-me na terra rica e úmida, terra verde, e puxo os joelhos contra o peito. Nem tudo está perdido. Os pássaros simplesmente seguiram em frente. Eles me dão coragem para fazer o mesmo.

– TERRY TEMPEST WILLIAMS

Em determinada época do ano, em algumas partes do país, começamos a ver os pássaros voando para o sul por uma longa temporada. Como eles sabem que têm que ir para lá? Como saberão voltar?

As respostas estão além de nós. Os processos da vida continuam, independentemente do nosso conhecimento ou da nossa ignorância. É muito reconfortante saber que não *precisamos* saber tudo, pois o Criador, que fez os planetas do sistema solar girarem, sabe. E os pássaros voltam.

Podemos estender a mesma confiança às nossas experiências de perda e renovação? Podemos observar os pássaros irem, com a expectativa de seu retorno?

Podemos dizer adeus aos nossos entes queridos – e não ter a expectativa de que voltarão na primavera, como os pássaros, mas, de um modo que não compreendemos, continuarão presentes na nossa vida, continuarão a nos amar, assim como continuamos a amá-los?

Na mudança das estações, encontro promessa e esperança.

6 DE OUTUBRO

Quando ela cruzou a porta do quarto das crianças, sentiu a presença dele tão fortemente, como se tivesse aberto a porta de uma fornalha; a presença da sua força, virilidade, impotência e pura calma.

– JAMES AGEE

As pessoas já descreveram de muitas maneiras a sensação de uma presença transformada no instante ou logo após a morte. Para alguns, é justamente isso – a sensação de uma presença. Outros relatam uma conversa em que o ente querido pedia garantias de que podia partir e tudo ficaria bem. Outros ainda falam que viram no rosto da pessoa que estava morrendo, e talvez em algumas declarações finais, o que parecia ser um reencontro com entes queridos que já tinham partido.

O que devemos concluir dessas experiências? Que elas têm significados profundos e íntimos para os vivos. Mas, mesmo para aqueles que apenas ouviram falar desse tipo de vivência, ela é, no mínimo, um sinal de que a vida continua após a morte e dá esperança de que estaremos com nossos entes queridos outra vez.

Diante do mistério da morte, permaneçamos com o coração e a mente abertos.

7 DE OUTUBRO

*Ela nunca lhe revelou seu amor,
deixou-o oculto, como um verme em um botão,
alimentando-se de seu rosto adamascado:
fixou os pensamentos,
e com uma melancolia verde e amarela,
sentou-se como Paciência em um monumento,
sorrindo para a dor.*

– WILLIAM SHAKESPEARE

A imagem aqui citada, de *Noite de reis*, é de uma mulher que assumiu uma expressão de calma, enquanto internamente, "como um verme em um botão", deixava que os sentimentos a corroessem. Ela sorriu em meio à dor – e foi comparada a uma pedra.

Que seja uma lição para nós! Apegar-se aos sentimentos, tentando não demonstrar emoções, pode representar uma imagem reconfortante para o mundo. Mas a que custo? Só para ficarmos entorpecidos?

Para proteger a quem? A nós mesmos – para não sermos considerados "excessivamente emocionais"? Para que sejamos considerados pilares da estabilidade e da fé? Para proteger as outras pessoas, para que não vejam como você se sente triste ao perder um ente querido?

Todo mundo sabe, assim como nós. E a proximidade com o outro aumenta quando compartilhamos nossa dor, muito mais do que a tentativa equivocada de manter tudo sob controle.

Não vou assumir uma fachada de falsa calma e me transformar em pedra.

8 DE OUTUBRO

Precisamos apenas acreditar. E quanto mais ameaçadora e irredutível a realidade parecer, mais firme e desesperadamente devemos acreditar. Então, pouco a pouco, veremos o horror universal se curvar, sorrir para nós e nos levar em seus braços mais que humanos.

– TEILHARD DE CHARDIN

Como desejamos acreditar em um Criador que nos ama e nos guia, que nos abraça – e acolhe nosso ser amado – na continuidade da vida e das possibilidades! É quase bom demais para ser verdade.

Deixamos de acreditar nisso porque não queremos nos enganar com falsas esperanças? Ou porque temos medo de estar errados?

Pense em todas as verdades científicas que nunca teriam sido descobertas se alguém não tivesse pensado que valeria a pena seguir sua intuição e testar uma hipótese.

Mas como testar a hipótese da crença? Na nossa tristeza e no nosso desespero, podemos agir e pensar como se a fé fosse um espelho preciso da verdade; que existe, lá fora, na escuridão, uma mão que se estende para nós com compaixão e amor?

Vale a tentativa.

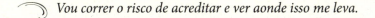 *Vou correr o risco de acreditar e ver aonde isso me leva.*

9 DE OUTUBRO

> *Os mortos têm uma vida após a morte na forma de influência contínua sobre os sobreviventes. Isso parece ser particularmente verdadeiro quando eles nos deixam com sentimentos não resolvidos de raiva ou culpa. Os vivos podem sentir alívio quando a morte põe fim às demandas parentais sobre nossas energias ou a uma longa e dolorosa doença. Se parte do processo de luto é a busca pela pessoa amada, nós permitimos que os mortos nos procurem, até que, gradualmente, cheguemos a um acordo com suas reivindicações e peçamos que nos deixem.*
>
> – MARY JANE MOFFAT

O drama psíquico que se segue à perda de entes queridos tem infinitas variações.

Existe uma maneira de nos sentirmos aliviados? Eles podem ter exigido um grande cuidado da nossa parte, um enfraquecimento da nossa energia física e emocional. Ou talvez tenham dificultado nossa vida de outras maneiras, criando todo tipo de estresse na família. É normal reconhecer que, de certa forma, é mais fácil sem eles?

Na nossa mente, eles podem nos olhar com censura. *Como você tem coragem? Você sabe que em parte foi culpa sua.*

Então, podemos passar um bom tempo matutando em busca de uma solução perfeita – que, é claro, não virá. Até que, cansados de lutar e contando com a graça do perdão mútuo, talvez possamos deixá-los ir.

Vamos aceitar um ao outro, sabendo que fizemos o nosso melhor.

10 DE OUTUBRO

Em nosso sono, a dor que não pode ser esquecida cai gota a gota sobre o coração até que, para nosso próprio desespero, contra nossa vontade, vem a sabedoria através da sublime graça de Deus.

– ÉSQUILO

A dor nos engole, toma conta da nossa vida, nos deixa impotentes. O que devemos fazer?

Esperar. Enfrentar um dia. Depois outro. E outro.

Temos a sensação de estar apenas "cumprindo nossas obrigações", mas é importante cumpri-las.

Estamos, de forma estranha, reaprendendo que a nossa vida continua.

Estamos vivos, operantes e somos capazes de fazer o que precisa ser feito. Nada mais que isso, é preciso dizer.

Então, um dia, ficamos surpresos (como é possível?) por perceber que parte da nossa energia está de volta.

Como aconteceu? Não esperávamos nem mesmo queríamos que acontecesse, porque não tínhamos expectativa de *nada*. O importante já havia acontecido – a perda do nosso ente querido.

Mas houve uma mudança. Uma mudança significativa. Nosso passo está mais leve. Nossos olhos podem enxergar ao redor.

Sou grato por todos os sinais de vida que senti quando só conseguia sentir a morte.

11 DE OUTUBRO

*Aquele que não consegue perdoar os outros destrói
a ponte pela qual ele mesmo deve passar.*

– GEORGE HERBERT

Às vezes, sofremos uma injustiça terrível nas mãos daquele que partiu. Se a nossa experiência com ele foi ruim, vamos precisar solucionar alguns tipos de sentimento, e a tristeza pode não estar em primeiro lugar.

Agora a pessoa se foi. Ficamos cara a cara com situações mal resolvidas e não sabemos o que fazer.

Talvez precisemos de ajuda profissional – um conselheiro ou terapeuta que nos guie nesse pântano de ambivalência ou apenas um amigo com quem conversar. Tampouco somos perfeitos, mas isso não nos torna indignos ou impossíveis de ser amados.

Entretanto, mais para o nosso próprio bem do que para a reputação de quem morreu, é essencial que, na medida do possível, perdoemos os erros que foram cometidos contra nós.

Uma palavra de advertência: perdoar não é encobrir ou desculpar. Se houve feridas reais, elas precisam de atenção real. É provável que, quando sentirmos alívio, como se um fardo tivesse sido retirado das nossas costas, saibamos em que momento o perdão e a reconciliação ocorreram.

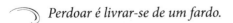 *Perdoar é livrar-se de um fardo.*

12 DE OUTUBRO

*Inacreditavelmente, passei a tarde
toda sem pensar nela.*

– HOYT HICKMAN

Achamos que nunca seríamos capazes de voltar ao fluxo ativo da vida que conhecíamos antes que a perda ocorresse.

Claro, é preciso reconhecer, não é a mesma vida. Existe um personagem a menos no elenco, e nós, tendo sido afetados por essa ausência, não somos as mesmas pessoas que éramos. Dependendo do quão próximos outros indivíduos importantes na nossa vida eram daquele que se foi, eles também não são mais os mesmos.

Um dia, porém, percebemos que estamos começando a assimilar o novo cotidiano, em que nem sempre nos sentimos oprimidos pela dor. Às vezes, nos pegamos saboreando um sorvete ou uma xícara de chá quente sem fazer referência a quem está faltando naquele dia. Assistimos a um filme ou a uma peça de teatro sem a dificuldade de sermos espectadores para quem tudo é colorido pela dor. Terminamos uma conversa com um amigo e nos damos conta de que nem uma vez a perda do ente querido foi uma sombra por trás da conversa. Então, percebemos que entramos em uma nova etapa da nossa jornada de cura.

Sei que não posso forçar, mas, aos poucos, a recuperação virá.

13 DE OUTUBRO

Vem a mim, Deus, com Sua benquerença;
vem a mim de todo lugar!
Que as árvores signifiquem Sua presença,
assim como a grama, a água e o ar!

– GEORGE MACDONALD

Quando perdemos um ente querido, temos fome da certeza de que Deus existe e cuida do mundo com carinho. Precisamos saber que a vida não está nos rejeitando, colocando-se à margem da nossa dor. Nossas antenas estão em busca de gestos, sinais e encantos – qualquer indício de que a vida se importa conosco, de que Deus se importa conosco, de que não estamos sós.

Vemos significado em tudo. Um pássaro paira perto da janela e parece cantar para nós. Encontramos alguém que não víamos havia muito tempo e que, ao saber da nossa perda, conta uma história maravilhosamente reconfortante de vida após a morte. Vamos à igreja ou à sinagoga, e o discurso parece especialmente adequado às nossas necessidades naquele momento.

Não sabemos quanto desses vestígios deixados no ar é nossa projeção ou se são uma sinergia de forças benignas além da nossa compreensão.

Talvez não precisemos saber. Seja qual for a origem deles, algo está vindo em nosso auxílio. Talvez Deus, em muitas formas.

Às vezes tenho a sensação de que a vida está chamando meu nome, trazendo-me conforto.

14 DE OUTUBRO

Ler as obras de outras pessoas que passaram pelo luto é uma boa maneira de manter o processo em andamento e de encontrar outro amigo compreensivo. Quando um escritor descreve como eu estou me sentindo, ele se torna meu amigo; não estou sozinha. De alguma forma, ele conseguiu um pouco de paz com a dor, o suficiente para escrever sobre ela. Talvez eu também encontre um caminho para atravessar a angústia.

– MARTHA WHITMORE HICKMAN

Durante a crise que vivemos ao perder um ente querido, como na maioria das outras crises da vida, podemos ser bastante ajudados por aqueles que passaram pela mesma situação.

Além de amigos que tenham tido experiências como a nossa e de grupos de apoio para pessoas em luto, não se esqueça de bibliotecas e livrarias. Existem livros feitos sob medida para tipos específicos de perda – de um pai, um cônjuge, um filho. Alguns contam histórias pessoais; alguns seguem um ponto de vista de conselheiro, oferecendo análises clínicas e ajuda. Alguns são de determinada visão religiosa ou filosófica.

Em uma livraria ou biblioteca, podemos pesquisar até encontrarmos algo que fale conosco. A variedade não é o que importa aqui. Livros são como bons amigos – um ou dois podem ser tudo de que precisamos.

O livro certo pode nos trazer esperança e sabedoria, ser um companheiro nas trevas da noite.

15 DE OUTUBRO

Por causa dela, ele aprendeu a procurar os pássaros – o voo veloz dos canários selvagens (sol amarelo sobre asas amarelas), o peitoral vaidoso de pássaros vermelhos e azuis, o melro com asas de pontas vermelhas como dragonas impressionantes.

– TERRY KAY

Quanto aprendemos com os entes queridos que perdemos! E como seus dons permanecem vivos entre nós!

Cenas nítidas vêm à nossa memória, repetidas vezes. Cenas nas quais mal pensávamos quando a pessoa amada estava viva emergem como as de um álbum de família – com o dobro de valor agora que ela se foi.

Vejo minha mãe cortando triângulos finos e compridos da página de cores vivas de uma revista, besuntando-os com pasta de farinha e, começando pela ponta larga, enrolando essas tiras, dando origem a mais uma conta para os colares que ela estava fazendo para as duas filhas. Eu nunca vi esse ofício descrito em nenhum lugar (deve ter sido um precursor do papel machê, suponho) e não tenho ideia do que aconteceu com esses colares. Foi há décadas, e não sei se voltei a pensar nessas bijuterias enquanto ela estava viva. Penso agora, com carinho e gratidão – minha irmã, eu e nossa mãe reunidas em torno da mesa, em um projeto de tesouras, massa e aquelas contas maravilhosas.

Nossos entes queridos vivem nas vigorosas lembranças das coisas que nos ensinaram.

16 DE OUTUBRO

O luto excessivo não é produtivo, comenta alguém. Um transtorno social, absolutamente indiferente aos olhos dos outros. A vida, segundo meu amigo orientalista, é uma passagem, um corredor, e ela me ordena que eu me livre de pensamentos mórbidos. Besteira! Estou sentindo muita raiva.

– TOBY TALBOT

Ninguém quer ser indiferente à tristeza do outro, mas neste momento é mais importante que não sejamos indiferentes a nós mesmos. Estamos feridos. Precisamos de cuidados. Ninguém sabe qual é a melhor maneira de expressarmos a dor. Se estivermos com raiva – e é legítimo sentirmos raiva desse golpe que nos foi dado –, precisamos expressar esse sentimento.

Portanto, se deixarmos outras pessoas desconfortáveis ou se parecermos "mais chateados" do que elas acham que deveríamos, isso é problema delas. É hora de escolhermos amigos mais compreensivos.

Não serei intimidado pela opinião dos outros sobre como deveria estar me sentindo. Só eu sei o que está dentro da minha cabeça e do meu coração.

17 DE OUTUBRO

Faça-me dizer quando a minha dor achar a cura:
"Feliz o coração que suspirou por tal criatura!"

– SAMUEL DANIEL

Se não os amássemos, não nos importaríamos tanto.

No início, a dor é tão intensa que pode ser difícil olhar para a frente e enxergar algum contentamento por termos tido o privilégio de compartilhar a vida com quem partiu.

Mesmo quando a morte é prematura e as circunstâncias são terríveis, temos consciência de que, no futuro, a gratidão pela vida do nosso ente querido superará em muito a terrível dor que parece tomar conta de toda a paisagem da nossa vida. Uma amiga cujo filho cometera suicídio me disse que um marco importante para sua cura foi a elaboração de duas listas: uma continha coisas ruins sobre sua experiência com o filho; a outra, coisas boas. Desnecessário dizer que a lista de coisas boas era, de longe, a mais longa.

Levará algum tempo até que a balança, inicialmente marcada pelo peso primário do luto, se reequilibre, e nossa felicidade pela vida de quem partiu volte a ser predominante. Mas se o relacionamento foi de alegria e consideração mútua, isso vai acontecer mais cedo ou mais tarde.

Agradeço, do fundo do meu coração, ter compartilhado a vida com o meu ente querido. E acredito que algum dia minha felicidade, ao me lembrar da nossa história juntos, superará em muito a dor que sinto agora.

18 DE OUTUBRO

Não fui eu, foi Deus. Eu sempre disse a Ele: "Confio no Senhor. Não sei para onde ir ou o que fazer, mas espero que o Senhor me conduza", e assim aconteceu.

– HARRIET TUBMAN

Como as pessoas superam adversidades?

Para Harriet Tubman – uma mulher preta, fugitiva, abolicionista americana, que, apesar de ter um preço por sua cabeça, voltou ao Sul dos Estados Unidos 19 vezes para ajudar a libertar dezenas de escravos se utilizando da Underground Railroad (estrada de ferro subterrânea), uma espécie de missão que auxiliava quem precisava ser resgatado e libertado – foi sua confiança em Deus que a guiou.

Ela não sabia então, assim como não sabemos agora, "para onde ir ou o que fazer", mas confiava no poder que a sustentava e lhe dava coragem para vencer as crises recorrentes da vida.

Cada um de nós tem seus próprios caminhos, suas próprias tradições, para enfrentar os terrores de futuros incertos, das ondas ziguezagueantes da dor. Será útil se, em nosso luto, pudermos estender a mão na escuridão e imaginar que Ele está vindo para nos oferecer conforto, direção e certeza da vida que está por vir.

Deus, Seu mar é tão grande e meu barco é tão pequeno. Fique comigo.

19 DE OUTUBRO

*Quão complicada e individual é a cura! O tempo
necessário para alcançá-la não pode ser
medido por nenhum calendário.*

– MARY JANE MOFFAT

Incontáveis fatores influenciam a questão de quanto tempo leva para passarmos pelos estágios mais dolorosos do luto. O fim do primeiro ano é um marco importante: teremos enfrentado aniversários e várias datas especiais.

Algumas pessoas sugerem que isso é apenas o começo: a ausência está marcada em cada uma das inúmeras ocasiões festivas, e ainda temos o restante da vida para enfrentá-las.

Quatro anos após a morte da minha filha, um dia me dei conta: "Isso está começando a parecer diferente." Não que a dor intensa tivesse partido, mas não era mais um fardo tão preocupante, o fato dominante de cada dia. Um escritor afirmou que levamos sete anos para nos recuperarmos da morte de alguém próximo.

Esses são números desanimadores de contemplar quando estamos mergulhados na dor pela primeira vez e mais uma semana se aproxima, cheia de tristeza. O tempo se estende sem parar.

Nem sempre será assim. Mas não há como prever. Devemos atravessar o nosso caminho, confiando que o processo revelará sua própria sabedoria.

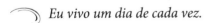 *Eu vivo um dia de cada vez.*

20 DE OUTUBRO

Mais do que qualquer coisa, aprendi que somos seres frágeis, vulneráveis e feridos; acontece que alguns de nós são mais hábeis em esconder isso do que outros. E, é claro, a grande ironia está no fato de que não há problema em ser frágil e estar ferido, pois foi assim que Deus criou os humanos.

– SHEILA CASSIDY

O que é esse mito sobre ser forte? Sobre "não demonstrar sentimentos em público"? Claro, se pudéssemos escolher, gostaríamos de chorar em um lugar onde não jogássemos uma mortalha de tristeza sobre uma ocasião social alegre.

Mas alguém já foi condenado ao ostracismo por ceder às lágrimas? Se você tiver que explicar, explique. Se as pessoas estiverem impacientes, o problema é delas. Você já tem o suficiente para enfrentar agora, sem o fardo extra de se preocupar se os outros ficarão desconfortáveis. Se eles já passaram por alguma experiência semelhante, saberão imediatamente o que está acontecendo. Se ainda não passaram, talvez, quando a tristeza chegar, fiquem gratos pelas lágrimas que você deixou correr soltas e que permitiram que eles pudessem se lamentar sem culpa. Você não é um estranho agindo estranhamente. Você é um ser humano agindo como um ser humano.

 No mapa do mundo criado, o caminho para a cura não contorna as bordas da dor, mas vai direto ao centro.

21 DE OUTUBRO

*Se você quer ver as lágrimas do meu rosto,
passe antes pelo mesmo desgosto.*

– HORÁCIO

Por que é mais fácil expressar a tristeza na presença de algumas pessoas do que de outras?

Não precisamos que nossos amigos chorem conosco (embora às vezes isso aconteça), e sim sentir sua empatia, sua compreensão, para saber que podemos chorar abertamente em sua presença.

Não é tanto uma questão de dizer determinadas palavras que nos deem liberdade de chorar, mas de acreditarmos que as pessoas estão totalmente presentes naquele momento, que sua mente não está perdida em outros assuntos. Se vamos ser vulneráveis o suficiente para expressar nossa dor a elas, queremos sua atenção total.

Queremos também que sejam imparciais e compreensivas.

Queremos muito isso, é verdade, porque estamos dando muito de nós ao compartilhar com elas o nosso eu mais profundo. E como os brotos tenros de uma planta mais vulnerável, nossos sentimentos de pesar e tristeza – e a confiança para compartilhá-los – são facilmente feridos.

Experimentamos isso agora como enlutados. Isso nos ajudará muito quando for nossa vez de ser o amigo que consola.

Saber quanto preciso de uma escuta sensível me ajudará a ser um ouvinte sensível para os outros.

22 DE OUTUBRO

Não se preocupe em meditar sobre a vida em sua totalidade... Em vez disso, à medida que cada ocasião surgir, faça esta pergunta a si mesmo: "Onde está a parte insuportável e insustentável dessa tarefa?" Em seguida, lembre-se de que nem o passado nem o futuro podem pesar sobre você, apenas o presente. E o presente se encolherá à própria pequenez se você o isolar, se atribuir a ele os seus limites e então perguntar à sua mente se não vale a pena suportar nem mesmo isso.

— MARCO AURÉLIO

É bastante difícil lidar com a tristeza do momento. Entretanto, quando nos permitimos meditar sobre eventos passados ou pensar nos tempos futuros em que sentiremos tanta falta do nosso ente querido, nós nos colocamos em sérios apuros. O passado – como sabemos muito bem – acabou. O futuro é desconhecido. A cada dia, encontramos bifurcações na estrada e sempre deixamos para trás as alternativas que não escolhemos. A mesma coisa acontece com o futuro – é um labirinto cujos padrões não conhecemos.

Portanto, vamos limitar, o máximo que pudermos, nossa preocupação apenas ao dia de hoje. Provavelmente, na maioria dos dias, conseguiremos lidar com as coisas muito bem.

Minha experiência do dia de hoje é a própria jornada, e vou saboreá-la pelo que ela é.

23 DE OUTUBRO

"Por que não?" é um slogan para uma vida interessante.

— MASON COOLEY

A princípio, nossa energia está direcionada para fazer tudo o que é necessário – organizar a vida, falar com aqueles que vêm nos consolar. Depois que a agitação imediata acaba, nos sentimos exaustos. Então, quando a força para cumprir "tarefas opcionais" começa a voltar, é bastante provável que retornaremos aos nossos padrões e às nossas atividades convencionais, contentes por termos nossos antigos hábitos de volta.

Só que nossa vida mudou completamente por causa da perda. Talvez seja hora de pegar a energia que colocávamos naquele relacionamento (em que muitas vezes havia cuidados físicos também) e direcioná-la para algo novo. Pense nisso. Deixe sua imaginação vagar, vasculhe o sótão da sua mente, onde você guardou alguns sonhos. Que novidade você gostaria de experimentar?

Você tem coragem? Por que não? Pense no seu ente querido abençoando o seu esforço, sorrindo através do véu que separa a vida da morte, encorajando-o. *Vá em frente. Faça uma tentativa. Eu o desafio. Você sabe que eu adoraria que você tivesse sucesso. E você pode. Agora é a hora.*

Vou me apropriar da coragem e da bênção do meu ente querido, e ousarei fazer algo novo.

24 DE OUTUBRO

Quando a tristeza parecer pesada demais para ser suportada, pensemos na grande família dos que têm o coração partido e da qual agora fazemos parte e, inevitavelmente, sentiremos ao nosso redor seus braços, sua simpatia, sua compreensão.

– HELEN KELLER

Você se lembra de quando conheceu alguém que passou por uma perda semelhante à sua? Há um vínculo instantâneo, o reconhecimento no rosto do outro. *Eu conheço você. Sei o que você está passando.* E o sentimento, quase um alívio físico do fardo, de que ali está alguém que o compreende.

Você encontrará almas semelhantes, talvez com mais frequência do que espera. As pessoas irão encaminhá-las para você: "Acho que seria útil se você conversasse com _____." Provavelmente, você vai conhecer outros enlutados nos grupos aos quais pertence, como se, por algum princípio de atração, vocês gravitassem uns em torno dos outros.

E haverá outros sofredores que você talvez nunca encontre, mas sobre cuja tristeza você leu ou ouviu falar. Seu coração estará com eles, e a fonte da compaixão humana da qual todos nós bebemos irá se aprofundar.

Na minha mente, estendo a mão para outros sofredores, conhecidos ou não, e sinto apoio mútuo.

25 DE OUTUBRO

*Senhor, meu coração não é orgulhoso
e meus olhos não são arrogantes.
Não me envolvo com coisas grandiosas nem
maravilhosas demais para mim.
De fato, acalmei e tranquilizei a minha alma.
Sou como uma criança recém-amamentada pela mãe;
minha alma é como essa criança.*

– SALMO 131

Nossa mente voa para um lado e para outro, especulando sobre o destino e a verdade, o estado do nosso ente querido, sobre aquilo em que podemos acreditar e como vamos administrar tudo o que está por vir. São questionamentos sem respostas. Mesmo assim, continuamos a nos preocupar com eles, como um cachorro que se preocupa com um osso.

Existem momentos em que precisamos pensar sobre todas essas coisas. Mas às vezes devemos nos dar um pouco de descanso, perceber que não somos responsáveis nem mesmo pelo destino do nosso mundo privado, quanto mais por responder perguntas cósmicas.

Pense em um bebê – indefeso, inocente, às vezes tão agitado –, e como, no seio de sua mãe, ele se torna uma imagem de contentamento e paz. A imagem do Salmo 131 pode nos fazer bem quando a vida parecer pesada demais e não soubermos para onde nos voltar.

Minha alma é como uma criança que se acalma.

26 DE OUTUBRO

A graça nos atinge quando estamos com grande dor e inquietação... Às vezes, naquele momento, uma onda de luz irrompe na escuridão, e é como se uma voz dissesse: "Você é muito querido."

– PAUL TILLICH

Nós nos repreendemos demais. Por que não somos capazes de enxergar além da nossa perda? Por que não somos enlutados melhores? Se somos pessoas de fé, por que não podemos deixar a fé que professamos nos sustentar?

Seria bom pensar naquelas vezes em que ralhamos com nosso ente querido ou não fomos sensíveis às suas perguntas e ao seu estado de espírito ou em que fomos a outro lugar quando sabíamos que ele adoraria uma visita nossa.

Será que nosso ente querido gostaria que sentíssemos essa angústia, além da tristeza? Nosso ser amado era perfeito? Alguém é?

Não mais do que nós somos. E não é preciso ser. Ninguém mais espera isso de nós, nem nós dos outros.

Fizemos o nosso melhor. Portanto, vamos sair da escuridão da autocondenação, respirar fundo, voltar-nos para a luz do amor que nos envolve e ouvir estas palavras: "Liberte-se de tudo isso. Você é muito querido."

Pelo menos por ora, deixarei de lado todas as perguntas sobre minha autoestima e saberei que sou querido do jeito que sou.

27 DE OUTUBRO

*Meu luto e minha dor são meus. São minha conquista.
São parte de mim. Por senti-los, consigo me
abrir para as lições que eles podem ensinar.*

– ANNE WILSON SCHAEF

Quando sentimos que estamos feridos e vulneráveis, uma das maneiras de reivindicar nossa justa presença no mundo é pleitear a legitimidade da nossa dor. É isso que somos agora, e é um modo válido de ser. Não podemos escapar da nossa realidade de pessoas enlutadas mais do que podemos escapar da realidade da morte do ente querido.

Com o tempo, nos veremos novamente em um contexto mais amplo. Mas se, por um tempo, o luto for o aspecto principal do nosso ser, que assim seja. Podemos nos afastar dele mais cedo se abraçarmos essa realidade agora. Não devemos desculpas a ninguém, nem a nós mesmos.

Somente vivendo plenamente o luto serei capaz de superá-lo e ouvir o que a dor tem a me dizer.

28 DE OUTUBRO

Vivemos em mistério e ainda assim nos comportamos como se tudo fosse conhecido?
— CHRISTOPHER FRY

Quando estamos enlutados, tudo tem um significado. Vemos sentido em eventos que são simplesmente aleatórios e nos perguntamos o que está acontecendo. Uma flor desabrocha no jardim, fora da estação. O telefone toca quando nos sentimos desolados e solitários e um amigo fala do outro lado da linha: "Eu estava sentado aqui lendo e tive uma vontade repentina de ligar para você." Um pássaro pousa no galho da árvore fora da nossa janela e balança para cima e para baixo, piando e cantando, por um longo tempo.

São apenas coincidências? Será que, nos mistérios da Criação, os poderes, Deus, as energias que movem o mundo – até mesmo nosso ente querido que partiu – estão cuidando de nós? Gostamos de pensar que sim. E quando nos reunimos com outras pessoas que passaram pelo luto, compartilhamos nossas histórias – timidamente no início –, e nosso corpo formiga, nosso coração fica feliz, e pensamos: "Sim, pode ser que sim."

Sempre há espaço para a dúvida. Sempre há espaço para a fé e a esperança. Essa é a natureza do mistério.

Aceitarei como presentes todas as declarações de amor e carinho.

29 DE OUTUBRO

*Aquiete-se, meu coração, essas grandes
árvores são preces.*

– RABINDRANATH TAGORE

Quando estamos sofrendo, tendemos a nos sentir sozinhos, isolados de outras pessoas e de outras coisas vivas.

É salutar sair e ficar perto de uma árvore. Estar na presença de uma grande árvore é sentir uma espécie de solidariedade com a natureza, uma continuidade entre nós mesmos e toda a Criação.

Agora chegue mais perto e toque com a palma das mãos na casca da árvore. Sinta-a delicadamente. Pense na idade dela – quanto tempo ela está aqui, quantos verões e invernos, como ela retira sua energia da terra, do sol e da chuva.

Em seguida, aproxime-se ainda mais, encoste-se na árvore e coloque os braços em volta dela (torcendo para que os vizinhos não estejam olhando, mas quem se importa?). Sinta sua própria continuidade com a árvore – e, por extensão, a continuidade do seu ente querido com toda a vida criada, inclusive essa árvore que você agora abraça em honra e em memória daquele que você perdeu.

Você pode estar rindo, chorando ou se sentindo tolo – ou um pouco de cada uma dessas emoções. Mas não se sente melhor?

O mundo criado é um só e abraça a todos nós, os vivos e os mortos.

30 DE OUTUBRO

*Sem amigos, o mundo é apenas um deserto. Não há
ninguém que transmita suas alegrias a seus amigos
e não se alegre mais; e ninguém que transmita
suas tristezas a seus amigos e não sofra menos.*

– FRANCIS BACON

Sabemos disso, mas às vezes temos que fazer um esforço para provar a nós mesmos mais uma vez.

Talvez simplesmente não tenhamos vontade de ver ninguém, nem mesmo um amigo. Ou, se o encontrarmos, talvez não queiramos incomodá-lo falando sem parar sobre como a perda é terrível. Ou podemos não querer, naquele momento, reabrir o coração a essa dor.

Todos esses estados de espírito são legítimos, e precisamos respeitá-los. Nem todos os momentos são apropriados para compartilhar nossa angústia.

Mas às vezes, entre amigos, assumimos o risco de compartilhar aquilo que nos incomoda tanto. Sim, podemos chorar e sentir a dor de reentrar nessa tristeza, mas o fato de mergulharmos nela significa que ela existe e precisa ser liberada. E quem melhor do que um amigo em quem confiamos para fazer isso? Vamos nos sentir mais em paz ao nos abrirmos para ele.

Confiarei nos meus amigos para me ouvir com amor e compreensão.

31 DE OUTUBRO

*Tudo ficará bem; todo tipo de
situação ficará bem.*

— JULIANA DE NORWICH

Quando eu pensava que meu mundo estava quase acabando, quando martelava no meu coração o entendimento de que a morte da minha filha não era um pesadelo do qual eu iria acordar, mas que duraria para sempre, uma amiga entrou na sala, colocou os braços ao redor de mim e disse: "Tudo vai ficar bem."

Achei que ela estava louca. Entretanto, seria possível que ela estivesse certa?

Tive a oportunidade, alguns anos depois, de consolar uma jovem cujo filho havia entrado em estado de coma, do qual não se recuperaria, e minhas palavras para ela foram as mesmas: "Tudo vai ficar bem." E senti aquela minha amiga ao meu lado, aquiescendo e dizendo: *Está vendo? Foi isso que eu lhe disse.*

Por mais improvável que pareça quando a dor nos assalta pela primeira vez, aprendemos que, embora a superfície da nossa vida muitas vezes esteja turbulenta, em um nível profundo e inabalável existe de fato a certeza de que tudo vai ficar bem.

Até que isso aconteça, apeguemo-nos ao testemunho dos outros e tenhamos esperança: se é assim para eles, por que não seria para nós?

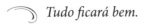 *Tudo ficará bem.*

1º DE NOVEMBRO

Nós conversamos em uma espécie de mar profundo de memórias, onde peixes mágicos nadavam, enquanto evocávamos nossos pais e as irmãs de Joy, todos mortos agora, mas conosco por uma hora, naquela sala requintada onde o tempo passado e o tempo presente fluíam juntos.

– MAY SARTON

Frequentemente falamos sobre a "comunhão dos santos".

O que queremos de fato, nós que perdemos entes queridos, é ter nossos "santos" particulares bem juntinho de nós. Queremos sentir que eles estão presentes nesse momento da vida.

As pessoas experimentam esse fenômeno de maneiras diferentes, desde ouvir vozes e ver presenças espectrais até ter fortes lembranças de entes queridos que quase as chamam para o seu lado. Seja qual for a forma que essa percepção ocorra, ela é uma bênção.

Entre as mais ricas experiências estão os momentos em que, com saudade e risadas afetuosas, compartilhamos as lembranças de alguém que amamos e já morreu com nossos amigos ou familiares. Ao fazermos isso, nos sentimos acolhidos e fortalecidos pela história que temos em comum, pelas comemorações de vida e de amor.

As memórias compartilhadas podem ser uma fonte de conforto e alegria.

2 DE NOVEMBRO

Viver de memórias, apegar-se a relíquias e fotografias, é uma ilusão. Como o alimento oferecido em sonhos, isso não nutrirá; nenhum crescimento ou renascimento virá daí.

– ANNE MORROW LINDBERGH

Muitos de nós conhecemos pessoas que, anos após a morte do seu ente querido, preservam o quarto dele "do jeito que era", deixando roupas de décadas atrás penduradas em um armário ou óculos velhos sobre uma mesa perto de um livro aberto.

Queremos coisas que lembrem nosso ente querido. Melhor se forem peças de uso corrente – o bule favorito da nossa mãe no qual agora preparamos o chá, uma caneta ou um abridor de cartas sobre a mesa do nosso pai, uma boneca querida que pode ser passada para uma criança que nunca conheceu a dona original.

E, claro, fotografias. Mas cuidado: as fotos do ente querido perdido não devem ser as únicas emolduradas na sala – ou tão presentes que transmitam a mensagem de que a vida da família voltou a um tempo perdido. Os santuários têm seu lugar, mas não são cenários ideais para a vida no momento presente.

Senhor, dai-me força para mudar o que pode ser mudado. Resignação para aceitar o que não pode ser mudado. E sabedoria para distinguir uma coisa da outra.

3 DE NOVEMBRO

O coração de Wilbur transbordou de felicidade...
– Bem-vindas ao celeiro. Vocês escolheram uma porta
sagrada para tecer suas teias. Acho que é justo dizer-lhes
que fui devotado à sua mãe. Guardarei para sempre
a sua memória. Para vocês, suas filhas, prometo
minha amizade, para todo o sempre.
– Eu prometo a minha – disse Joy.
– Eu também – disse Aranea.
– E eu também – disse Nellie.
Foi um dia feliz para Wilbur. E muitos outros
dias felizes e tranquilos se seguiram.

– E. B. WHITE

Nessa adorável história infantil, *A teia de Charlotte*, vemos um dos segredos da cura da tristeza: a transmissão do amor pelo que partiu para os que vêm depois. Nesse caso, é para as filhas de Charlotte que o amor de Wilbur flui; poderia ser para qualquer um que estivesse necessitando de carinho.

Sabemos muito bem que o mundo está repleto de pessoas que precisam de atenção, cuidado, amor. Se fomos abençoados com um bom relacionamento, distanciado agora pela morte, deveríamos transmitir todo o nosso amor para quem está próximo de nós – esse seria um legado honroso e louvável da boa relação que construímos no passado. Nunca deixamos de amar aquele que se foi, mas contribuiremos para a nossa cura e melhoraremos a vida de outras pessoas se abrirmos os braços para alguém necessitado.

Eu sei que tenho amor para compartilhar. Ficarei alerta.

4 DE NOVEMBRO

Sentindo-me leve por dentro, eu caminho.
– CANTO NOTURNO DOS NAVAJOS

Cada um de nós carrega uma luz dentro de si, embora muitas vezes ela pareça envolta em trevas. Mas ela está lá – aquela centelha que nos faz responder ao amor, ao cuidado, à beleza e à necessidade do mundo, mesmo quando estamos tristes. Talvez, de fato, quando estamos tristes, tenhamos reações ainda mais intensas às dádivas e oportunidades que a vida oferece.

Mas podemos nos mobilizar para *caminhar*, encorajados pela força daquela luz interior? Às vezes, especialmente quando estamos de luto, ficamos para trás, com medo. Nós nos sentimos imobilizados, queremos que outra pessoa tome a iniciativa e faça a vida girar.

A verdade é que temos mais poder do que acreditamos. E só daremos conta da dimensão desse poder reivindicando-o e dando um passo à frente. Temos medo do fracasso? O que devemos temer que se compare ao que já perdemos?

Portanto, vamos respirar fundo e deixar a sensação dessa luz interior arder com firmeza. Então, poderemos seguir em frente com a vida, imaginando que aquele que perdemos está ajudando a atiçar a chama e torcendo por nós.

Consciente da minha luz e do meu poder, sigo em frente com a minha vida.

5 DE NOVEMBRO

*Enquanto a dor for recente, qualquer tentativa
de nos desviar dela só nos causa irritação.*
– JAMES BOSWELL

Provavelmente é bem-intencionada a tentativa de ajudar um enlutado a "pensar em outra coisa", a "tirar aquilo da sua cabeça". Como se pudéssemos pensar em outra coisa quando o luto ainda é recente. O esforço de desviar a nossa atenção também pode significar que quem consola não sabe o que dizer. Ele ainda não sabe que sua presença, seu apoio, sua disposição para ouvir, é muito mais importante do que dizer "as palavras certas".

Para o enlutado, a tentativa de distração pode ser angustiante. Podemos sentir uma espécie de pânico, como se a pessoa com quem falamos não se importasse com a nossa dor e estivesse olhando para os bastidores enquanto o ato principal é totalmente ignorado. No entanto, queremos ser educados, sabemos que a pessoa está tentando ser útil. Então, aquiescemos, sorrimos e sentimos um vazio interior, tendo consciência de que manter essa farsa nos custa uma energia valiosa.

O que fazer para sair desse imbróglio? Talvez possamos direcionar a conversa para o que realmente está fervilhando na nossa cabeça. Se não, é melhor deixar a situação seguir seu curso. Alguém mais compreensivo pode aparecer em breve. E pelo menos saberemos o que fazer quando chegar a nossa vez de consolar alguém.

Que eu possa suportar com leveza as palavras dos que são bem-intencionados, porém ineptos. Eles provavelmente estão fazendo o melhor que podem.

6 DE NOVEMBRO

Sempre podemos ser gratos pelas provações do passado e pelas bênçãos do presente e estar preparados para abraçar com alegria quaisquer problemas que o futuro possa trazer.

– DOROTHY DAY

Somos gratos pelas bênçãos do presente. E talvez tenhamos feito as pazes com as provações do passado – ou pelo menos estejamos trabalhando nisso.

Mas "abraçar com alegria" os problemas do futuro?

Uma das coisas que a tristeza e a dor nos ensinam é que podemos sobreviver. E não apenas sobreviver, mas nos fortalecer com essa experiência, de modo que, da próxima vez que elas surgirem no nosso caminho, possamos saudá-las com mais coragem, mais confiança – até mesmo com uma espécie de alegria por, como membros da comunidade humana, sermos capazes de enfrentá-las.

Quando estamos presos nas garras de um luto recente nossa resposta a qualquer coisa é: quem se importa? Esse tipo de sabedoria é conquistada a um preço muito alto, quando nem sequer a desejávamos. Como poderíamos ser gratos por *isso*?

Mas talvez possamos pensar em períodos nos quais as forças de sobrevivência que adquirimos nos ajudarão a seguir em frente.

Sou grato pelas bênçãos do presente. Quanto ao futuro, vou esperar para ver.

7 DE NOVEMBRO

*Abra os olhos e veja as coisas que estão
ao seu redor neste momento.*

– RICHARD JEFFERIES

Uma das tentações quando nossa vida é abalada pela dor é viver no passado, seja com nostalgia ou com pesar.

Outra é viver projetando coisas tristes no futuro.

Às vezes, é dito que os "tipos sentimentais" (em oposição aos "tipos pensantes") precisam ser arrastados "aos chutes e gritos" até o momento presente.

Quando estamos de luto pela perda de um ente querido, nos tornamos propensos a assumir o modo "sentimental". Será preciso lidar com nossos próprios sentimentos – colocar uma venda no nosso olho interior para que possamos enxergar apenas o que está presente na nossa vida agora. Sem medo de perder as lembranças do passado ou o senso de futuro. Ambos estarão lá, prontos para nosso lamento, nossos anseios, nossa atenção.

Mas, por enquanto, nesta hora – ou nestes 15 minutos – vamos abrir os olhos, onde quer que estejamos, girar bem devagar de modo a formar um círculo completo e ver o que há ao nosso redor.

Neste momento, o lugar onde estou é o meu mundo.

8 DE NOVEMBRO

Se ficarmos um tanto atordoados pela tempestade, não devemos temer; vamos respirar e recomeçar do zero.

— FRANCISCO DE SALES

O luto é uma viagem de montanha-russa. Um dia pensamos que o pior já passou, que estamos começando a retomar a vida. No dia seguinte – ou na hora seguinte! – é como se tudo estivesse ainda muito fresco e não tivéssemos feito nenhum progresso.

Precisamos lembrar que a recuperação do luto é um caminho árduo e difícil. Haverá muitos contratempos, muitas estradas vicinais pelas quais seremos conduzidos, antes que possamos continuar a jornada para fora do vale da tristeza.

Melhor não desperdiçar energia nos castigando por não "termos melhorado". Estamos fazendo o melhor que podemos, essas "tempestades" e esses contratempos fazem parte do processo. Portanto, vamos esperá-los e aceitá-los quando vierem. Então, respire fundo e siga em frente.

Não vou desanimar com as mudanças de humor do luto, elas fazem parte do caminho em direção à saúde.

9 DE NOVEMBRO

Tenha coragem para as grandes tristezas da vida e paciência para as pequenas; e quando você tiver realizado laboriosamente sua tarefa diária, vá dormir em paz. Deus está acordado.

– VICTOR HUGO

Sentimos o peso da dor com muita força. Há muitas tarefas a serem executadas ainda e não temos ânimo para cumpri-las. Achamos difícil relaxar, ter alguma tranquilidade, dormir – embora saibamos que não ganhamos nada com toda essa agitação mental.

Há uma história sobre um homem chamado Charles Carter, que se envolveu em diversas boas obras. Um dia, ele percebeu que estava ficando doente. Muito angustiado, pensou: "Não posso ficar doente agora. Tenho muito que fazer, muitas pessoas dependem de mim." Quando dormiu, sonhou que Deus andava de um lado para outro no céu, torcendo as mãos e dizendo: "O que devo fazer? O que devo fazer? Charles Carter vai ficar doente!"

O mundo não está nas nossas mãos e, quando estivermos sendo esmagados pela angústia, devemos liberar e entregar essa emoção nas mãos d'Aquele que é a fonte de todo poder e amor, que não repousa nem dorme.

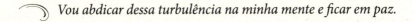 *Vou abdicar dessa turbulência na minha mente e ficar em paz.*

10 DE NOVEMBRO

Pois quando é que a morte não está dentro de nós?
Vivos e mortos são a mesma coisa, assim como
acordados e adormecidos, jovens e velhos.

– HERÁCLITO

Quando perdemos um ente querido, sentimos uma grande fratura na nossa vida, uma sensação de estarmos separados – como se nossa experiência e a do ente querido fossem agora diferentes para sempre.

Talvez seja um estranho consolo lembrar que todos fazemos parte da mesma aventura humana, que nosso ente querido seguiu em frente, por um caminho que também seguiremos.

Só que isso também pode ser fonte de ansiedade e medo. Somos lembrados da nossa própria mortalidade. Como será a morte para nós? Ouvimos histórias que confirmam a existência de uma linda vida após a morte, uma vida além da imaginação, e ansiamos por esses relatos como uma pessoa sedenta anseia por água.

Embora a vida tenha momentos difíceis, ela também é maravilhosa. Temos outras pessoas que amamos; não temos pressa.

Todas as nossas apreensões, assim como a esperança de uma vida além da morte, são trazidas à tona com a partida de um ente querido. Estar perto da jornada de outra pessoa amplia a visão da vida e da morte, e, com sorte, a morte se torna uma porta, não um muro.

Ao pensar no meu ente querido, sei que o mesmo fluxo da Criação envolve a todos nós.

11 DE NOVEMBRO

... E era cinza, e ficava ainda mais cinza quanto mais fundo ele ia. E se fosse mais profundo do que ele imaginava? Mas logo a luz mudou, a lama ficou mais clara e ele se dirigiu para fora, de novo na direção do céu claro e do sol brilhante. Ele disse que aquela era a melhor visão do mundo: o mundo.

– JOSEPHINE HUMPHRIES

Cada vez mais profundamente nos enterramos na dor. Desolações se acumulam. Nós nos perguntamos se algum dia veremos alguma coisa no horizonte que não seja escuridão e tristeza.

Então, um dia, em um momento de reflexão silenciosa, nos encontramos pensando em outra coisa. É possível?

Vamos nos mover para a frente e para trás muitas vezes – retroceder para a floresta escura e avançar novamente para a luz. Depois de um tempo, perceberemos que tudo é um só mundo, que os sentimentos de alegria e de tristeza se enriquecem mutuamente – como alguém que está muito doente passa a apreciar outra vez a beleza da luz das estrelas, o sabor do suco de laranja, a carícia do amor.

Desfrutar da vida de novo é ser desleal com o ente querido que se foi? Corremos o risco de esquecê-lo? Não se preocupe. Seria mais fácil nos esquecermos de respirar.

Estarei aberto à possibilidade de alegria na minha vida, e não terei medo.

12 DE NOVEMBRO

*... E dar a todos os que choram em Sião uma bela coroa
em vez de cinzas, o óleo da alegria em vez do pranto
e um manto de louvor em vez do espírito deprimido.*

– ISAÍAS 61:3

O profeta está antecipando as boas-novas do livramento divino. Em que consiste o livramento para nós?

Não que a situação vá mudar e nosso ente querido nos seja devolvido. Sabemos que não devemos esperar por isso.

Mas talvez sejamos um pouco libertados dessa dor, para que nossa existência não seja mais camuflada pela perda, e a beleza do mundo não seja mais apenas um lembrete de que aquele com quem a compartilhamos se foi. Disso, sim, podemos esperar ser libertados.

Precisamos apenas olhar ao nosso redor e enxergar outros que também sofreram perdas. Eles são uma legião; andam pelas ruas, entram e saem dos ônibus, fazem compras. Eles sobreviveram. E alguns saíram fortalecidos do sofrimento e são agora pilares de apoio para outros.

Quando tivermos sido libertados da dor mais profunda – com a ajuda de amigos, da fé, do tempo, do trabalho ao qual podemos retornar com a sensibilidade potencializada –, também experimentaremos "uma coroa em vez de cinzas, o óleo da alegria em vez do pranto e um manto de louvor em vez do espírito deprimido", e seremos uma bênção para aqueles que precisam de nós.

 Sei que voltarei a ver o sol.

13 DE NOVEMBRO

*Ao lidar com todos os aspectos do luto,
é importante manter o processo em andamento.
A tentação é congelar, ficar perpetuamente
recolhido diante de um golpe tão terrível.*

– MARTHA WHITMORE HICKMAN

O luto é quase uma sensação física, como perder o fôlego, especialmente se a morte veio repentina e inesperadamente. E mesmo que ela tenha demorado muito a chegar, há um impulso de não ceder no momento final. É nossa última experiência com o ente querido e queremos nos manter firmes, impedir que a lembrança dele se apague.

Isso é normal por um tempo. O perigo é ficarmos presos ali, naquele instante. Todos nós conhecemos ou ouvimos falar de pessoas que mantêm o quarto do ente querido exatamente igual a quando ele era vivo – até o ponto de deixar os chinelos descansando ao lado da cadeira favorita dele e roupas penduradas no armário. Isso não honra a verdade – sobretudo a vida daquele que se foi. Onde quer que esteja, ele não está no quarto. Aos poucos, precisamos nos libertar de um passado que não podemos manter e continuar com a vida que temos hoje.

À medida que avanço para minha nova vida, posso pensar que meu ente querido está fazendo o mesmo?

14 DE NOVEMBRO

*Mesmo no escuro, você tem o
poder de assobiar.*

– FREDERICK BUECHNER

Parece uma coisa simples reunir vontade e energia para assobiar.
Mas um dos principais componentes do luto é a dificuldade de levantar a voz e cantar ou assobiar uma música. Também é difícil tomar a iniciativa de realizar qualquer tarefa. Tendemos a ser reativos, a não começar nada. Reivindicar nosso poder já é uma vitória, e fazer algo associado a um estado mental despreocupado – como assobiar – é uma vitória imensa. Pode significar uma importante mudança na variedade de estados de espírito que estamos dispostos a experimentar. Estamos prontos para renunciar à imagem de nós mesmos como pessoas sofridas e feridas e, pelo menos nesse momento, reingressar na corrente ativa da vida.

Se formos capazes de assobiar – ou de fazer qualquer coisa que pareça nos distanciar do fardo do luto – será uma conquista e tanto. Estamos em movimento, tirando o manto do "eu estou ferido" e seguindo em frente. É um triunfo. É algo que merece um assobio.

Aos poucos, estou saindo da escuridão.

15 DE NOVEMBRO

*Convidados de minha vida,
você chegou de madrugada, e você, à noite.
Seu nome foi dito pelas flores da primavera, e o seu,
pelas pancadas de chuva.
Você trouxe a harpa para minha casa, e você, a lâmpada.
Depois que partiram, encontrei as pegadas de
Deus no meu chão.*

– RABINDRANATH TAGORE

É tão fácil pensar que temos algum direito definitivo sobre aqueles que amamos em vez do privilégio de compartilhar nossa vida com eles por determinado tempo.

Sabemos que passamos nossos genes para nossos descendentes, assim como nossos pais nos transmitiram os deles. Transmitimos oralmente nossas memórias e deixamos para trás momentos que compartilhamos com as pessoas que amamos.

Só que há sempre alguma coisa cujo cerne é um mistério. De onde ela veio e para onde vai, não temos como saber. Mas talvez haja um traço do divino em cada um de nós, que vem de sua morada em Deus e retorna àquela casa.

Diante do mistério da vida, fico calado e contente.

16 DE NOVEMBRO

Percebi...
que assim que o mar se aproxima, nós deixamos
de ser bons vizinhos,
que se conhecem, são amigáveis, mas a distância,
você troca sua casa por um castelo de coral
e aprende a respirar debaixo d'água.

– CAROL BIALOCK

Sabemos que a morte faz parte da vida. Estivemos presentes na dor de amigos enlutados – talvez nós mesmos tenhamos passado por experiências de luto. Mas cada experiência é nova e sempre levanta suas próprias perguntas, exige suas próprias respostas. Mesmo quando a perda de um ente querido vem depois de uma longa doença e estamos "preparados" para ela ou quando a morte chega repentinamente, entramos em um novo mundo. As cores são diferentes, o ar tem algo diferente, os sons têm um eco diferente do que tinham antes.

Não há nada acadêmico na morte, nada que possa ser extraído filosoficamente ou que traga algum conforto a quem quer que seja. "É claro que eu sei que todo mundo vai morrer" é a típica frase repetida sem emoção. "O que faço agora? O que faço a seguir?" são perguntas repetidas com emoção. Aprendemos que esse novo mundo tem sons e cores bem diferentes daqueles que conhecíamos até então, mas, depois de um tempo, ele se torna o nosso mundo.

Em algum lugar no fundo do meu ser está a semente da paz.

17 DE NOVEMBRO

Tudo na vida que aceitamos de verdade passa por uma mudança. Portanto, o sofrimento deve se tornar amor. Esse é o mistério.

– KATHERINE MANSFIELD

Isso não acontece imediatamente. Estamos preocupados demais com nossa privação e nossa tristeza. Precisamos de um tempo para meditar sobre nossa vida, repassar continuamente o que perdemos, o que vamos fazer daqui para a frente, o que o futuro nos reserva.

O sofrimento não vai se transformar em amor porque desejamos isso.

Entretanto, durante o tempo em que lutamos contra a dor e seu significado, as sementes de uma nova compaixão estão germinando na nossa psique. Como passamos pelo sofrimento, temos um coração terno para com os outros. Como nossas defesas foram arrancadas de nós, temos uma nova perspectiva sobre o que significa ser vulnerável e reconhecemos a vulnerabilidade dos outros. Como reconhecemos o quão intimamente estamos conectados com os outros, nos tornamos permeáveis, transparentes – pessoas por quem a luz brilha.

E a luz, que é o amor iluminado, atinge quem está ao nosso redor, e quem sabe essas pessoas se tornem capazes de correr o risco de amar. Juntos, percebemos que "nenhum homem é uma ilha". Embora ainda estejamos tristes, não estamos sozinhos. O amor, muitas vezes forjado a partir da tristeza, é o maior presente que a vida nos dá.

O amor é o mistério no qual habito, sem medo.

18 DE NOVEMBRO

Não me lembro bem do dia em que senti pela primeira vez que nem tudo estava irremediavelmente perdido. Teria sido o sorriso de uma criança que me acordou ou um sinal de tristeza revelado em um lugar que eu não queria que fosse visto? Ou um senso de responsabilidade? Ou teria eu finalmente me entregado ao desespero? Talvez eu simplesmente estivesse de novo presa ao jogo da vida.

– ANNE PHILIPE

É uma surpresa para nós. Nunca pensamos que iria acontecer. Mas um dia percebemos que estamos tendo prazer novamente. É um presente duplo – essa redescoberta da alegria da vida –, porque pensávamos que ela nunca mais voltaria.

E lá está ela – como flores no início da primavera, abrindo caminho para os dias de sol e calor que ainda virão. São um presente inesperado, e sua beleza chama nossa atenção para uma nova vida ao nosso redor.

Meu passo se acelera, meu coração dá um salto de gratidão pelo surpreendente retorno da beleza do mundo.

19 DE NOVEMBRO

Somos um animal inquieto, talvez os únicos entre todas as criaturas do mundo. Preocupamo-nos com nossas vidas, temendo o futuro, descontentes com o presente, incapazes de suportar a ideia de morrer, incapazes de ficar parados.

– LEWIS THOMAS

Livrar-se de tudo isso é mais fácil falar do que fazer.

Mas reconhecemos a sabedoria dessa ideia – a futilidade de nos preocuparmos, o perigo de ficarmos tão agitados com a vida que nos esquecemos de desfrutar das maravilhas do momento. Pior, não conseguimos ficar parados.

O escritor e teólogo americano Fred Buechner escreveu sobre aquela pessoa que é uma espécie de mandachuva da família, que assume as preocupações com dinheiro, saúde, horários a cumprir, e até a manutenção do carro da família, liberando os outros para atividades mais espontâneas e alegres.

Talvez, fazendo uma pequena pausa – a qualquer momento, mas talvez especialmente quando nos sentirmos sobrecarregados por uma dor profunda –, possamos tomar a decisão consciente de "deixar a vida nos guiar", como os primeiros crentes costumavam dizer: entregar a Deus (ou ao ar ou a alguma árvore forte e robusta) toda a corrente turbulenta de dor e agonia sobre o significado da vida e da morte e apenas assimilar o momento presente.

A preocupação foi reconhecida como a derradeira autoindulgência. Eu não preciso dela.

20 DE NOVEMBRO

Reserve um tempo para planejar o futuro. Se for financeiramente possível para você, fique em sua própria casa, com as coisas familiares ao seu redor. Mais tarde, se você for embora, se for viajar ou mesmo decidir montar sua casa em outro lugar, o espírito de ternura, de amor, não o abandonará. Você vai descobrir que ele se tornou parte de você, cresce dentro de você, e por causa dele você não tem mais medo da solidão, do escuro, porque a morte, o último inimigo, foi vencida.

— DAPHNE DU MAURIER

Quando questionado por que não viajava mais, o pintor realista americano Andrew Wyeth teria dito: "O familiar me liberta."

Talvez o familiar também nos liberte do luto, mesmo quando nos envolve com lembranças e seu próprio consolo. Pode, porém, nos manter em cativeiro – é preciso ficar atento a isso.

Após a morte do marido, uma amiga retirou quase imediatamente da sua casa a velha cadeira marrom em que ele costumava se sentar. Foi uma forma de reconhecer que ele havia partido, que a vida havia entrado em um novo capítulo. Deve ter sido confortável para outra pessoa sentar-se naquela cadeira. Cada um de nós precisa encontrar seu próprio caminho.

Terei cuidado, sabendo que o familiar pode me libertar ou me aprisionar.

21 DE NOVEMBRO

A verdadeira oração nos leva à beira de um grande mistério, onde nos tornamos inarticulados, onde nosso conhecimento falha.

– PARKER PALMER

Gostaríamos muito de *saber*: meu ente querido está em algum estado gloriosamente aprimorado? Como é esse estado? Ele está ciente de mim? Vamos nos encontrar de novo?

Se eu rezar, saberei? O poder sustentador da oração, no entanto, não se encontra em perguntas irrespondíveis.

Alguns anos atrás, meu marido e eu fomos para o Alasca. Um dos destaques do passeio era uma viagem de ônibus para Denali (Monte McKinley). Durante toda a vida, tínhamos ouvido falar sobre a imponência dessa montanha. Disseram que era improvável que pudéssemos vê-la – o céu estava querendo ficar nublado e a visibilidade poderia ser baixa.

Depois de várias horas, o ônibus contornou a base de uma colina. Vimos uma fila de turistas, um ao lado do outro, olhando para aquela montanha a quilômetros de distância – gigantesca, branca – e apontando para o céu.

Nós nos juntamos aos outros espectadores – eram provavelmente 100 pessoas. Houve um silêncio. Todos nós ficamos observando a montanha. E nada – nenhuma palavra, nenhuma foto em um folheto de viagem, nenhuma estatística – poderia nos ter preparado para o que vimos. Ficamos em silêncio.

No mistério da oração, preciso apenas estar lá.

22 DE NOVEMBRO

Minhas glórias e minhas terras, tu podes subtrair
Mas não as minhas dores. Delas não podes me despir.

– WILLIAM SHAKESPEARE

O luto é um assunto privado que afeta todos os nossos relacionamentos com amigos, família e com o mundo.

Mas é em nossa solidão que somos mais impactados pela perda. É lá, na interação com a memória e nas decisões sobre energia e tempo, que temos algum controle sobre o curso da dor.

É uma responsabilidade que às vezes gostaríamos de não ter. É fácil cair na rotina – até mesmo na rotina do luto. Nós nos acostumamos a viver nesse estado de espírito, e pode ser mais confortável permanecer nele do que fazer um esforço para afastar o sofrimento do centro da nossa vida. Podemos até nos sentir possessivos em relação à dor – como se qualquer tentativa, nossa ou de amigos bem-intencionados, pudesse reduzir a importância da perda ou do ente querido que partiu.

Sabemos melhor do que ninguém quando permanecer no luto e quando passar para outra fase. O importante é aceitar interiormente a responsabilidade pelas escolhas que fazemos. E reconhecer a diferença entre lamentar a perda e continuar a acalentar o ente querido.

Às vezes, a melhor escolha é estar na minha dor; às vezes, não.

23 DE NOVEMBRO

*Não sei se a personalidade humana sobrevive
à morte física. Estou contente em esperar e ver
o que vem depois da morte, estou aberta a qualquer
possibilidade. Se for um sono eterno também
será um presente, depois de uma vida plena.*

– ELIZABETH WATSON

Isso parece um pequeno consolo quando somos jogados em uma nova dor pela perda de um ente querido. Uma parte da nossa vida foi cortada e ansiamos desesperadamente por manter, de alguma forma, o nosso relacionamento.

Não há como saber em que termos isso pode ser possível após a morte. Mas, com o passar do tempo, vemos que, mesmo com a ausência física da pessoa amada, o relacionamento é retomado à medida que sentimos sua influência e sua presença de maneira sutil, embora penetrante, no nosso cotidiano.

Quanto à possibilidade de que a morte seja um sono eterno... Pense no maior cansaço que você já sentiu e em como o sono foi convidativo. Isso é tão ruim assim? Especialmente quando você sabe que sua essência estará com seus entes queridos pelo restante de sua vida.

Não tendo alternativa... vou confiar a vida àquilo que não tenho como saber.

24 DE NOVEMBRO

O surpreendente ou lamentável é que as privações nos trazem a cura ao mesmo tempo que dão origem à dor. Uma vez que tenhamos aceitado o fato da perda, entendemos que o ente querido obstruiu todo o canto do possível, que agora está puro como um céu lavado pela chuva... Livres, buscamos o novo, enriquecidos pela dor. E o impulso perpétuo para a frente sempre recua para reunir novas forças. A queda é brutal, mas partimos novamente.

– ALBERT CAMUS

É uma troca que nunca teríamos feito de bom grado e, por um tempo, o "canto do possível" nada mais é do que o luto. Não temos impulso para coisas novas.

Passados alguns meses, quando conseguimos nos afastar um pouco da dor e olhar para nossa vida, encontramos um espaço vazio onde costumava estar o envolvimento com nosso ente querido.

O que fazer com esse tempo e energia? Talvez devamos incluí-los em outras tarefas que já estamos fazendo. Ou talvez seja hora de pensar em algo novo. Talvez, na transferência da energia que costumávamos dar ao nosso relacionamento, possamos enxergar memórias vivas do nosso ente querido. Vamos fazer delas algo que valha a pena!

Minha vida está entrando em um novo capítulo. Que coisa nova devo acrescentar a ela?

25 DE NOVEMBRO

Algo dentro de mim está acordando de um longo sono, e quero viver e me movimentar novamente. Um pouco de entusiasmo está voltando, uma imensa gratidão por aqueles que me amam, um forte desejo de amá-los também. Estou muito agradecido pela vida. Eu não ordenei a mim mesmo que fosse grato. Eu simplesmente sou.

– ALAN PATON

É como ficar bom depois de muito tempo doente. Cada dia parece um presente – o sol mais forte, o ar mais claro, o sabor maravilhoso da comida na língua.

A palavra "renascimento" não é muito forte para esse retorno à felicidade, ao profundo contentamento com a vida. De certa forma, é um mundo diferente no qual nascemos. Há coisas que reconhecemos do mundo que conhecíamos – os móveis, a cidade, quase as mesmas pessoas –, embora tudo tenha uma nova coloração. A fundação inclinou-se, ameaçou nos deslizar para o abismo e depois endireitou. Somos mais fortes agora por termos sobrevivido à tempestade.

Por parecer um mundo novo, o tempo quase passa devagar, como acontecia quando éramos crianças. E nossa gratidão pelas maravilhas desse mundo é quase tão profunda e simples quanto a gratidão de uma criança – por um mundo lavado por nossas lágrimas, tão vicejante agora quanto uma paisagem depois da chuva.

Passar por uma grande tristeza é renascer em um novo mundo.

26 DE NOVEMBRO

*Então ele passou, e todas as trombetas
soaram para ele do outro lado.*

– JOHN BUNYAN

Se acreditamos em vida após a morte, que imagens habitam essa crença? As imagens vitorianas dificilmente parecem plausíveis ou atraentes. Os "coros celestiais" despertaram antipatia em Mark Twain, que se perguntou por que imaginávamos o céu com todas aquelas coisas que dificilmente poderíamos suportar em vida. Sem sexo. Só coros celestiais. Por favor!

A imagem do escritor e teólogo inglês John Bunyan em *O peregrino* – livro escrito em duas partes, em 1678 e 1684 – parece, de alguma maneira, antiquada.

E daí? São apenas conjecturas – tentativas de expressar o incognoscível.

As imagens modernas têm a ver com luz – um túnel, talvez, e depois a luz! Sempre calor. Sempre um amor inconcebivelmente maravilhoso. Para muitos, o rosto de entes queridos. Uma figura de Deus ou alguma outra encarnação religiosa.

Quem sabe? Mas o som de trombetas dando as boas-vindas a um triunfante guerreiro espiritual não é ruim. Que música eles estariam tocando? Teremos que esperar para ver.

Nas minhas fantasias, estou alcançando os braços acolhedores do meu ente querido.

27 DE NOVEMBRO

Em busca do jardim de minha mãe,
encontrei o meu.

– ALICE WALKER

Em um momento de perda, nossa herança – aquela sucessão de genes e circunstâncias que nos trouxe à existência – assume uma importância ainda maior na vida. Ou talvez seja porque tudo o que é importante se torna ainda mais importante com a intensidade do sentimento que a perda provoca.

Podemos valorizar de novo os nossos antepassados, reconhecendo quem eles foram e o que nos transmitiram, não somente as características físicas, como a cor dos olhos e o formato do corpo, mas coisas como um dom para matemática, o amor pela jardinagem ou até mesmo suas comidas favoritas. Quando eu era criança, senti um vínculo imensamente fortalecido com minha avó quando minha mãe disse: "Você é como a minha mãe. Pera também era a fruta favorita dela." O fato de eu ter o nome da minha avó acrescentou algo a esse vínculo. Essas coisas me fizeram sentir como se fosse sua companheira íntima, embora ela tivesse morrido quando eu tinha 2 anos. Assim, fortalecemos nossos laços de amor e nos consolamos com as redes da história das quais nós e nossos entes queridos fazemos parte.

Alegro-me com a rica estrutura de família e amigos que me mantém seguro e grato em um momento como este.

28 DE NOVEMBRO

A luz morreu nas nuvens baixas. A neve caindo bebeu no crepúsculo. Envoltos em silêncio, os ramos me envolveram em sua paz. Quando os limites se apagaram, mais uma vez a perplexidade: eu existo.

— DAG HAMMARSKJÖLD

Talvez na esteira de uma grande tristeza, sensibilizados como estamos em relação aos matizes e simbolismos da experiência, aos mistérios da fronteira da vida, sejamos mais capazes do que em outras ocasiões de sentir uma espécie de pulsação unificadora com tudo o que existe.

Lembro-me, após uma grande tristeza, de estar em uma varanda no topo de uma montanha em uma clara noite de verão e sentir como se houvesse uma conexão quase palpável entre mim e as estrelas que brilhavam no céu acima do pico da montanha à minha frente.

Essa ternura para com a Criação é um presente conquistado a um alto preço e talvez seja uma espécie de consciência expandida, evocada durante nossa busca no universo pelo que perdemos: *Onde você está? Você me entende? Você me vê parado aqui, pensando em você? Eu te amo. Eu sei que você sabe disso.*

E assim, essa conversa fantasiosa com os mortos pode continuar. No entanto, na unidade da vida, quem sabe quem está falando e quem está ouvindo?

Ainda estarei na minha alma e pensarei no meu amor.

29 DE NOVEMBRO

Deus está vindo. Mas para que isso realmente aconteça, devemos ir ao encontro de Deus. A estrada segue em duas direções. O convite é para que o divino e o humano se reúnam no meio do caminho.

– WENDY WRIGHT

Como em qualquer relacionamento, é preciso algum interesse, alguma disposição, de ambos os lados. Não que pudéssemos imaginar um Deus – seja qual for nossa ideia de Deus – que fica para trás, tímido ou mesmo petulante, esperando para ser notado.

No entanto, se estivermos virados para o outro lado para não enxergarmos, se nossos ouvidos estiverem tapados para não ouvirmos, é improvável que possamos estar cientes de um Deus que espera ansiosamente para nos consolar e tranquilizar.

O que isso diz a nós, que sofremos e temos fome de qualquer apoio, qualquer indício de um Deus que nos ama e cuida de nós quando estamos tristes?

Talvez tenhamos que pelo menos considerar a possibilidade de que Deus está ali, à nossa espera.

E, da mesma maneira que esperaríamos o som de convidados chegando à nossa porta para sairmos correndo, recebê-los e convidá-los a entrar, vamos deixar que um sentimento de expectativa e fé tome conta de nós e observar como a conversa desenrola.

Qualquer relacionamento requer a participação de ambos os lados.

30 DE NOVEMBRO

*Que os anjos em quem não acredito o conduzam
ao Paraíso; em sua vinda, que os mártires há muito
desintegrados o levem para o alto, em descanso eterno,
e que o coro dos anjos o conduza àquilo que
não existe, à cidade sagrada e à luz perpétua.*

– WILLIAM GIBSON

A razão luta contra a possibilidade de vida após a morte. Vemos de repente o corpo vazio de vida, de espírito. Para onde ele foi? Não queremos ser enganados, nem mesmo para nosso próprio conforto. Como pode um espírito viver sem sua roupa vitalícia?

Ainda assim, queremos seriamente acreditar que há mais do que podemos enxergar e que nos veremos outra vez. As religiões da humanidade descrevem uma estrutura na qual é possível acreditar. Temos histórias, palpites, esperanças. Temos visitas e sonhos, e sabemos de vidas transformadas pela força do que não pode ser visto ou medido.

Portanto, por segurança, expressamos nossa incerteza, nosso ceticismo, e então, de algum lugar, vem o clarão intuitivo da fé, os relatos, e somos erguidos por asas... e voamos.

A fé é uma dádiva. Vou abrir minhas mãos para recebê-la.

1º DE DEZEMBRO

*Seja reverente diante do amanhecer.
Não pense no que será em um ou
em 10 anos. Pense no dia de hoje.*

– ROMAIN ROLLAND

Em qualquer momento da vida, é difícil não se preocupar indevidamente com o que está por vir. Mas, quando perdemos um ente querido, é duplamente difícil. Todos os planos e as esperanças que tínhamos de um futuro no qual essa pessoa continuaria presente precisam ser reformulados. Mesmo que ela tenha morrido na velhice, o futuro ainda precisa ser refeito. Se nosso pai ou nossa mãe morreu, a remoção da barreira entre nós e a morte tem um significado preocupante: como será daqui a 10 ou 20 anos, quando eu for o "idoso"? Outros estarão ao meu lado? Se uma criança morreu, a inversão de sequência no drama humano evoca todo tipo de dor antecipada em relação a um futuro que deveria ter sido diferente.

E enquanto estamos nos preocupando, nos afligindo e sentindo pena de nós mesmos, a vida esvanece.

É um princípio difícil de adotar – e não podemos fazer isso o tempo todo –, mas tentemos saudar cada dia como um presente – ou uma provação, se for um dia mais árduo. Não enterremos o sol e a beleza de hoje sob a sombra de um futuro lastimado sobre cuja natureza podemos apenas especular.

Vou olhar ao meu redor agora, neste minuto, e ver o que a vida me reserva.

2 DE DEZEMBRO

Há uma atração gravitacional, uma corrente infinita que não reconhecemos e que nos atrai para além de todas as coisas e pessoas, mas, ao mesmo tempo, mais profunda e livremente para dentro delas.

– EDWARD J. FARRELL

Uma das dádivas ambíguas do nosso sofrimento (ambíguas porque são dádivas que nunca teríamos escolhido) é que ele amplia a perspectiva do nosso olhar. Queixas mesquinhas que tínhamos parecem sem importância. Pessoas com quem pensávamos não ter nada em comum tornam-se amigos especiais. A intrepidez profissional cai da nossa lista de prioridades; relacionamentos são o que importa de verdade.

Ao mesmo tempo que nos sentimos ligados a amigos e familiares de maneira mais profunda, temos a sensação de que todos nós vivemos no mistério, que estamos conectados à terra e ao céu, aos ritmos do universo, a toda uma gama de coisas vivas de um modo que não compreendemos.

Talvez eu possa abrir mão da minha apreensão sobre a vida e acreditar que tudo ficará bem.

3 DE DEZEMBRO

Eu estava começando a melhorar, pensei que estava melhor, mas as festas me atingiram.

– UMA VIÚVA EM SEU PRIMEIRO NATAL SOZINHA

As lembranças estão sempre lá para nos fisgar, para reacender a chama da dor – aniversários, feriados, férias de verão –, qualquer ocasião que seja a "primeira" sem nosso ente querido. Mas as festas de Natal, as comemorações de Ano Novo, quando o mundo inteiro está pronto para as celebrações, são as épocas mais difíceis do ano para os sobreviventes de perdas. Cada um de nós tem uma lista consagrada de coisas que "sempre fazemos" – ir aos eventos religiosos, colocar presentes sob a árvore de Natal, acender velas, compartilhar comidas tradicionais. Tudo isso é parte da nossa identidade e da nossa alegria de estarmos vivos juntos – e agora uma das pessoas mais importantes com quem compartilhávamos essa alegria se foi. É de admirar que tenhamos medo de pensar nessas datas?

Nós vamos superar isso, e talvez mais facilmente se pudermos conversar sobre o assunto com pessoas que estão sofrendo pela mesma perda. Estender a mão a outros indivíduos (os solitários, os sem-teto, os que passam fome), para quem essa também é uma temporada difícil, vai nos ajudar, além de expressar o significado mais profundo dessa época do ano.

Eu sei que esta será uma temporada difícil para mim. Vou viver um dia de cada vez. Reconhecerei quando a dor se aproximar. E tentarei estar aberto a momentos em que a alegria possa me surpreender.

4 DE DEZEMBRO

Há momentos de oração que, embora passados em meio às distrações e ao tédio, ainda são, por causa de suas boas intenções, frutíferos ao coração, fortalecendo-o contra todas as tentações.

– FRANÇOIS FÉNELON

A maior tentação dos enlutados é cair em desespero. Existem outras, como negar, idealizar, recusar ajuda, só para citar algumas. O desespero pode tomar conta de quem sofreu uma perda, especialmente nessa época, quando todos estão se preparando para as celebrações das festas de fim do ano e para os encontros familiares. E se estivermos tentando manter o coração e a mente "no caminho" para a cura, haverá dificuldades extras nesse momento – há muitas distrações e há muito a fazer. Ficamos exaustos de ter que cumprir tantas tarefas e nossa tristeza acaba permeando tudo, tornando o fardo ainda mais pesado.

Agora é um bom momento para ler as palavras do autor e clérigo francês do século XVII, François Fénelon. Podemos reconhecer as dificuldades dessa estação, fazer o que pudermos para cultivar alguma paz interior e confiar que não sairemos do nosso caminho antes que as semanas, às vezes felizes e às vezes tristes, passem e tudo se acalme.

Na agitação das próximas semanas, tentarei passar alguns minutos todos os dias em oração silenciosa – meu suporte contra o tumulto emocional e físico desses dias.

5 DE DEZEMBRO

O que chamamos de luto por nossos mortos talvez não seja tanto o pesar por não podermos chamá-los de volta, e sim por não querer fazê-lo.

– THOMAS MANN

Estas são palavras difíceis quando estamos lutando contra todos os sentimentos que acompanham a perda de um ente querido. A sugestão de que há vantagens na sua partida pode ser ofensiva ao extremo. Mas o que Mann está falando é da ambivalência que acompanha qualquer relacionamento, mesmo o mais estimado e amoroso.

Isso significa que não amamos a pessoa que partiu? Não! Ou que, se ela estivesse viva, não teríamos certeza de que a desejamos de volta? Na maioria dos casos, não. (A pessoa também pode não querer voltar.) Isso quer dizer que as equações dos relacionamentos humanos são maravilhosamente complexas – como sabemos quando nos olhamos honestamente no espelho.

Amar alguém profundamente é conhecer essa pessoa na sua fraqueza e na sua força.

6 DE DEZEMBRO

Pouco a pouco, eu reentro no mundo. Uma nova fase. Um novo corpo, uma nova voz. Os pássaros me consolam voando; as árvores, crescendo; os cachorros, por deixarem uma área quente no sofá. Pessoas desconhecidas, simplesmente por realizarem suas tarefas diárias. A recuperação de si mesmo é como a lenta recuperação de uma doença.

– TOBY TALBOT

Quando a dor ainda era recente, pensávamos que nunca mais teríamos prazer nos eventos pequenos e comuns da vida. Naquela época, pensávamos que nossa percepção do mundo seria sempre dominada pela perda penetrante e avassaladora. Portanto, somos duas vezes abençoados quando, um pouco de cada vez, começamos a desfrutar de novo dos adoráveis processos pelos quais a vida é silenciosamente impulsionada, dia após dia. Somos duas vezes abençoados porque os dentes afiados da perda já não mordem mais nossa consciência o tempo todo, e porque estamos cientes das coisas incríveis que sustentam a vida ao nosso redor – como a floração de árvores que tinge as ruas com suas cores vibrantes, ou uma xícara de café quentinho quando chegamos da rua em dias muito frios. Agora, nós – até mesmo nós – podemos relaxar e começar a confiar na vida novamente.

Vou abrir meus olhos e estender meus braços para a beleza e para a maravilha do mundo.

7 DE DEZEMBRO

*O que passou e já não tem remédio,
lastimar não devemos.*

— WILLIAM SHAKESPEARE

Não é exatamente assim que acontece com quem perdeu alguém querido. É só parte do que significa o luto, saber que não há como mudar o que aconteceu, não há ajuda para restaurar o que se foi.

A personagem de Shakespeare, Paulina, de *Conto do inverno*, diz algo não mais palatável para seu ouvinte do que alguém poderia dizer para nós hoje: "Anime-se. Acabou. Você não pode fazer nada para mudar isso. Aceite e siga em frente com a sua vida."

Já é bastante ruim ouvirmos esse tipo de conselho de amigos bem-intencionados. Pior ainda se aceitarmos essas exortações e depois nos sentirmos culpados se não conseguirmos agir de acordo com elas.

É claro que não queremos ficar deprimidos, nos lamentando para sempre. Mas a maneira mais certa de evitar esse tipo de atitude não é tampar o poço da nossa dor e nos afastar, mas lidar com o luto honestamente, vivenciando a dor e a raiva pelo tempo que for necessário. Então, e só então, seremos capazes de incorporar o significado da perda à nossa vida e seguir em frente.

A incorporação da perda à minha vida é um processo longo, e eu lhe darei o devido tempo.

8 DE DEZEMBRO

> *Quando perguntei ao cirurgião ortopédico que me tratou se as pessoas costumam fraturar ossos por causa do luto, ele disse, sem nem mesmo erguer os olhos do pé machucado: "É claro que sim, as pessoas perdem o senso de equilíbrio."*
>
> – LILY PINCUS

Às vezes pode não ser tão específico como uma fratura, mas o corpo reage com suas próprias feridas a uma ferida da mente e do espírito. É bem sabido que, após uma perda grave, o corpo se torna mais sujeito a lesões e doenças. Portanto, cabe a nós cuidarmos particularmente bem de nós mesmos – ser mais criteriosos com o que comemos, com a direção quando estivermos dirigindo cansados. A melhor alternativa, neste caso, é tentar descansar antes de percorrer longos trajetos.

Será que sofremos mais acidentes porque estamos deprimidos e não nos importamos tanto em nos manter saudáveis, em nos manter vivos? Somos descuidados porque estamos preocupados com a dor? Existe algo na química do luto que afeta o sistema imunológico e torna mais difícil para o corpo lutar contra infecções? A relação entre mente e corpo tem sido bastante estudada, e há muita coisa que ainda não sabemos.

Mas sabemos que corremos um risco extra e, em respeito a nós mesmos e àqueles que amamos, faríamos bem em cuidar da nossa saúde da melhor maneira possível.

Tenho muito para viver e viverei melhor se estiver saudável.

9 DE DEZEMBRO

Quando tudo está escuro, quando estamos rodeados por vozes desesperadas, quando não vemos nenhuma saída, podemos encontrar a salvação em um amor relembrado, um amor que não é simplesmente uma lembrança do passado, mas uma força viva que nos sustenta no presente. Por meio da memória, o amor transcende os limites do tempo e oferece esperança em qualquer momento da nossa vida.

– HENRI NOUWEN

Lembro-me, quando adolescente, de ver uma amiga católica "recitar" as contas do seu rosário – tocando uma de cada vez enquanto dizia a oração em voz alta. Fiquei intrigada e perplexa porque essa expressão de fé estava longe da minha herança de uma igreja protestante livre, na qual nada fazíamos de cor, exceto murmurar o pai-nosso a cada domingo.

A imagem de contas preciosas em um cordão permaneceu comigo e, às vezes, penso nas lembranças que me são caras dessa maneira. No dia em que meu marido e eu começamos a namorar, eu avisei a ele que iria para uma cidade distante, e ele pensou que seria para sempre; a expressão no rosto quando ele disse "Lamento ouvir isso" é uma memória que guardo por mais de 40 anos. Ou quando minha filha, expressando seu orgulho por um poema que eu havia escrito, perguntou: "Posso levar para a escola e mostrar ao meu professor?"

O amor que emana das minhas lembranças é eterno.

10 DE DEZEMBRO

Enquanto eu estava lá, as lágrimas escorrendo pelo meu rosto, senti uma espécie de alegria por ele, uma alegria quase incomum, de que ele logo seria libertado, e tive a sensação de que ele estava no limiar de alguma grande aventura.
Não foi apenas um momento de terrível tristeza, mas um momento de luz, enquanto eu estava ali me despedindo dele.

– MARTHA WHITMORE HICKMAN

Era meu pai quem estava deitado na cama, morrendo. Eu esperava a tristeza. O que eu não esperava, embora acredite em vida após a morte, era aquela estranha onda de felicidade, a expectativa de aventura e alegria. Não naquele momento. Era sobretudo uma dádiva, mesmo que fugaz.

Nenhum de nós sabe o que há do outro lado da morte, mas temos pistas – pelas histórias que nos contam, pelas nossas próprias experiências, pelos livros detalhando experiências de quase morte – que oferecem esperança e a promessa de que além da morte há luz, boas-vindas, paz e alegria inimagináveis. Essas pistas podem trazer conforto em dias sombrios. Nós nos agarramos a elas como dedilhamos as contas de um rosário. *Sim*, pensamos, *a esperança é legítima. Tudo vai dar certo no fim.*

Em meus tempos de escuridão, conduza-me à luz.

11 DE DEZEMBRO

O choro pode persistir uma noite, mas de manhã irrompe a alegria.

– SALMO 30

Quantas vezes ficamos acordados à noite, com os pensamentos sobrecarregados de estresse, o cérebro zumbindo com esse ou aquele problema, e tudo isso agravado pela frustração de não sermos capazes de fazer o que deveríamos – dormir! E então, pela manhã, embora estejamos cansados, as coisas geralmente parecem melhores.

Estar em luto profundo é uma aflição muito maior do que uma breve inquietação noturna, mas parece que a dor se apodera mais fortemente do nosso coração quando tudo está calmo e escuro. Uma boa hora para chorar. Às vezes, um momento inevitável para chorar.

Então chega a manhã. E mesmo que a tristeza persista até a luz do dia, talvez ela seja um pouco menos intensa com a visão do sol, o cheiro de café, algumas rotinas familiares que devem ser realizadas.

Sem mencionar os tons simbólicos da noite e do amanhecer – por mais sombria que seja a tristeza, haverá dias melhores pela frente.

Darei as boas-vindas ao sol na minha vida, para obter calor, iluminação, e ser um portador da esperança.

12 DE DEZEMBRO

Eles estão mortos. Conforme passamos a entendê-los de uma nova maneira, é como se eles pudessem nos compreender também – e, por meio deles, compreendemos a nós mesmos de um novo jeito.

– FREDERICK BUECHNER

Essa dança delicada com as almas dos mortos é algo que não começamos a entender imediatamente depois da morte dos entes queridos. Achamos que nosso relacionamento imediato com eles acabou, embora saibamos que continuaremos a lembrar deles e a sofrer.

Mas, à medida que lembramos das experiências que tivemos com aquele que está fisicamente morto, sua presença psíquica, em vez de estar confinada ao corpo que conhecíamos e amávamos, parece se expandir e nos envolver com sua compreensão gentil, sua compaixão e seu amor.

Assim, entramos em diferentes tipos de conversas, frequentemente trocas sem palavras. Parece que chegamos a um entendimento e a uma admiração mútuos tanto pela bondade quanto pelas dificuldades que tivemos na vida um do outro. Somos capazes de sorrir com benevolência diante de toda essa agitação e desfrutar desse amor e dessa paz profundamente.

Querido amor que partiu, continue comigo, assim como eu estarei com você.

13 DE DEZEMBRO

*Sinto uma forte esperança imortal
que carrega meu espírito torturado
sob sua carga colossal;
redimido de morte, dor e tristeza,
reencontrarei meu amigo, com certeza,
nos braços de Deus amado.*

– CHARLES WESLEY

Nossas recordações vêm das nossas experiências. A imagem de ser embalado nos braços de Deus é uma analogia antiga, e muito usada, de um amor tão primordial, tão necessário, quanto o de um pai embalando um bebê. Que segurança maior poderíamos imaginar?

Se já somos pais, sabemos qual é esse sentimento, e a necessidade de os pais embalarem o filho recém-nascido, indefeso, é tão forte quanto a necessidade do bebê de ser abraçado. Se não somos pais, testemunhamos – por intermédio de amigos e familiares – esse tipo de ternura, essa atenção absoluta. Qual representação mais reconfortante poderíamos ter do que nosso ente querido que morreu sendo acolhido por um amor tão provedor, tão abrangente quanto esse: um amor do qual nós também desfrutaremos quando for a hora de partirmos?

Eu confio o meu ente querido aos braços do amor que tudo abraça.

14 DE DEZEMBRO

*Estando sob o dossel dourado do teu céu noturno,
levanto meus olhos ansiosos à tua face.
Cheguei à beira da eternidade, da qual nada pode
desaparecer – nenhuma esperança, nenhuma felicidade,
nenhuma visão de um rosto visto através de lágrimas.
Ó, mergulhe minha vida esvaziada naquele oceano,
mergulhe-a na mais profunda plenitude. Deixa-me,
por uma vez, sentir na totalidade do universo
aquele doce toque perdido.*

– RABINDRANATH TAGORE

Essa visão de eternidade em que nada se perde pode nos trazer um grande conforto. Ela diz que, embora nosso ente querido possa ficar separado de nós por um tempo, todos fazemos parte da unidade abrangente da Criação e que, quando atravessarmos o limiar da eternidade, experimentaremos aquela plenitude na qual nosso ente querido habita – e que nós também habitaremos.

Essa esperança, essa imagem do amor recuperado no seio da luz e do amor universais, faz parte da visão de mundo de tantos indivíduos e de tantas comunidades que deve haver algo de muito verdadeiro nela.

Na unidade da Criação, posso esperar reencontrar o meu amor.

15 DE DEZEMBRO

*Abençoados sejam meus olhos.
Que abençoem o que virem e assim
abençoarei o meu próximo,
e ele abençoará a mim.*

– ORAÇÃO CELTA

Estamos todos unidos, todos necessitamos das bênçãos uns dos outros!

Poderia ser útil, ao longo deste dia, fazer um esforço consciente para oferecer uma bênção silenciosa em nome de todas as pessoas que encontramos. A elas não fará mal, e ainda nos ajudará a abordá-las com o máximo de compreensão e boa vontade.

E, quem sabe, elas captem a energia dos nossos pensamentos e nos respondam com sensibilidade e graça incomuns. (Se tal coisa não acontecer, não invalidará a ajuda que oferecemos. Pelo menos a boa vontade no mundo terá recebido alguns pequenos incrementos.)

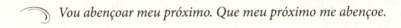 *Vou abençoar meu próximo. Que meu próximo me abençoe.*

16 DE DEZEMBRO

*"Vocês vão embarcar", disse ele, "em um
mar justo, e às vezes haverá bom tempo,
mas nem sempre. Vocês vão encontrar tempestades
e superá-las. Vocês se revezarão para guiar o
barco em tempos bons e ruins. Nunca percam a coragem.
Um porto seguro espera por vocês dois no fim."*

— DAPHNE DU MAURIER

O relacionamento descrito na citação é o de um casamento longo e feliz, mas poderia ser qualquer vínculo de longo prazo entre pessoas que se amam. E o que mais poderíamos desejar, olhando para trás para as coisas que aconteceram, para o "tempo bom e ruim", para o caminho que qualquer ligação longa e intensa atravessa, do que o reconhecimento de que enfrentamos tempestades e não fomos vencidos, de que um porto seguro nos espera no fim?

Raramente duas pessoas que se amam chegam ao porto ao mesmo tempo. Uma delas sempre chega primeiro. No nosso caso, chegaremos em segundo lugar. E não é demais esperar que aquele que amamos – e outros entes queridos que nos precederam – estejam presentes no porto, esperando para nos receber de volta ao lar.

Com confiança nas estrelas que me guiam e nas ondas que me carregam, eu vou em direção ao porto onde meus entes queridos me esperam.

17 DE DEZEMBRO

*O valor supremo não é o futuro,
e sim o presente.*
– OCTAVIO PAZ

O presente já é ruim o suficiente quando somos atingidos por uma nova dor. E a tristeza só cresce quando pensamos em todos os anos, todas as ocasiões futuras, em que sentiremos falta da presença do nosso ente querido.

Certa tristeza é inevitável e até útil – uma espécie de ensaio do que está por vir, uma maneira de nos acostumarmos com a perda pensando em todas as suas ramificações.

Depois de um tempo, porém, precisamos nos lembrar de que a vida é vivida um dia de cada vez, e que este dia, este momento presente, é tudo que temos, tudo de que podemos ter certeza. William Osler, médico canadense, falava de viver a vida em "compartimentos de 24 horas" – assim como um capitão fecha partes do navio em compartimentos impenetráveis.

Somos nós que controlamos os botões das nossas preocupações e aflições, e faremos bem em concentrarmos a maior parte da nossa atenção nos momentos e nas horas do dia que estão diante de nós.

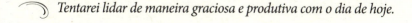 *Tentarei lidar de maneira graciosa e produtiva com o dia de hoje.*

18 DE DEZEMBRO

Não é a vontade de Deus que, quando sentimos dor, devamos persegui-la com tristeza e sofrer por ela. De repente, devemos deixá-la de lado e nos preservar no deleite infinito que é Deus.

— JULIANA DE NORWICH

É mais fácil falar do que fazer, certo?

Às vezes, sentimos que, se aliviarmos o luto, o trabalho de lamentar nossos mortos será negligenciado, que nosso ente querido será menos honrado do que merece, que nosso próprio luto não terá peso suficiente.

Mas talvez, pelo menos por um tempo, possamos nos afastar da dor e "confiar no Universo" para cuidar dela. Se a Criação é uma só, então nenhuma dor – assim como nenhuma alegria – está perdida. Choramos, é claro, mas nosso ente querido não precisa das nossas lágrimas. Deus também não precisa que nós, nesse pequeno canto do universo, restauremos o equilíbrio do mundo, equiparando nossa dor ao grau da nossa perda.

Pense na frase da religião tradicional: "Deixe a vida guiá-lo" – entregue a Deus. Ao fazer isso, aliviamos o fardo, confiantes de que Deus sabe o que é melhor para nós.

Se pudermos depositar nossa confiança em Deus, então, depois do luto, poderemos voltar à vida com confiança e alegria.

19 DE DEZEMBRO

*O que fazer quando as pessoas morrem – pessoas
tão queridas e raras – a não ser trazê-las
de volta por meio da lembrança?*

– MAY SARTON

Grupos de apoio ao luto, em que os enlutados são encorajados a compartilhar lembranças daquele que morreu, são bastante úteis para quem não consegue lidar com a perda sozinho. Haverá lágrimas. Haverá risos. Haverá uma sensação de reconhecimento à medida que a pessoa é lembrada, e sua natureza e sua história são celebradas.

Esse processo continuará em reuniões familiares e com amigos, em momentos aleatórios quando uma história vier à mente e puder ser compartilhada. Isso traz invariavelmente energia. Ainda que as histórias não sejam, todas elas, particularmente elogiosas, elas mesmo assim nos levam de volta à complexa e amada vida daquele de quem sentimos falta.

Há, porém, sobreviventes de uma perda que cometem um dos erros mais tristes do luto: por causa da dor, nunca mais falam da pessoa amada. Tal silêncio, longe de acabar com o sofrimento, apenas faz com que ele cresça e se transforme em amargura, que acaba permeando toda a vida.

Então, vamos falar sobre quem morreu, vamos recordar os bons momentos. Claro que nem toda ocasião com a família ou com amigos é um bom momento para relembrar, mas erramos mais se ficarmos em silêncio.

Eu sei que falar sobre meu ente querido é um bom remédio.

20 DE DEZEMBRO

Quando eu disser "tenho medo", não deixe que isso o perturbe, meu amado. Todos nós temos medo quando estamos em salas de espera. No entanto, devemos passar por elas... Tudo isso soa árduo e sério. Mas, agora que lutei, já não é mais assim. Eu me sinto feliz – bem no fundo. Tudo está bem.

– KATHERINE MANSFIELD

Katherine Mansfield, muito conhecida por seus contos, estava escrevendo para o marido. Contava a ele sobre sua morte iminente e seu medo.

Nós, que choramos por nossos entes queridos, somos, de certo modo, deixados na sala de espera, sem saber como é passar para o outro lado. Mas se virmos que, depois de uma longa luta, aquele que está prestes a fazer essa travessia perdeu todo o medo e tem confiança de que tudo está bem, isso diminui o medo. E aumenta a esperança naquilo que está do outro lado da porta, quando formos convocados para o mistério.

Depois da luta e do medo vem a paz.

21 DE DEZEMBRO

Sonhei que caí de um alçapão –
em horrores subterrâneos.

– HOYT HICKMAN

Tudo sempre estará lá: a ocasião da perda, as lembranças do início da dor, a possibilidade cada vez menor, mas real, de que a qualquer momento possamos nos ver mergulhados novamente na tristeza.

Mas, às vezes, mergulhar na tristeza é exatamente o que queremos, porque tirar toda a agudez da perda significa tirar a intensidade do relacionamento com a pessoa amada.

No início, estamos sempre caindo para dentro do alçapão. Essa imagem me ocorreu repetidas vezes – e também a meu marido – naqueles primeiros anos de assimilação da morte da nossa filha.

Entretanto, é possível subir de novo lá do fundo ou restabelecer o equilíbrio depois que a porta do alçapão se abre. Com o tempo, descobriremos que temos algum poder de escolha – se vamos contornar essa crise emocional ou não. Nem sempre ter esse tipo de comportamento é ruim. Ao contrário, é uma boa notícia quando descobrimos que está nas nossas mãos querer seguir em frente sem tanto sofrimento.

Mesmo atravessando a experiência dessa dor, sou grato pela intensidade do meu amor por aquele que perdi.

22 DE DEZEMBRO

Cada osso do meu corpo dói por causa do cansaço persistente da dor, as juntas clamam em voz alta por um bálsamo quente – óleo com mel para ser derramado, envolvendo-me, nas bases enferrujadas. Soporíferos, drogas, néctares, elixires, eu quero todos; qualquer coisa para me transformar, para me tornar diferente, para esquecer de mim mesma nem que seja por um segundo.

– CAITLIN THOMAS

Soa familiar? Se pudéssemos apenas sair da nossa pele, ser a consciência de outra pessoa. Se pudéssemos esquecer a perda terrível por um tempo, ainda que por pouco tempo.

Mas quando a esquecemos – durante o sono ou alguma outra distração –, seu retorno é tão doloroso que o adiamento temporário dificilmente vale a pena.

Como devemos agir?

Com cuidado, para não fazer nada destrutivo – consumir álcool ou tranquilizantes em excesso, por exemplo. Tomar cuidado com a saúde e a segurança em geral.

E aguentar o sofrimento, sabendo que, por incrível que pareça agora, ele vai diminuir em algum momento.

Pouco depois que a irmã morreu, e toda a nossa família ficou terrivelmente perturbada, meu filho falou algo que vem à minha mente agora. Em meio à dor, e de alguma fonte de sabedoria a que tinha acesso, ele disse calmamente: "Vai levar algum tempo, mas vamos nos sentir bem outra vez."

 Vai demorar, mas vou me sentir bem outra vez.

23 DE DEZEMBRO

*A memória alimenta o coração e
a tristeza diminui.*

– MARCEL PROUST

Durante as festas de fim de ano – tão cheias de lembranças e, para a maioria das pessoas, uma época de encontros familiares –, a dor parece às vezes quase insuportável. E a tristeza é, com frequência, especialmente mais aguda nessas datas.

Depois de transcorrido um tempo da morte, começamos a saborear a lembrança daquela época em que estávamos todos juntos, quando o tom dos dias era bem agradável. Se nosso ente querido tinha um papel essencial no ritual das comemorações em família, agora que assumimos esse lugar podemos sentir um vínculo ainda maior com ele.

Assim, as lembranças "alimentam o coração", aliviam as pontadas agudas da dor e, falemos ou não sobre elas uns com os outros, estendem seus braços para nos confortar e nos unir como uma única família na ampla corrente da vida.

Nas minhas lembranças, posso viver com meu ente querido novamente e ser feliz.

24 DE DEZEMBRO

Entrelaçamos mais uma vez no Natal
o azevinho em volta do fumeiro;
a neve quieta tomou o campo inteiro,
cobrindo também nosso quintal.

O tronco de Natal, o frio fulgente,
nenhum sopro de vento a região varria,
mas sobre os seres pensantes dormia
a sensação silenciosa do que estava ausente.

— ALFRED TENNYSON

As festas de fim de ano estão entre os momentos mais difíceis para quem perdeu um ente querido. São repletas de rituais familiares, de lembranças acumuladas em muitas camadas de confraternização.

Às vezes, nos sentimos à vontade para falar sobre quem está faltando nessas reuniões – na verdade, não há como *não* falar quando a dor é recente.

Entretanto, quando o luto está em segundo plano, mas ainda não foi de fato assimilado no nosso cotidiano, pode ser ainda mais difícil lidar com a ausência – a dor surda está ali presente, e tanto a família quanto os amigos não querem perder a alegria de vista.

Houve um ano – o primeiro em que tentamos voltar ao nosso padrão habitual de Natal – em que a escuridão velada pairou sobre nossas tentativas de ter conversas espirituosas. De repente, quase como que por uma ordem tácita, nos reunimos em um círculo, os braços em volta uns dos outros, e reconhecemos nossa dor. Então conseguimos prosseguir com a festa de Natal.

Nesta época de festas, encontrarei esperança e tristeza.

25 DE DEZEMBRO

*Onde o amor é grande, sempre
há milagres.*
– WILLA CATHER

Cada religião tem seus milagres. Para os cristãos, o milagre da vida, morte e ressurreição de Cristo; para os judeus, a saída do Egito e o maná no deserto; para os muçulmanos, a ascensão de Maomé de Jerusalém ao céu.

Temos nossos próprios milagres de amor – nossas histórias familiares de reconciliação, de recuperações que desafiam a explicação médica, normalmente atribuídas à fé de alguém. Talvez nas nossas comunidades de fé tenhamos visto outros milagres de amor: os despossuídos se sentindo em casa, os famintos sendo alimentados, laços de compreensão e alegria mútua formando-se através de diferenças culturais e raciais. E na sociedade em geral vemos, repetidamente, a distribuição de alimentos, roupas e abrigo para vítimas de desastres.

É claro que existem falhas nas relações pessoais, nos esforços internacionais. Os outros nem sempre são sensíveis às nossas necessidades – nem nós às deles. Dado que cada um de nós habita um mundo único e privado, talvez seja um milagre nos darmos tão bem. Portanto, nessa época de celebrações e saudade, vamos brindar, mesmo na tristeza, aos presentes de amor onde quer que os encontremos – em estranhos, nos nossos entes queridos e no nosso próprio coração.

Vou abrir meu coração para o amor que está ao meu redor.

26 DE DEZEMBRO

> *O tempo restaura a alegria silenciosa na presença espiritual daqueles que amamos, para que aprendamos a lembrar sem dor e a falar sem nos engasgarmos com as lágrimas. Mas durante toda a vida estaremos sujeitos a pequenas lembranças repentinas que trarão de volta, esmagadoramente, todas as antigas perdas.*
>
> – ELIZABETH WATSON

Particularmente no fim do ano, quando as famílias estão celebrando as festas, as "pequenas lembranças repentinas" – e as grandes também – vêm nos atormentar. Achávamos que estávamos indo muito bem e, de repente, nos pegamos chorando como se a perda tivesse acontecido ontem.

Precisamos ter coragem. Se a morte for recente, a tristeza é compreensivelmente avassaladora. Se foi há bem pouco tempo e pensávamos que já havíamos superado o pior, pode ser que desta vez não demore tanto para "a alegria silenciosa" se reafirmar e para a presença espiritual retornar em sua forma tranquila e infinitamente preciosa.

A vida acontece em temporadas, assim como a dor. Algumas são longas; outras, curtas. Mas se estivermos firmes em nosso esforço para estar presentes em cada momento, mesmo sabendo que dará lugar a outro, podemos nos assegurar de que, em estações de dor renovada, tudo vai melhorar.

Quando estiver me sentindo mais angustiado, que eu mantenha em algum lugar do meu coração a promessa de que me sentirei melhor.

27 DE DEZEMBRO

*O amor é a batida do coração de
tudo o que vive.*

– PARAMAHANSA YOGANANDA

Sentimos isso em nós mesmos – essa misteriosa força geradora que nos permite ajudar um estranho necessitado, bem como aqueles de quem dependemos para alimentar e compartilhar a vida. A necessidade de amar os outros é tão constante quanto as batidas do coração. Assim, construímos uma rede de suporte e aperfeiçoamento, e muito do significado da vida se desenrola ao longo dessa rede.

Então um dos principais componentes da rede é retirado subitamente de nós. Isso embaralha todas as emoções. Todo o sistema que antes estava completo agora está desordenado.

A energia ainda existe, porém. O amor não é uma qualidade finita e limitada, assim como a energia liberada na Criação jamais pode ser totalmente contida, selada ou gasta.

O amor que dispensamos àquele que partiu continua a ser irradiado. Na nossa tristeza, esse amor parece se ampliar ainda mais, e com terna compaixão reconhecemos que todos nós estamos unidos: vida com vida, fragmento com fragmento, amor com amor.

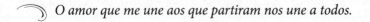 *O amor que me une aos que partiram nos une a todos.*

28 DE DEZEMBRO

> *– Mas, vovó, está tudo bem mesmo? De verdade?*
> *É um questionamento completamente cósmico, vindo de uma garotinha de camisola branca com uma escova de dentes na mão, sentindo o desconhecido que cerca o familiar... Eu preciso responder a ela, olhando para seu rosto sério e voltado para cima...*
> *– Sim, Lena, está tudo bem.*
> *E as duas meninas e eu subimos na cama com dossel para cantar canções e contar histórias.*
>
> – MADELEINE L'ENGLE

"Está tudo bem mesmo? De verdade?" Embora tenha aspectos diferentes em momentos diferentes, esta é a pergunta mais básica que repetimos constantemente. Ela está por trás dos nossos estudos de teologia e ética, dos sonhos angustiados, dos medos e das esperanças enquanto estamos ao lado da cama dos nossos entes queridos, enfrentando o mistério da morte.

Não há como saber se tudo está realmente "bem". Mas se pudermos confiar que por trás dos mistérios e dilemas da vida existe um Criador que sabe o que está acontecendo e que nos deseja o bem, já é um começo promissor.

E o que poderia ser melhor do que cantar e contar histórias?

Vou confiar na vida que me cerca e me sustenta para me guiar.

29 DE DEZEMBRO

*Quando fica escuro, os olhos começam
a enxergar.*

– THEODORE ROETHKE

Quando caminhamos em direção à escuridão, é difícil ver algo a princípio. Então, os olhos se adaptam a essa perda de luz e, pouco a pouco, começamos a enxergar – provavelmente enxergamos coisas pelas quais teríamos passado rapidamente se tivéssemos cruzado com elas em plena luz.

Algo parecido acontece com o sofrimento. É claro que não escolhemos sofrer, é claro que não gostamos de sofrer. Porém, depois de um tempo, contra nossa vontade, contra nosso melhor julgamento, percebemos que adquirimos alguma sabedoria em meio a tanta dor. A noção do que importa de fato é intensificada. Não somos mais tão facilmente perturbados por coisas mesquinhas. Podemos usar nosso tempo de diversas maneiras. Talvez reavaliemos as exigências que fazemos para nós mesmos e retiremos alguns itens da lista. Para mim, foi uma grande revelação perceber, após a morte da minha filha, que eu não precisava ser responsável pelo conforto dos outros em todas as situações em que me encontrasse. Existem coisas piores do que silêncios embaraçosos.

Provavelmente descobriremos, entre outras coisas, que somos atraídos por aqueles que estão passando por um luto recente. Nós, mais do que a maioria, podemos estar com eles, para que, em seu tempo sombrio, comecem a enxergar.

Nós, que vivemos nas trevas, começamos a enxergar.

30 DE DEZEMBRO

Sei que meus filhos se preocupam comigo, mas estou bem e fico feliz por eles permitirem que eu tenha alguns dias livres de vez em quando. A mãe deles os ensinou a cuidar, e eu vejo a mão dela em tudo. Acho que deveria pensar nisso como se ela estivesse por perto para cuidar de mim.

– TERRY KAY

Com a morte de um familiar, os sobreviventes se deparam com a delicada tarefa de cuidar uns dos outros, preenchendo o espaço vazio deixado pelo ente querido.

Algumas coisas, como cuidar da burocracia e das questões financeiras, são evidentes. Outras, como o conforto e a companhia que uma pessoa enlutada deseja, são difíceis de avaliar, e é preciso algum tempo para que se encontre o equilíbrio certo. É importante reconhecer as boas intenções e falar gentilmente quando a balança oscila muito para um lado ou para outro.

Nesse debate de quem é melhor para resolver isso e aquilo, a ausência do ente querido é profundamente sentida – do contrário, por que estaríamos fazendo tudo isso? Mas talvez a presença dele também esteja aqui – no cuidado que temos um com o outro, na ternura com que procuramos preencher um espaço que não pode ser preenchido.

Tentarei ser honesto e gentil ao lidar com a reação dos outros à minha perda.

31 DE DEZEMBRO

Está escuro agora. A neve é de um azul profundo, e o oceano, quase preto. É hora de um pouco de música.

– MAY SARTON

No meio do inverno mais profundo, da noite mais escura, o que devemos fazer?

Reconheça o frio e a escuridão, o mistério de um mar negro desconhecido que parece se estender até o infinito... e depois cante.

Ou, dito de outra forma, "é melhor acender uma vela do que amaldiçoar as trevas".

Uma das glórias do ser humano é sua capacidade de se aventurar, de ver além da cena imediata, de despertar uma nota de esperança em um mundo às vezes cheio de maus presságios.

Então, que a véspera do Ano-Novo – a virada para o próximo ano, a data que tem uma aura de tristeza porque entro em mais um ano sem meu ente querido – seja um momento musical. E, se eu for capaz – agora ou mais tarde –, quero ouvir no coração a voz do meu ente querido elevada junto com a minha para louvar a vida, para ter esperança, para me juntar às outras pessoas desse planeta em um coro de "Aleluia!", em homenagem às experiências que compartilhamos no passado e no presente, e aos caminhos além do tempo e da morte por meio dos quais estamos ligados uns aos outros em gratidão e amor.

 Feliz Ano-Novo. Aleluia. Amém.

AGRADECEMOS A PERMISSÃO DE REPRODUÇÃO A:

Annie Allen e *Blacks*, de Gwendolyn Brooks. Copyright © 1991. Third World Press, Chicago, 1991. Reimpresso com permissão da autora.

Healing More Or Less, de Jim Cotter. Cairns Publications, Longwood Publishing Group.

"Two Tramps in Mud Time" e "Haec fabula docet", de Robert Frost. *The Poetry of Robert Frost*, editado por Edward Connery Lathem. Copyright © 1936 por Robert Frost. Copyright © 1964, 1975 por Lesley Frost Ballantine. Copyright © 1947, 1969 por Henry Holt and Company, Inc. Reproduzido com permissão de Henry Holt and Company, Inc.

"Memorandums", de Edward Hirsch. *The Night Parade*, de Edward Hirsch. Copyright © 1989 por Edward Hirsch. Reproduzido com permissão de Alfred A. Knopf, Inc. Originalmente publicado em *The New Yorker*.

"After the Drowning", de Mary Jean Irion. *Holding on.* Copyright © 1984 por Mary Jean Irion. Heatherstone Press. Reproduzido com permissão da autora.

"The Lost Son", de Theodore Roethke. Copyright © 1948 por Theodore Roethke. "In a Dark Time", de Theodore Roethke. Copyright © 1960 por Beatrice Roethke, administradora do espólio de Theodore Roethke. *The Collected Poems of Theodore Roethke*, de Theodore Roethke. Reproduzido com permissão da Doubleday, uma divisão da Bantam Doubleday Dell Publishing Group, Inc.

"All Souls", de May Sarton. *Collected Poems 1930--1993*, de May Sarton. Copyright © 1993 por May Sarton. Reproduzido com autorização de W. W. Norton & Company, Inc.

"Elegy for my Father", de Mark Strand. *Collected Poems*, de Mark Strand. Copyright © 1979, 1980 por Mark Strand. Reproduzido com permissão de Alfred A. Knopf, Inc.

"Dear Men and Women", de John Hall Wheelock. Reproduzido com permissão de Scribner e impressão de Simon & Schuster. *Dear Men and Women: New Poems*, de John Hall Wheelock. Copyright © 1966 por John Hall Wheelock; copyright renovado em 1994 por Sally Wheelock Brayton.

"For Dudley", de Richard Wilbur. *Walking to Sleep: New Poems and Translations*. Copyright © 1969 por Richard Wilbur. Reproduzido com permissão da Harcourt Brace & Company.

CONHEÇA OUTROS TÍTULOS DA EDITORA SEXTANTE

A morte é um dia que vale a pena viver
Ana Claudia Quintana Arantes

Uma das maiores referências sobre Cuidados Paliativos no Brasil, Ana Claudia Quintana Arantes aborda o tema da finitude sob um ângulo surpreendente. Segundo ela, o que deveria nos assustar não é a morte em si, mas a possibilidade de chegarmos ao fim da vida sem aproveitá-la, de não usarmos nosso tempo da maneira que gostaríamos.

Invertendo a perspectiva do senso comum, somos levados a repensar nossa própria existência e a oferecer às pessoas ao redor a oportunidade de viverem bem até o dia de sua partida. Em vez de medo e angústia, devemos aceitar nossa essência para que o fim seja apenas o término natural de uma caminhada.

Em *A morte é um dia que vale a pena viver*, Ana Claudia tem a coragem de lidar com um tema que é ainda um tabu. Em toda a sua vida profissional, a médica enfrentou dificuldades para ser compreendida, para convencer que o paciente merece atenção mesmo quando não há mais chances de cura. Após toda a luta, agora os Cuidados Paliativos têm status de política pública, recebendo do Estado a atenção que ela sempre sonhou.

Histórias lindas de morrer
Ana Claudia Quintana Arantes

Como médica paliativa, Ana Claudia Quintana Arantes cuida de pacientes terminais há mais de vinte anos, em contato íntimo com os momentos de maior vulnerabilidade do ser humano.

Uma das principais vozes na tentativa de quebrar o tabu sobre a morte no Brasil, ela nos traz uma coleção de emocionantes histórias reais colhidas em sua prática diária, em que a proximidade do fim nos revela em toda a nossa profundidade.

São pessoas de variadas idades, crenças e origens, que nos deixam de herança lições de vida. Você vai conhecer A.M. e R., que mostram, cada um à sua maneira, que a comunicação humana vai muito além do que imaginamos.

Vai se emocionar com M., que recebeu em vida o perdão incondicional pelos maus-tratos dispensados à filha. Vai torcer pelo morador de rua F. em sua tentativa de reencontrar a mãe para se despedir.

Ana Claudia exerce uma medicina que dá aos sentimentos e à história dos pacientes a mesma atenção que dedica aos sintomas e desconfortos físicos. Mas como será, no dia a dia, alcançar as camadas mais profundas das pessoas justo antes de elas partirem?

Com momentos tocantes, tensos e também divertidos, estas histórias nos relembram a importância das relações humanas e do respeito ao outro. O medo da morte é o medo do não vivido, mas nunca é tarde para se envolver com a própria história.

A roda da vida
Elisabeth Kübler-Ross

Elisabeth Kübler-Ross foi uma médica à frente de seu tempo, responsável por mudar a forma como o mundo enxergava a morte. Através de seus vários livros e muitos anos de trabalho dedicados a crianças, pacientes com aids e idosos com doenças terminais, ela trouxe consolo e compreensão para milhões de pessoas que tentavam lidar com a própria morte ou com a de entes queridos.

Neste emocionante relato, a médica conta a história de sua vida e aprofunda sua verdade final: a morte não existe.

Escrita com franqueza e entusiasmo, a autobiografia de Elisabeth reconstitui o desenvolvimento intelectual e espiritual de um destino. As convicções que enfrentaram dogmas, preconceitos e críticas já estavam presentes na menina suíça quando a jovem se viu pela primeira vez diante das injustiças do mundo e jurou acabar com elas.

Do seu trabalho na Polônia devastada pela guerra à sua forma pioneira de aconselhamento terapêutico aos doentes terminais, de seus lendários seminários na Universidade de Chicago sobre a morte e o morrer às suas surpreendentes conversas com os que reviveram depois da morte, cada experiência proporcionou a Elisabeth uma peça do grande quebra-cabeça.

Em uma cultura que trata a morte como tabu, ela desafiou o senso comum ao debater e expor a etapa final da existência para que não tivéssemos mais medo dela.

A roda da vida é uma aventura comovente e inspiradora, um legado à altura de uma vida extraordinária.

Precisamos falar sobre a morte
Kathryn Mannix

"Este livro contém histórias baseadas em acontecimentos reais.

A intenção é permitir que o leitor 'vivencie' o que acontece quando as pessoas se aproximam do fim da vida: como lidam com isso; como vivem; o que mais importa para elas; como o processo da morte evolui; o que é um leito de morte; como as famílias reagem.

Como estive diante da morte milhares de vezes, concluí que há pouco a temer e muito a preparar.

Infelizmente, costumo encontrar pacientes e famílias que acreditam no oposto: que a morte é terrível e que falar sobre ela ou preparar-se para ela será triste ou assustador.

O objetivo deste livro é permitir que as pessoas se familiarizem com o processo da morte. Para tanto, as histórias foram agrupadas por temas, começando com as que descrevem o processo e a evolução da morte e as diversas maneiras como as pessoas reagem a ela.

Estas histórias provavelmente o levarão a pensar em si mesmo, na sua vida, nos seus entes queridos e nas suas perdas.

Escrevi este livro porque, com a finitude em mente, tenho a esperança de que todos nós possamos viver melhor... além de morrer melhor."

KATHRYN MANNIX

Tudo bem não estar tudo bem
Megan Devine

Muitas pessoas que sofreram uma grande perda se sentem julgadas, ignoradas ou incompreendidas por uma cultura que tenta "resolver" o luto e "curar" uma dor que não pode ser remediada.

Em *Tudo bem não estar tudo bem*, Megan Devine oferece uma abordagem muito mais saudável, que nos convida a construir a *melhor vida possível* – uma vida que comporte dor e a saudade, que não tente negar o profundo vazio deixado pela perda.

Com uma honestidade que muitas vezes falta nas obras sobre o assunto, este livro traz histórias reais, depoimentos, estudos, pesquisas e orientações práticas sobre como cuidar do corpo, da mente e do coração durante o processo do luto.

A partir dessa nova perspectiva, você vai aprender a dar pequenos passos para reconstruir seu mundo, respeitando seu tempo, ignorando conselhos inúteis e honrando o amor daquele que se foi.

Você vai aprender a melhorar as coisas, mesmo quando não é possível consertá-las.

Para saber mais sobre os títulos e autores da Editora Sextante,
visite o nosso site e siga as nossas redes sociais.
Além de informações sobre os próximos lançamentos,
você terá acesso a conteúdos exclusivos
e poderá participar de promoções e sorteios.

sextante.com.br